在對速度過於迷戀的年代，我們慢慢讀書。

不靠事實、不必精準，
照樣讓人點頭如搗蒜！

# 超越邏輯的情緒說服

# WIN BIGLY

## PERSUASION IN A WORLD WHERE FACTS DON'T MATTER

「呆伯特」人氣創作者
SCOTT ADAMS
史考特·亞當斯

陳琇玲——譯

CONTENTS

## 第四篇　商場和政界的究極說服力

第五篇　為什麼成群結黨讓人強大，也讓人盲目？

推薦序

# 走進武器級說服的世界

貴婦奈奈
資深諮商心理師、門・療育空間創辦人

非常好，才看了前言，我就被作者亞當斯說服了，沒錯，川普是位擁有武器級說服力的大師，川普當選有理！

咦？會不會太快變心了！我到底中了作者哪些招？以作者又酸又搞笑的本性來推論，我懷疑這本書是作者使用反串技巧談論正經八百眾人之事的一種幽默（反串的意思是：整本書像是川普當選的推手，但其實作者本人內心根本反川普）。至於到底是不是反串？作者沒說，我也無法下這個結論。

後來繼續反覆看了這本書好幾天又好幾遍，我再下另一個推論：作者利用一連串的實驗來證明他武器級的說服力影響多深遠！

他在選舉期間選擇一個論點：川普是說服大師（但很多人看不出來），接著連續發布推特與部落格貼文，重複使用強而有力、斬釘截鐵的語氣談論這個論點，企圖說服與他意見相反的人。他自信、樂觀地做了各種浮誇的預測，漸漸帶了風向、起了一些作用，就像賭桌上只要有人把籌碼全梭了，你就開始相信他是真的。於是看似越來越多的支持者浮出水面表示支持，這些又帶起了螺旋理論，塑造出一種支持者眾的表象。選舉人不知不覺就這樣悄悄、莫名地轉而支持川普了。

他一邊寫文分析川普的說服技巧，其實更是一邊示範自己的說服功力，雖然他謙虛地把自己的說服等級放在排名第三級，只能算商業級說服力大師（前面還有一些鼎鼎大名的世界武器級說服力大師），整本書一路看下來，還是不得不佩服作者的說服力，他讓我認真思考川普是不是他說的這麼一回事？我動搖了？我被說服？呼！

我先表白，呆伯特是我小時候很喜歡的漫畫主角，是上班族靠腰的始祖，就像我的偶像一樣，我對作者的好感度無條件就在很高的分數上。這就是他所謂說服祕技一：「當你認定自己是某個群體的成員時，你的意見往往會向群體的共識靠攏。」因為我過去經驗所累積出來對呆伯特的好感，讓我沒多久就選擇相信作者（呆伯特的創造人）。或，不會想要質疑他。

再加上他不斷強調自己不受威脅利誘，不怕得罪別人，似乎滿值得相信。請注意，這是因為我先相信他，便接著尋找更多合理證明「我相信他沒錯」的陳述。

所有的故事與事件都是一體兩面，每一個觀點都有正反兩方可以辯論，當你選擇某一方的論點，自然而然就會去尋找對你論點有利的證據，想說服別人，就要讓自己的論點占上風。

「人們比較容易被情感、重複和簡單的事情給影響，比較不會受到細節和事實的影響。」這是作者一直強調的立場，好感、認同感、信任感在說服力上顯得至關重要，這些感覺都是情緒在作用。先取得別人對自己的好感、認同感、信任感，就已經贏了一半。

我很認同情緒說服比邏輯說服更有力，在業務銷售上也有很多能證明的案例。如果一位專櫃服務人員服務很好，很讓你喜歡，這會讓你更願意掏錢消費，最後的消費總金額甚至比原本的預算高很多；即使原本並沒有打算買某件商品，卻因為櫃姐很親切，服務很好，你可能會買些小東西（或大東西）支持。

感性的情緒由右腦掌管，理性的邏輯是左腦掌管，而右腦往往掌握了成交、買單的關鍵。說服也可以走同樣的路徑。

這本書值得一看再看，看作者如何分析川普展現說服功力的同時，我們也可以來分析作者到底用了哪些說服祕技（他這本書的寫法也是一種說服祕技，等你去發現）讓我們走入他的世界！

# 作者序

# 從過街老鼠到預測大師

◇◆◇

二〇一六年二月，我開始同時體驗兩個不同的現實狀況。

一個現實狀況是，總統候選人唐納・川普（Donald Trump）剛接受美國有線電視新聞網（Cable News Network, CNN）節目主持人傑克・塔珀（Jake Tapper）專訪，被問及是否拒絕三K黨（Ku Klux Klan）和其前領袖大衛・杜克（David Duke）的支持，扼殺自己成為美國總統的機會時，川普表示沒有聽到這個問題。

對候選人川普來說，這是一個大問題，對我而言也是。我是最早預言川普會勝選的公眾人物之一，個人職涯正意外地從「創造呆伯特漫畫的傢伙」轉型為政論名嘴。每當我撰文論述川普身為說服者的技巧時，部落格流量就會激增。我不太懂政治，但卻可以一眼看出有技巧的說服術。事實證明在這場大選中，我所說的「說服濾鏡」（persuasion filter）有很大的需求，大大小小的新聞媒體製作人都爭先恐後地邀請我上節目。

川普說服力過人，我在這方面寫了很多，也講了很多，所以人們把我歸類為川普的支持者，但是並不認為我支持川普的政策。當時，我撰文稱讚川普已經讓一大半的朋友不理睬自己，而原本獲利可觀的演說生涯也變得乏人問津，更不敢指望出版社會和我簽約出版下一本《呆伯特》（*Dilbert*）系列叢書。對任何團體來說，我都宛如過街老鼠。但是我並不介意，因為我認為自己對川普大獲全勝的預測是正確的。只要最後贏了，大多數問題就能迎刃而解。

雖然民調結果和我的預測大相逕庭，但我認為自己對川普勝選的預測一直很正確，直到川普接受CNN主持人塔珀的專訪為止。在這個版本的現實中，我愚蠢地疏遠朋友、毀掉自己的專業聲譽，也讓個人收入銳減一半。這麼大的犧牲換來的卻只是列入維基百科（Wikipedia），說我支持種族主義者當總統，這種狀況實在很不理想。

由於川普在這次CNN訪談的態度，讓我決定公開反對川普，我這麼做只是為了脫離風暴，但要挽回原先失去的一切卻為時已晚。我就像白痴一樣，把自己身為全美頂尖漫畫家之一、備受尊敬的職涯，弄到如此尷尬的局面，讓我一輩子都洗刷不了這個汙名。

那是現實的第一種版本。

我同時經歷了現實的第二種版本，這個版本乃是川普不理會這次CNN採訪提及三K黨引發的爭議，繼續贏得總統大選。在現實的這個版本中，我最終會獲救，至少自己還是可信的政治觀察家。贏的感覺，總是很好。

在接下來幾個月裡，我生活在兩個現實狀況中，但是我只相信其中一個現實狀況，對於川普勝選的預測更具有信心。如果這聽起來很瘋狂，沒關係，我們才剛剛開始，本書還有更多瘋狂的事正等著你。

前言

# 當世界不如我們想的那麼「合理」

◇◆◇

我是一名訓練有素的催眠師。

我要告訴你，在我人生中最心驚膽顫的一年，這件事發生在二〇一五年六月到二〇一六年十一月之間。沒錯，仔細計算這段期間不只一年，比一年還多幾個月。

就我所知，你從本書中得知的所有內容都是真的。我不指望你**全部**都相信。（有誰會這樣呢？）但是保證據我所知，書中內容千真萬確。

我想要傳達本書裡的訊息，已經等了幾十年。我之所以會等待，是因為這個世界還沒有準備好，也因為傳達訊息的那位使者（也就是在下我），還不具備準確傳達這個訊息的能力。這個故事太難說，但卻很重要，必須有人講出來。

所以我等待，我學習，我練習，我多等一會兒。然後，事情就發生了。

二〇一五年六月十六日，川普在川普大廈搭乘黃金電梯抵達大廳，宣布參選美國總統。和當時大多數觀察家一樣，我不太理解自己看到的景象。直到共和黨初選，我才明白眼前發生的事。川普不是普通的政客，也不是普通的商人，事實上他在**任何**方面都不普通。

我將川普稱為「說服大師」，表示川普擁有武器級說服力。以我在這個領域的背景，很早就認定川普有這種才能。觀察川普在選舉期間的行動後，不得不說他是在我見過最具說服力的人。

川普總統把這些說服技巧帶進白宮，支持者說他已經做了很多事，但批評者卻說他毫無建樹。支持者指出，非法移民減少、股市強勁表現（在本書撰寫期間）、消費者信心升高、與伊斯蘭國（ISIS）的戰事獲得進展、最高法院大法官提名人選不負眾望，以及外交政策表現優於預期；但批評者卻認為政府「陷入一片混亂」、健保改革進展緩慢，以及川普可能和俄羅斯有某種邪惡聯繫。

批評川普總統（和我）的那些人問我，當大眾對川普的認同度這麼低時，我怎麼還能把這位總統稱為**說服大師**？直截了當的回答是，低評價並未阻止川普贏得總統大選。而且根據他的支持者表示，認同度低並沒有阻止川普善盡總統職責。他的說服力加上總統職權，就是他需要的一切。請記住，對渴望讓世界更文明的人來說，不認同川普的風格和個性才符合社會要求，效能與說服技巧根本是兩碼事。

但有趣的部分是，我也相信川普這位說服大師要做的事情遠遠超過贏得總統大選。我預測川普會在現實結構中撕開一個洞，讓我們可以透過這個洞看到關於人類體驗的更深層真相。事實證明，他真的這麼做了。

但是，並非每個人都注意到這一點，這就是我以此作為本書主題的原因。

大多數人共同抱持的世界觀是：這個世上存在一種客觀的現實，人類可以透過嚴謹運用事實和理性來理解現實。這種世界觀認為，有些人已經在科學與邏輯方面的事實得到啟蒙，他們正設法幫助其他人以「正確」的方式看待世界。據我所知，大多數人都抱持這種對世界的解釋。而這種世界觀的唯一問題就是，我們都認為自己有見識，而且假設那些不同意我們的人，只是需要更讓人信服的事實或更聰明的大腦，才能認同我們的觀點。我們在生活中用這種觀點來過濾一切，讓大多數人都很開心，因為我們認為自己是聰明人，也對未來做出準確的預測。不過這一切其實只是因為確認偏誤（我們傾向把數據解釋為支持自己的觀點），讓未來看起來如同我們想要的那樣**合情合理**。

我在川普參選總統時看到的是，我們對現實所理解的那個「合情合理」部分即將發生巨大轉變。我知道總統候選人川普的說服技巧會讓大眾明白自己理解事實的能力大打折扣，因為大眾的觀察力無法配合生活在理性世界所需的心智模式。

大眾即將從完全確信「小丑不會贏」的思維，轉變成「川普總統好」的思維。為了完成這項轉變，人們必須逐一推翻自己原先的想法。簡單來說，川普能勝選的唯一途徑就是，他的批評者對現實本質的理解全都錯了。

後來，川普獲勝了。這就是我所說的「在宇宙中撕開一個洞」。想像一下，你的整個世界觀在眼前瓦解的那一刻，必須開始重建世界觀。身為訓練有素的說服者，我發現這種處境讓人毛骨悚然到難以言喻。一旦人們察覺到自己看見什麼，我就會有很多同伴。

我會協助你找到川普在宇宙中撕開的那個洞，讓你可以和我一起從這個洞看到另一邊的現實狀況。記得在你的大腦上加裝安全帶，你會需要它。

## ◆極端自由主義者的另類觀點

在進一步探討前，我必須告訴你，川普在競選期間陳述的政策和我的政治偏好不符，而我的看法也與希拉蕊・柯林頓（Hillary Clinton）在競選中陳述的政策不一致。我明白這讓人難以置信，所以需要舉一些例子說明。先釐清這件事是有必要的，你就可以判斷我有沒有政治偏見。這是一個重要的背景，因為訊息總是和傳達訊息者有關。如果你定期追蹤我的部落格文章，或許可以略過這部分不看。

我把自己歸類為極端自由主義者，也就是說我認為自由主義似乎太過保守，以下述幾個例子說明：

- 一般來說，保守派想要禁止墮胎，而自由派希望維持墮胎的合法性。我則進一步說，男人不該涉入這個問題，在生育保健這個話題上應該讓女人作主。（至於個人財務這件事，男人當然要繼續討論。）女人承擔大部分的生育重擔，包括職場上對生育的所有偏見，就連那些不打算生小孩的女人也不例外。我個人的道德觀認為，對重要社會成果承擔最大責任的人也應該有最大的發言權。身為男性並沒有影響我對女性生育保健選擇的看法，女性有權決定自己要怎麼做，所以我認為關於墮胎，大多數**女性**支持的法令就是最可靠的法令。在討論生死存亡的問題時，可靠性對社會順利運作就相當重要。由於我在這方面的意見並沒有增加體制的可靠性，在自己無法發揮用處時就不會介入。

- 一般來說，保守派反對大麻合法化，而自由派較可能支持大麻合法化。我則更進一步認為，醫生可以開處方箋讓老年人合法使用大麻當作消遣，讓他們能享受愉快的晚年，反正老年人這麼做並沒有什麼損失，不是嗎？（我是認真的，我知道你可能以為我在開玩笑。）
- 涉及複雜的經濟和外交問題時，我的看法是自己從來沒有足夠的資料形成充分意見，其他人也一樣。由於取得的資訊有限，我就不會涉入，但是所有政客不見得都這麼想，他們都假裝自己握有足夠資訊，能做出明智的決定。
- 一般說來，保守派認為我們生活在人人都有平等機會的國家，而自由派則普遍認為政府應該多做一點事，確保人人機會均等。我更進一步地建議，以免費就讀大學和職業培訓的形式，補償非裔美國人因為奴隸制度而遭受的迫害，這方面所需的資金則是由政府向所得前一％者課稅二十五年來支付。長遠來看，我希望所有人都免費接受教育，但是必須從某個地方先開始進行。無論是誰可以先免費接受教育，對其他人來說都是不公平的，那麼為何不讓低收入的非裔美國人先這麼做呢？請記住，幫助社會最底層人士就能為社會帶來最大的經濟利益，而且在社會繁榮時期，財富大多流入所得前一%者的口袋，因此課徵這種稅收幾乎等同於一種投資。

我希望這些例子足以說明自己的立場，我不屬於任何政治團隊，也喜歡保持如此。

撇開政策不談，我確實是川普的「支持者」，因為我一直公開讚揚他的說服能力、幽默感和生意頭腦。川普的政治謀略是向商界借鑑的堅實策略，而我是最先表明此事的觀察家之一。當我這麼說時，大多數名嘴卻說川普是精神失常的小丑。我對經商之道所知甚多，因為會從許多方面觀察企業，也實際經營企業。我在《呆伯特》漫畫裡寫了一些關於企業的文章，也出版好幾本幽默諷刺的商業書籍。我在美國企業工作十六年，先在一家大銀行上班，後來在一家電信公司工作。我在這些公司擔任十幾個不同的職務，從技術人員、行銷人員、策略人士、領導者及追隨者等角度看待企業事務。我擁有加州大學柏克萊分校（University of California, Berkeley）哈斯商學院經濟學

**說服祕技一**

當你認定自己是某個群體的成員時，你的意見往往會向群體的共識靠攏。

學士學位和工商管理碩士學位，還自行管理幾種不同類型的事業，《呆伯特》這個事業是我管理的重要企業，並且共同創辦並協助管理WhenHub這家新創公司。我不認為自己是偉大的企業家，但卻通常可以分辨出商業實務的好壞。總統大選期間，評論川普的政論名嘴和作家往往缺乏經商經驗，我認為這讓他們在理解川普做法的效力時處於極大的劣勢。川普的做法不僅涉及說服力，也一直使用高階商業策略，如果你不曾在商場上打滾，就無法察覺這一點。

當我藉由吸引川普的支持者，增加自己在社群媒體上的粉絲人數時，發現討好群眾實在很有趣。川普的支持者喜歡看到支持川普的幽默和內容，而我也喜歡撰寫這些東西。選舉中最搞笑的觀察家似乎都是政治正確，而我對搞笑的事一向很有興趣。

我偶爾會批評川普，當希拉蕊發揮高超說服力時，也不吝給予讚美，但是沒有為了要做表面功夫，而試圖討好雙方支持者。主流媒體在報導所有候選人的缺點和特質方面做得很好，而我的主要興趣則是在說服力這個主題。在那方面，川普直到二〇一六年夏天才參與這場大選，當時希拉蕊也具備武器級說服力，因此這場選戰開始成為勢均力敵之戰。

我把川普在大選中的失誤列成清單，如果你想看看這份清單，請參見本書附錄D，這麼一來，大家就不會認為我對川普的失誤視若無睹。

## ◆說服領域的層級

再者，我要說說自己在說服領域的排名。我把自己的說服技能歸類為**商業級**，表示我在工作方面成功運用說服力。以研究說服力為生的認知科學家，在說服力這方面的才能和可信度當然比我高出幾個層級，如果某位認知科學家告訴你，本書裡寫錯什麼，請相信那位科學家，而不是相信我。

在我看來，世上只有少數幾位說服大師，他們的說服本領比認知科學家還高出一級，並且擁有我所說的武器級說服力。武器級說服力與學術級或商業級說服力的不同之處在於，所承擔的風險層級及其相對應的個性。候選人川普偏好風險，並且對說服力有深入的理解，還具備讓媒體不容小覷的個性。在二〇一六年的總統大選，川普全副武裝登場了。

以下是說服者類型的摘要，最具影響力的說服者類型會排在最前面：

- 說服大師〔包括幾位總統、蘋果（Apple）創辦人史蒂夫・賈伯斯（Steve Jobs）、知名專欄作家佩姬・努南（Peggy Noonan），潛能開發專家東尼・羅賓斯（Tony Robbins）、歌壇天后瑪丹娜（Madonna）等人〕。
- 認知科學家。
- 商業級說服者（像我這種人）。

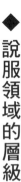

我會盡力引經據典，彌補在認知科學方面沒有取得博士學位的缺憾。不過，本書的大部分內容是依據我個人數十年來在說服力這個領域的實務與觀察，告訴大家怎麼做有效或無效。**我鼓勵讀者抱持懷疑的態度，並自行檢視我的主張。**只要在Google簡單搜尋一下，就能確認（或揭穿？）我在本書提及與說服有關的任何事情。

## ◆商業談判成交術的政治應用

川普的批評者感到震驚，我竟然要幫這個他們預期隨時會長出角的可怕怪物說好話。對他們而言，我支持川普就意謂會對這個國家造成巨大的風險，這是我可能做出最卑鄙不過的事，他們擔心我的言論會助長這個種族主義者、性別歧視者、無禮又仇外的仇恨者當選總統。他們問我怎麼能忍受自己成為阿道夫・希特勒（Adolf Hitler）的小幫凶，這麼做不就會讓全球前景堪虞？難道為了獲得一點樂趣和受人關注，我就要把每個人的生命置於險境？

我的回答很簡單，我不認為他們擔心的事是真的。我在川普身上看到極有能力但有缺陷的人試圖有所建樹，我把川普所有對手的恐懼當成拙劣政治勸說的產物。沒有人會在七十歲才成為希特勒，如果川普真的有可能成為希特勒，在他身為公眾人物的數十年中，我們早就會看到許多警訊。

我記得，大多數共和黨總統候選人都同樣被冠上希特勒這個汙名，事實證明這種說法根本是子虛烏有。同樣地，我知道巴拉克・歐巴馬（Barack Obama）總統不像一些批評者聲稱的，是伊斯蘭恐怖分子派來的臥底。我認為候選人川普就是這種黨派歇斯底里的目標。和許多大眾一樣，我在川普的競選活動中看到他的語言與政策偏好恐怖的極端主義，但我也看出他的措詞誇張，其實是選前造勢、選後會改變的武器級說服力，而不是川普選後會一夕變成希特勒的跡象。

當川普說會驅逐數百萬名守法卻無證的非法移民時，批評者看到川普此舉就認定他和希特勒一樣，要圍捕某種方面「不同」的人。我認為這種想法完全不切實際，只是拿來作為幫助川普打造形象的心理「錨點」，讓選民覺得川普最關心美國邊境漏洞，並打算為此投入最多的關注。不要介意川普最初的驅逐計畫卑鄙、不切實際，甚至被許多人評論為不道德。

川普的身分讓他有許多轉圜的餘地，可以在當選總統後進行協商，讓事情變得更合情合理。事實就是如此，就算你不喜歡大選結果由川普當選總統，但是他就任後真的這麼做了。在我撰寫本文時，川普總統目前的移民政策主要是將入境後犯下重大罪行的無證移民驅逐出境。批評者或許會感到寬慰，因為他最初的提議（大規模驅逐）是如此激進，以至於他現在的政策似乎比當初的驅逐計畫來得合理。這就是典型的談判成交術，從一個大的要求開始談起，然後再回到可以接受的折衷條件。

當候選人川普回答有關政策的問題時，顯然他對較複雜的問題缺乏詳細了解。大多數觀察家認為，這是一個致命的缺點，會讓他和白宮無緣。我並不這麼想，我認為川普明白人們不會用事實和理性來做決定。只要說服力夠強，老練的說服者就會公然忽視事實與政策的細節。候選人川普呼應死忠支持者的情緒狀態，並配合他們關注的優先事項。支持者則相信，川普當選後會在顧問和專家的協助下深入了解細節，而事實就是如此。

我根本不相信川普的政策，但和世上大多數人不同的是，我看出他的競選承諾比政策更有說服力。除了想弄清楚川普的政策方向以外，我從未認真看待他的政策立場。況且就政策方向來說，川普想要的就是大眾想要的：壯大國家實力，讓國家安全無虞、經濟繁榮成長、負擔得起的醫療保健和個人自由等諸如此類的事項。儘管川普從來沒有把話說明白，但是他將自己塑造成靈活應變的領導人，讓大家知道他會在選後制定細節。後來，我們確實觀察到川普總統在當選後，就移民政策、醫療保健、稅收、打擊伊斯蘭國及更多問題制定細節。

川普總統的政策演變通常是為了向中間選民靠攏，總統往往會這麼做，所以會被極左派和極右派懷恨在心。我的觀點是，原本就沒有花費太多時間了解川普陳述的政策，因為認為他一旦當選就會朝著可以接受的中間方向發展。這正是我們看到的情況，他沒有再提起大規模驅逐無證移民、以水刑對付恐怖分子、殺害恐怖分子的家屬，並宣稱中國是貨幣操縱者。不管大家對氣候變遷有何看法，他深入了解這門科學並做出決定，認為巴黎氣候協定並不妥當。在社會問題上，川普贊成把這些決定留給個別國家處理，即使你不喜歡這個結果，但這就是共和黨的溫和模式。

## ◆是確認偏誤，還是奇思異想？

人們問我是否真的像自己聲稱的那樣，對川普的勝選充滿信心。答案是，我**確實**對自己的預測具有自信，甚至有自信到讓我本身似乎也感到困惑。正如你將在本書看到的，我的預測基於許多理由，但是這些理由還不足以支持我對川普勝選有超高信心。顯然地，在腦海裡有一些非理性的處理過程，讓我相信任何理性的人應該無法置信的結果。我會在本書最後一篇，以這類影響的其中一些做說明。簡單來說，我正在檢測全都指向同一方向的模式，但這所有一切都可能是確認偏誤或奇思異想。

在競選活動中，我幾度對川普勝選預測的信心產生動搖，通常這種情況發生在川普做出一些非常挑釁的事情之後。但不論如何，我都很快重拾信心，就只有一次例外：國家廣播公司（National Broadcasting Company, NBC）《前進好萊塢》（*Access Hollywood*）節目曝光川普於二〇〇五年的對話錄音，揭發川普自述以粗俗字眼吹噓與女性的關係，導致群情譁然。這個事件發生後，我接連幾天都以為這個醜聞可能會讓川普在大選中走到盡頭。但是即使如此，卻仍不足以讓我無法重拾對川普勝選的非理性信心。本書後續章節會對此做更深入探討。

我刻意針對雙方陣營的選舉新聞進行抽樣，但不確定這種做法有多麼普遍。大多數人習慣先入為主地尋找支持自己想法的新聞來源，只看左派新聞的選民相信川普是怪物，只看保守派新聞的選民則深信希拉蕊是邪惡的化身。

如果雙方都沒有抽樣看看彼此陣營的新聞，就會忽略事情的來龍去脈。例如，當傳聞說候選人川普用嘲弄的手勢揶揄身障記者時，反川普的媒體播放影片就把川普說成壞人，但是在保守派的新聞網站和推特（Twitter）上，則會從川普以前的影片中，看到他在其他情況下使用相同的嘲弄手勢。顯然他在嘲笑批評者的意見時，常常會有同樣「痙攣」的肢體動作。如果你只看傾向自由主義的新聞，就會把川普嘲笑身障人士身有殘疾的狀況認定為：川普，**那個怪物！**

但是保守派人士看到整件事的來龍去脈，了解川普本來就習慣使用這種嘲弄手勢，並且正確地將這則新聞歸類為所謂的假新聞。我看到雙方陣營的新聞報導，所以並不擔心我們會選出一位嘲笑身障者的總統。當川普的批評者指責他懶惰無知又有殘忍意圖時，我看到的是一位知道什麼重要、什麼不重要的老練說服者。他顯然對要優先考慮的事項所做的判斷正確，而不是錯誤，因為他贏得了選舉。

要是我看到跡象表明，對川普的最壞指控有一％的可能屬實，就會放棄對川普勝選的支持。但是身為訓練有素的說服者，我看到對川普的最可怕指控不過是再平常不過的政治勸說，並不表示希拉蕊的時代即將到來，我從來不曾懷疑這一點。依據我這輩子的說服經驗，情況其實簡單明瞭：**沒有接受說服力訓練的人，才會認為情況很危險。**

## ◆辨識說服者使用的技巧

由於我具備不尋常的才能堆疊，因此在向大眾解釋川普這個人時，比別人多了一項優勢。對初學者來說，我是訓練有素的催眠師，也是終身學習說服力的學生。訓練有素的說服者可以辨識出其他說服者使用的技巧，這是沒有接受說服力訓練者無法做到的事，我的情況就是如此。

如前所述，我也是最先（或第一個）指出，川普正在使用高階商業策略的人。對那些沒有商業經驗的政治名嘴來說，我這麼說簡直就是瘋了。我在各個領域擁有豐富的業務經驗，所以對川普做的大部分事情都感到熟悉。舉例來說，在其他人看到川普肆無忌憚地推行不切實際，甚至不道德的政策時，我看到的是他用標準的談判策略和誇張的手法，為的是日後能更容易找到中間立場。事實證明，川普真的做到了。

我和川普一樣都在紐約州長大，這一點也有助於了解他的溝通風格。川普在競選期間的挑釁言行震驚全美大多數地區。但是，對像我這樣的紐約人來說，以一種聽起來不必要的挑釁方式說話，就像川普競選期間常做的那樣，就是紐約人的「說話」方式。我的觀點是，紐約人比較容易理解紐約人，要加州人理解紐約人並沒有那麼容易。

在了解川普的溝通風格和說服力這方面，我具備許多優勢。不過，說到傳達所知道的訊息時，我更具備一個龐大的優勢，幾乎是所有報導這一次選戰者都不具備的優勢：**我評論選戰，不是為了錢**。

我已經很富有，而且誰也管不了我。這種情況以常見的商業用語來說，就是**你真是太有錢了**。我就是有錢，這讓我可以自由地把認為既有用又真實的一切統統說出來。多虧我在呆伯特官網（Dilbert.com）部落格的高人氣，因而有一個管道能直接和大眾溝通。

我也明白，一旦自己開始美言川普的才能，會有很多人怨恨我。確實如此，因此仇恨我的人包括熱衷政治者、專業人士及網路酸民。幸運的是，對我來說，我就是有錢，也讓讀者知道我就是這麼想的。我想說什麼就說什麼，而且公開說出口，這種自由是我一半的樂趣所在。

我想，自己還有另一個優勢就是並不像一般人那樣會感到羞恥和尷尬。我以前當然並非如此，這是習得的技能。而我知道在未來這個充滿辱罵的一年裡，必須渾身解數避免尷尬才得以生存。在最壞的情況下，如果批評者是正確的，我就會因為即將公開說的事而終生飽受嘲笑。

我從來沒有因為這種風險而不做任何事。我坦承，自己享受讓腎上腺素激增的這一切。我撰寫本書，就是邀請你和我一起同行同樂，我相信你會喜歡的。

不論你的政治觀點為何，我邀請大家看看本書，不要受到政治左右。除了和說服力有關的來龍去脈以外，我不會討論政策。本書並不是為了改變你對政治或川普的看法，我想做的只是透過一個以第一人稱為主的有趣故事，教你一些與說服力有關的事。

在取得你的同意後，我們就開始吧！

第一篇

# 事實其實沒那麼重要

# 第一章 扭轉認知的殺手級說服

◇◆◇

對我而言，美國大選這個令我心驚膽跳的一年實在很有趣，但是對世界集體心理健康來說，這段時間也是一個危險時刻。啟蒙可能是有風險的事，當舊有的世界觀分崩離析時，就可能觸發各種不合理的行為，然後大腦才會重新改寫腦中的這部電影，以符合新的世界觀。我們的大腦裡都在播放電影，相信那些電影情節是對現實的準確看法。而每個人腦海裡播放的電影截然不同，通常我們不會注意到個人電影情節裡的差異，或是我們根本就不在乎。但是涉及政治時，風險升高，就會留意這些差異的存在。

在總統大選年，選民的情緒已經處於最原始的狀態，數百萬人同時關注一個主題，等於把一桶汽油和許多火柴擺放在同一個地方。幾百萬人同時瘋狂，是國家不樂見的事。我希望能夠藉由撰寫一些文章談論川普的說服才華，讓大眾為我預測即將到來的景象做好心理準備，以便降低風險。

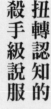

日後事實會證明，這一切是有意義的。

我也想確保大眾不會因為透過錯誤的濾鏡看待世界，而錯過世上最棒的演出。如果你從頭到尾觀察總統大選，並且斷定川普不過是一個幸運的小丑，就會錯過人類歷史上最重要知覺轉變的其中一項。我會在本書裡為你解決這個問題。

根據身為催眠師的經驗，我知道川普擁有超強的說服力，會引發大眾的**認知失調**（cognitive dissonance）和**確認偏誤**（confirmation bias）。如果你不熟悉這些用語，請參閱以下的簡短定義，後續會再詳細介紹。如果想要尋求啟蒙，這是你會學到的兩個最重要概念。

**認知失調**

- 這是一種心理狀態，意指在個人行為與本身想法和信念不一致時，人們會將原因合理化。比方說，如果你認為自己很聰明，但卻注意到自己正在做一些顯然很愚蠢的事，就可能會自然產生幻覺，認為自己確實有很好的理由這麼做；或是也許你相信自己很誠實，但卻觀察到自己正在做一些不誠實的事，於是大腦會立刻產生一種錯覺，把這項差異合理化。對所有正常人類來說，這是一個普遍的現象，但是我們往往認為只有**別人**才會出現認知失調。

**確認偏誤**

- 意指人類傾向於看到支持自己信念的所有證據，即使證據純屬巧合。這是我們認為只發生在別人身上的另一個常見現象。

我在二〇一六年總統大選中看到一個危險的局面正在逐漸形成。如果大眾誤解川普的方法和意圖（看起來情況很有可能是這樣），事情就會變得很可怕。更糟的是，大眾可能沒有意識到在這次選舉中，他們的選擇特別豐富。不管你對川普本人或對他的政策有什麼看法，川普確實**與眾不同**，而且他當然知道如何為自己造勢。我認為大眾不要被川普對手捏造的偏見誤導了，而是要盡可能認清川普的候選資格。

## ◆說服大師的殺手級威力

你可能想要知道，為什麼我對川普會勝選的預測這麼有信心。這麼說吧！誰也無法預測未來，我無法完全肯定未來會是什麼狀況。例如，我無法預測選舉期間會出現哪些類型的醜聞。但是我確實了解說服力，而且世上只有少數人擁有這樣的本領。另外，我也看得出來，以川普的說服技巧等級來說，**他正在這場激烈的選戰中使出殺手級武器**，而可憐的對手並沒有看出情況即將演變成那樣。

我對川普會讓名嘴們跌破眼鏡並贏得大選很有信心，但是他做得遠遠不止這些。在總統大選結束前，這位說服大師會以自己的形象重塑共和黨、瓦解主流媒體的信譽，並且徹底毀滅民主黨。比爾・柯林頓（Bill Clinton）和喬治・華克・布希（George Walker Bush，即小布希）王朝將如同散落在道路兩旁被燒焦的殘骸。

在我的寫作生涯中，曾做出許多公開預測。譬如，在二〇〇四年出版的《宗教戰爭》（*The Religion War*）中，我預言中東地區伊斯蘭哈里發體制的崛起，以及他們會利用小型無人機進行恐怖攻擊，這項預測準確地描述二〇一七年伊斯蘭國的所作所為。當時我對這個預測也有類似的信心，就像認為川普會勝選一樣。

但是，我還有很多其他預測並不是那麼準確，有些預測是異想天開或一廂情願的想法，抑或是基於有限資料做出的普通猜測。我對川普勝選的預測，是首度使用說服大師這種架構做出的預測，因為說服大師這種人相當罕見。

在投資領域，我用一筆小錢押注在說服大師賈伯斯身上，他讓蘋果有現在的成就，也讓我從投資蘋果的股票裡大賺一筆。同樣地，說服大師華倫・巴菲特（Warren Buffett）和查理・蒙格（Charlie Munger），也讓在我持有波克夏海瑟威公司（Berkshire Hathaway）的股票時獲利可觀。

你永遠不該聽從漫畫家提出的財務建議，但是讓我告訴你一件可以安心分享的事：如果某家上市公司執行長經常被描述為擁有「現實扭曲力場」（reality distortion field），如同賈伯斯那樣，你就要好好留意那家公司，因為那正是說服大師的標誌。

一年多來，我因為在個人部落格上大談川普將在總統選舉中獲得壓倒性的勝利，而接受電視、廣播、播客及平面媒體的大量採訪。這是我人生中最心驚膽跳，卻也最酷炫有趣的一年，很高興能與你分享這個故事。這是一個好故事，我會順便教你一些極為有用的東西。

本書是由三大主題構成，首先談論人腦感知現實的局限性，讓你為後續介紹的說服課題做好準備。一旦你對基礎知識有一定的了解，我會告訴你，如何利用自己對說服的理解來預測二〇一六年總統大選中的事件。

請記住，本書的主題是說服力，在這個領域裡，川普總統做對的事情遠遠超過做錯的事情。你可以參見本書附錄D，了解我對候選人川普做錯事情的討論。我希望那項確認能讓你拋開桎梏，跟著我好好享受這趟旅程。

準備好了嗎？我們開始吧！

# 第二章 事實往往比虛構更欠缺說服力？

◇◆◇

二〇一五年八月十三日，我在個人部落格中預測，川普**憑藉高超的說服本領**，贏得總統大選的機率高達九八％。然而就在一週前，美國最受尊崇的政治預測家奈特・席佛（Nate Silver）才在專門預測選情的五三八網站（FiveThirtyEight.com）專欄部落格表示，川普贏得共和黨提名的機率只有二％。[1]在選舉初期，絕大多數的政治名嘴認為，川普參選是政壇的新鮮事，而且只不過是選舉的餘興節目。

無論是否用到事實和理智，說服與改變人們想法的工具和技巧有關。我開始撰寫部落格文章稱讚川普的說服本領時，覺得自己像是在孤軍奮戰。當時我住在加州，川普的大多數支持者好像都躲起來了，因為公開支持川普，會讓自己在社交方面和職場上面臨風險，所以我不指望在這場戰鬥中獲得任何人支持。

幸運的是，我錯了，川普在推特上的粉絲馬上接受我，並且一路支持，當批評者在推特和其他地方指責我時，川普的支持者蜂擁而來地支持我。我並沒有要求，他們就這麼做了。我撰寫本書的動機之一就是，有這麼多人在推特上支持我，還特別要求我寫書，所以本書就是為要報答他們。

順帶一提，以說服力來看，報恩是一件大事。當你幫助某個人時，就會觸發此人的自動報恩反應。人類天生就懂得報恩。銷售人員總是會使用這種方法，如果銷售人員請吃午餐或幫忙解決問題，你就會被說服了。

少數幾位預言川普會勝選的知名預測家，包括右派評論員麥克・切諾維奇（Mike Cernovich）、保守派名嘴安・庫爾特（Ann Coulter）、右派評論員史戴凡・莫利紐克斯（Stefan Molyneux）、極右派網站編輯米羅・雅洛波魯斯（Milo Yiannopoulos）、脫口秀主持人比爾・密契爾（Bill Mitchell）、財經記者羅伯特・巴約勒（Robert Baillieul）、共和黨民意專家約翰・麥克勞林（John McLaughlin）、學者亞倫・利希特曼（Allan Lichtman）、前英國獨立黨黨魁奈吉爾・法拉吉（Nigel Farage）、英國資深媒體人皮爾斯・摩根（Piers Morgan），以及後來才加入這個陣營的紀錄片導演麥可・摩爾（Michael Moore）。

或許你認為只要察覺到別人對你使用說服術，就能抗拒對方的技倆，但是知道說服術其實無法如你所想的那樣保護自己，只要看看說服祕技三就會明白了。

## ◆方向正確卻誇大事實的說服手法

為什麼我在不可能知道川普勝選機率是多少時，卻會自信滿滿地說川普勝選機率高達九八%呢？這就是一種說服術。你看到川普一遍又一遍地運用這種故意說錯的說服把戲，而且幾乎總是可以獲得好效果。方法如下：

1. 提出**方向正確**，但卻誇大事實或與事實有誤的說法。
2. 等待人們注意到誇大或錯誤的部分，並且

**說服祕技二**

人們天生就知道要報恩，如果日後想要某人和你合作，現在就為那個人做一些事情吧！

**說服祕技三**

即使對方察覺到你使用說服術，說服術一樣能發揮功效。大家都知道，商品定價為九．九九美元，是因為一〇．〇〇美元好像貴很多，即使如此，這種尾數九九的定價策略依然奏效。

持續不斷討論這種說法有什麼錯誤。

3. 當你把精力專注在某個想法時，就會記住這個想法，而在你心裡產生最大影響的事物，不論是否最重要，都會不合邏輯地被優先考慮，這就是說服。

如果我預言川普會勝選，卻沒有提出川普勝選的機率，大眾就不會把我說的話當成一回事，會以為是另一位小有名氣者無關緊要的意見。但是，如果我讓你停下來想想，在心裡和我爭論勝選機率九八%的準確性，這樣就會加深我所提重點的說服力——川普勝選的可能性高得嚇人。

我選擇九八%作為對川普勝選機率的預測，是因為席佛在五三八網站說川普獲得共和黨提名的機率只有二%。我這麼做是為了打響知名度和創造說服力，從兩方面來說，這樣都會比較容易讓人記住我的預測，一是因為我的預測剛好和席佛的預測相反；另一則是人們認為我膽大妄為地說出「錯得如此離譜」的話語。這項預測的目的是為了吸引注意力，這樣也確實讓我達到目的。而且我故意這麼策劃，讓自己的名字可以和席佛相提並論，以提高在政治預測的知名度，結果也如願以償。

正如我希望的那樣，在選舉期間，社群媒體人士無數次將我和席佛相提並論。而且每當我被提及一次，我身為政治觀察家的重要性就因而增加，因為被拿來與席佛這位已經是該領域要角的人士做比較。請記住，當時我是政治觀察界的門外漢，只是一位撰寫與政治和說服力相關的漫畫家，我需要建立聲譽，幫助個人部落格與川普有關的文章增加人氣。我運用一點點錯誤（預測勝選機率剛好是九八％），設法吸引更多的關注。這樣一來，讓大家只要一想到席佛就會想到我，也因此讓我建立一些名聲。只要我能夠和席佛相提並論，光是透過這種接近性就可以獲得一些信譽。

## ◆為了吸引關注而故意犯錯的技巧

川普經常要弄故意說錯的說服把戲，而且似乎每次都能奏效，至少也都獲得他想要的關注。就連你知道他在這麼做時，他的做法也一樣有效。如果你談論川普希望你關注的任何話題，就算你是在批評他的錯誤，也已經默認川普提出的話題很重要，這正是川普想要的。

以川普的競選承諾為例，他要在美墨邊界築一道「牆」。用常識想也知道，在所有地方都築牆，未必是加強邊境控管的最佳解決方案。在許多地方，最具成本效益的解決方案可能包括架設鐵絲網，或是安裝各種數位監控設備或其他設施。如果川普想要更正視聽，每次談到邊境安全時都會提到這些解決方案。他確實幾度承認，在不同地方會以不同方式保障邊境的安全，但是在大多數時候，他都忽略這些細節，這麼做確實很明智。川普藉由繼續提到在邊境築「牆」而沒有說明細節，讓大眾和媒體認為這是一個錯誤，所以媒體和大眾為此爭論不休，並進行事實查核，還為此估算成本，他們批評川普不了解在整個邊界都築「牆」是不可能的事，**他怎麼那麼愚蠢呢？**

而且當人們批評川普說築一道堅實牢靠的「牆」是「錯誤」時，批評者已經說服自己，邊境安全遠比他們想像得還要重要。切記，讓你最費心思考的想法，會自動且非理性地在心裡提高它的重要性。川普讓我們費心思考邊境築牆這件事，是因為知道選民會認為他對這個議題最有主見。同時，這麼做也能讓媒體耗盡精力，好讓記者沒空報導川普不如競爭對手那麼深入了解的政治議題。不管事實和理智為何，說服大師懂得把你的精力轉移到對他們有幫助的話題上。

> **說服祕技四**
>
> 讓你最費心思考的事情，在心裡的重要性就會大增，但是事情本身未必那麼重要，因此這是一個非理性的過程。

我說川普是自己見過目前在世的最優秀說服者，邊境築牆就是一個完美的例子。想想看，川普必須多麼克制自己，**避免**澄清要在邊境築「牆」，其實是依據地形築牆的解決方案。為了發揮這種武器級說服力，川普必須願意忍受這種殘酷批評：他真是愚蠢至極，以為邊境築牆就能確保國土安全。為了讓這些批評消聲匿跡，川普要做的只是每一次提及此事就澄清，他說的邊境築「牆」實際上是依據成本和地形，採取各種不同的邊境解決方案，就這麼簡單。

但是，這位說服大師不希望評論家停止談論此事，他希望他們把邊境控管討論成選戰期間的最大問題，也就是不停談論川普要在邊境築「牆」很不切實際。只要人們談論築牆一事，川普就是談話中最重要的人物。這位說服大師將精力和注意力，轉移到對他最有助益之處，事實和細節可以稍後再解決。

我不相信川普會故意在工作上犯錯，除了過分簡化和誇張形式以外，正如邊境築牆的例子，那麼做是刻意為之。但是他對於較小的「失誤」根本不在意，所以不會自我糾正。當有人指出我的部落格文章打錯字時，我也會運用類似的技巧。有時候，我會故意保留這個錯字，因為這會讓你暫停下來，把這個句子重唸幾次，思考我打錯的這個字是什麼意思。這個「錯誤」吸引你注意我寫了什麼，而這正是作者想要的，我想要你的關注。

**說服祕技五**

在你要傳達的訊息細節中故意犯「錯」就能引發批評，這種關注能讓你的訊息在人們心裡的重要性隨之提高，因為大家都在談論那個錯誤。

有些錯誤只是一般的錯誤。但是，當你看到一位說服大師接二連三地「犯錯」時，在這些錯誤中，可能有些錯誤是為了控制你的注意力和心思而故意為之。

你第一次看到本書的原文書名Win Bigly時，是否認為當初川普獲得黨內提名時並沒有說「bigly」這個字，而是說「big league」（意指大規模）呢？（譯注：bigly與big league發音類似，引起爭論的原因在於字典裡並沒有bigly這個字。）如果你注意到我的書名有「錯」，可能會幫助你記住本書。現在，每當聽到「bigly」或「big league」等字眼時，都會讓你想起本書。讓你最常想起也最記得的事，對你來說似乎會比其他事情來得重要，這是我在設計書名時運用的說服技巧。

在總統大選期間，候選人川普的想法似乎接二連三地與事實有出入。社群媒體和主流媒體一窩蜂地批評他，說川普是說謊者、騙子、簡直蠢到爆，有些人甚至還質疑他的精神狀況有問題。

更令人費解的是，媒體在世人面前徹底揭穿他的錯誤後，川普往往堅持自己的主張，他仍然沒有退縮，真讓人難以置信。誰也無法確定問題究竟是出在他的誠實、對議題欠缺了解，還是智力有問題，但我們都知道川普犯的錯誤確實難以忽視。

## ◆事實比虛構更欠缺說服力

如果你曾經試圖藉由提供事實，說服某個人改變原本的政治信仰，你一定知道這樣行不通，那是因為人們也有自己認定的事實，而且認為那更可信。如果他們知道自己沒有更可信的事實，就會改變話題。以政治觀點來說，人們不會輕易改弦易轍，而且坦白說，事實根本沒有什麼說服力。

所以川普在事實無法發揮效用時，就會忽視事實。我知道你不願意承認事實沒有說服力，但是在現實生活中情況確實如此。

而且我知道你想要相信，選出一位忽視事實的人當總統，會讓這個世界在很多方面變得更糟糕，但究竟是哪些方面，你也說不清楚。可是，川普針對重要議題提出的建議，往往在方向上是正確的，至於細節本來就無關緊要。我想釐清的是，我**不是偏好忽略事實**，而只是認為無論媒體多麼頻繁地指出錯誤，說服大師都可以忽略事實，並且持續領先。

通常，政治新聞讀者只能掌握一小部分的問題，較不重要的主題都會被拋諸腦後，所以川普能為不太重要的話題創造出想要的任何現實狀況。你只會記得他提出的理由，他不會道歉，雖然對手說他是騙子，但他們自始至終也是用同樣的技倆操弄選民。

**實例說明：**十分鐘前，我在專門查證候選人言論可信度的PolitiFact網站，看到川普被認定為與事實不符的推文清單。我只記得其中一小部分，在我的腦海裡，那些推文全都混雜在一起，沒有什麼印象。其中任何一篇推文都和我無關，也沒有情感聯繫，只是背景雜訊而已。[2]

如果川普為自己所言與事實「不符」而道歉，我就會記得是什麼錯誤讓他公開道歉，而這一點也會讓我牢記在心，我認為這至少是川普不為自己辯解的**部分**原因。道歉是一種示弱的跡

### 說服祕技六

如果你不是要競選總統的說服大師，就要在頻繁道歉和絕不道歉之間找到適當的平衡點。頻繁道歉表示沒有信心，而不願意為任何事情道歉，則會讓你看起來像是反社會人士。

象，也讓自己後續必須做出更多道歉。道歉對川普的競選活動沒有幫助，因為一旦道歉就會沒完沒了；但是對於不是說服大師、只是偶爾公開犯錯的一般人來說，通常道歉仍是正確有效的做法。

## ◆視覺說服、情感、重複及簡單的事較易發揮影響

如果我還沒有說服你，讓你相信「錯誤」可以用來說服他人，不妨想想以下這個例子。二〇一二年時，研究人員丹尼爾・奧本海默（Daniel Oppenheimer）進行一個小型研究，發現當字體**較難**閱讀時，學生會記得更清楚。[3]奧本海默說明這個意外發現，指出因為字體較難閱讀，所以人們會放慢速度，更專注地閱讀，這種額外的專注就會形成更持久的記憶。

有關故意「犯錯」如何有助於維持記憶力的更多科學論述，我推薦大家看看卡門・席夢（Carmen Simon）博士的著作《別有目的的小意外》（*Impossible to Ignore*）。其中的要點是，你必須讓大腦出乎意料，或是讓大腦多花一點工夫，才能形成記憶。大腦會自動迅速刪除日常記憶，大多數人不知道一年前的這一天在做什麼，但是卻很容易記住和我們期望背道而馳的事。

一個很好的通則是，人們較容易被視覺說服、情感、重複及簡單的事情影響，較不會受到細節和事實的影響。川普沒有準確描述自己的築牆計畫，沒有說清楚可能不會在整個邊界都築起實體牆，此舉降低了他的信譽，也讓他的品牌受損，但他用強而有力的視覺說服做彌補，訴諸情感、簡

單、重複及「錯誤」本身，來讓他的築牆構想變得引人注目。如果你使用超級強效的說服術，就算提出的事實有出入，甚至連主張的邏輯也有誤，最後還是會贏。

我在此先簡短說明，雖然影響人們的最佳方法背後有很多科學依據，但是要從這麼多「讓大腦訝異，藉此進行說服」的方法中做挑選，可能要靠個人的功力，而不是憑藉科學。沒有兩種情況是一樣的，就算你知道某種說服技巧會在不同的情況下奏效，但是對你目前的狀況可能毫無幫助。

**請注意：**在公共場合故意忽略事實和邏輯，這種策略非常危險，除非你是厚臉皮又偏好風險的說服者。大多數人不具備避開風險、順利達成目的所需要的說服技能、風險評估和應變能力。

我們並不確定川普是如何藉由將邊境築牆的構想簡化到讓批評者，甚至連一些支持者都認為他瘋了，好讓自己勝出。但是根據我的判斷，川普可能真的贏了。在就職典禮當天，我們正在談論成本和築牆的細節，整個國家已經認同這道牆可能會建成，至少有部分會建成。長遠來看，總統的名聲會以政績來評斷。無論你喜歡與否，日後歷史學家可能會判斷川普的築牆構想是總統執政的成功故事，而成功就能消除大部分的「錯誤」。

# 第三章

# 打開你的說服工具箱

◇◆◇

在選舉期間，我自創個人說服用語，其中有些用語是認知科學領域的一些術語，後續會詳述這些概念。在此提供這個依字母排序的用語清單，方便你日後查閱。

## 錨點（anchor）

- 錨點是影響人們朝向說服者偏好結果去思考的一種想法。譬如，談判一開始就先提出一個很大的要求，就會在心理上受到這個最先接收的訊息影響，如同錨點沉入海底，將人們的想法固定在某處，讓談判朝著這個有利的提議發展。

## 認知失調（cognitive dissonance）

- 認知失調是一種心理狀態，意指證據與個人世界觀相互衝突到讓人自動產生幻覺，將兩者之間的不一致合理化。

**確認偏誤（confirmation bias）**

- 確認偏誤是指人類傾向於非理性地相信，新資訊全都支持你現有的世界觀，即使事實並非如此。

**濾鏡（filter）**

- 我用「濾鏡」一詞來描述人們用什麼方式觀察現實世界。濾鏡依據的關鍵構想是，它未必提供使用者對現實的準確看法，人腦無法理解更深層的真相。

**哥吉拉（Godzilla）**

- 我為世上最強大的說服者之一，取了「哥吉拉」這個綽號，你在後續會發現更多關於哥吉拉的資訊。

**制高點策略（High-Ground Maneuver）**

- 制高點策略是一種說服方法，涉及將辯論從人們不同意的細節，提升到人人都同意的更高層次概念。

**語言絕殺（linguistic kill shot）**

- 語言絕殺是指極有說服力的一個綽號或短短一句話，就能終結一個論點或創造一個具體成果。

**說服大師（Master Persuader）**

- 說服大師擅長運用說服力工具來改變世界，這種人相當罕見。

**含水機器人（moist robot）**

- 我以含水機器人形容人類是可程式化的實體，如果你提供正確的輸入，就會得到正確的輸出。

**臥底（Mole）**

- 在本書裡，臥底是指在希拉蕊競選活動中幫倒忙的那群人，從說服力的觀點來看，他們故意做出所有錯誤的選擇。

**先同步，再領導（pacing and leading）**

- 同步包括盡可能從許多方面配合你打算說服的對象，包括對方的思考、說話、呼吸及動作的方式。同步能建立信任，因為人們認為你和他們是一樣的。達成同步後，說服者就能帶領，對方就會安心地追隨。

### 說服工具箱（persuasion stack）

- 說服工具箱是將適合一起使用的說服相關技能加以集結。

### 二維（second dimension）

- 二維描述最普遍的現實觀，意即我們相信事實和邏輯對自己的決定是很重要的。這種觀點認為，人類有九〇%的時間是理性的，但是偶爾會有點瘋狂。

### 預說服（setting the table）

- 是指在談判開始前，好好準備要給對手什麼樣的第一印象。

### 跡象（tells）

- 在此借用撲克牌遊戲的用語。在玩撲克牌中，這表示玩家不經意的表情或肢體語言，透露出自己手上的牌有多好。以說服的情況來說，這個信號表示有人被說服了，不過我通常也會用這個詞彙來表示任何種類的信號。

**預想結果（thinking past the sale）**

- 預想結果是一種說服技巧，讓對方馬上想像在做出決定後會發生什麼事，好讓對方有可能做出決定。

**第三幕（Third Act）**

- 從電影的角度來看，「第三幕」是主角處境最嚴峻的時刻，我用這個用語來形容現實可能遵循傳統電影形式的狀況。

**三維（third dimension）**

- 三維是訓練有素的說服者可以施展的空間。這種世界觀認為，人類有九〇%的時間是不理性的，唯一的例外是在決定不涉及情感時。

**一個螢幕播放兩部電影（two movies on one screen）**

- 我以這個用語形容觀察者可能看到相同的資訊，並將其解釋為支持兩個截然不同情況的現象。

當你想重新溫習上述任何一個概念時，記得回來查閱這個清單。

# 第二篇

# 如何以更實際的方式看待事實？

第四章

# 關於理性的迷思

◇◆◇

哲學系學生記得柏拉圖（Plato）在〈洞穴寓言〉〔The Allegory of the Cave，《理想國》（*The Republic*），五一四a至五二〇a〕中，談到個人現實的主觀特質。柏拉圖要我們想像一下，有一群人終其一生被鐵鍊綁著，只能面對洞穴的牆生活。他們在牆上看到其他人的陰影，那些人在洞穴其他地方的火堆前走來走去，但是被鐵鍊綁著的囚犯既看不見旁邊的人，也無法看到其他人。對這群洞穴囚犯來說，陰影本身似乎是獨立生活的真人實物，因為陰影會像生物那樣動作與移動，囚犯沒有理由不這麼認為。

如果你釋放洞穴囚犯，他們很快就會知道火和陰影的屬性，所以不得不重新詮釋自己對整個現實的看法，以便適應大腦接收的新資訊。柏拉圖的這個寓言，重點在於以象徵說法解釋人類可能會被自己有缺陷的大腦和感官所創造的洞穴束縛，所以體驗到的是與客觀現實截然不同的陰影世界。

其他知名哲學家，特別是大衛・休謨（David Hume，生於一七一一年），則是以自由意志存在的觀點來質疑現實的本質。如果像一些哲學家所說的那樣，人類沒有自由意志，我們只不過是因果關係的受害者，就表示我們對現實的共同看法是荒謬的。以這種模式看待世界時，我們只是誤以為能控制自己決定與行動的肉身機器人。

德國著名哲學家伊曼努爾・康德（Immanuel Kant，生於一七二四年）則認為，人類的思想創造人類經驗的結構。他解釋，我們的大腦無法直接接近現實，並以現實為依據，必須解決我們的感官對現實的錯誤解讀。康德以長篇大論說明現實未必像我們感知的那樣。

以本書的目的來說，你不需要接受哲學對現實的任何解釋。我提到這些論點只是要表明，從古至今的聰明人已經對現實的主觀特質提出種種論點，那些論點和你將在本書中看到的內容相符。

以近代來說，認知心理學家和物理學家已經揭露許多與人類理性受限有關，並令人大開眼界的事。例如，杜克大學（Duke University）心理學暨行為經濟學教授丹・艾瑞利（Dan Ariely）就以這個主題進行大量撰述和演說，探討人類如何**相信**自己正在使用事實和理智做出決定，但事實上人類很容易被許多不同來源的偏見所左右。你可以參考艾瑞利於二〇〇八年出版的《誰說人是理性的！》（*Predictably Irrational*）。

亞利桑那州立大學（Arizona State University）心理學暨行銷學榮譽教授羅伯特・席爾迪尼（Robert Cialdini），曾任史丹佛大學（Stanford University）行銷、商業和心理學客座教授，他是這個領域最知名的代表人物。席爾迪尼於一九八四年出版《影響力》（*Influence*）和在二〇一六年出版《鋪梗力》（*Pre-Suasion*），這兩本暢銷書是由大師傳授、探討人類決策非理性特質的論述。

## ◆不存在的理性

我們以為在金融市場上會發現人類表現出最高度的理性，因為有數兆美元的資金在金融市場上流動。但是我們卻看不到這樣的理性，不只是一般投資者失去理性，就連金融專業人士也缺乏理性。普林斯頓大學（Princeton University）經濟學家伯頓・墨基爾（Burton Malkiel）於一九七三年出版的著作《漫步華爾街》（*A Random Walk Down Wall Street*）中教導我們，非理性投資人是怎麼一回事。最近，哲學家暨統計學家納西姆・尼可拉斯・塔雷伯（Nassim Nicholas Taleb）在二〇〇七年出版影響甚鉅的《黑天鵝效應》（*The Black Swan*）一書，更說明人類往往會不斷地曲解自己觀察到的事物。

物理學家對現實的本質有何看法呢？這是一個所有光怪陸離事件的大雜燴。我們藉由實驗認定屬實的事情，對受到限制的大腦來說毫無意義。我最喜歡的兩個例子是**量子糾纏**（quantum entanglement）和**雙狹縫實驗**（double-slit-experiment）。在此就饒了大家，不再談論這麼深奧的科學知識，但是如果你稍微了解一下這些話題，很快就會知道人腦並沒有能力理解現實的本質。

哲學家尼克・伯斯特隆姆（Nick Bostrom）藉由質問我們是一個「真實」物種，還是早期智慧文明創造的模擬物種，進一步說明這個問題。這個構想源自一個簡單的事實，意即我們有一天能設計出相信自己是真實生物的模擬軟體。而當我們達到這種技術熟練的水準時，不可能會停止那種類型的模擬。長遠來看，你可以預期會有更多的模擬現實出現。所以，依照這種數學原理來看，我們更可能是一種原始物種的模擬物。有趣的是，不管是真實物種或模擬物種都無法知道自己究竟屬於哪一種。（我在附錄C提出一個方法，弄清楚你是真實物種或模擬物種，一切純屬好玩。）

我提到這些傑出哲學家和科學家，因為他們都認同人類的感知與理性確實有所限制。

我鼓勵你對本書任何細節抱持著懷疑的態度，不過這麼做或許更能讓你知道，我在哲學上也是很好的同伴。從宏觀的角度來看，**人類認為自己是理性的，也認為自己理解所面臨的現實狀況，但是他們在這兩方面都錯了。**

# 第五章 說服的力量有多強大？

◇◆◇

想看看某樣奇特之物嗎？

先把本書擺在一邊，在網路上搜尋「麥格克效應」（McGurk effect）。點閱你看到的第一支影片，這支影片很短。當你看到說服力有多麼強大時，將會十分震驚。

在影片一開始，你會看到一名男子的嘴部特寫，重複說：「bah、bah、bah、bah、bah。」你認出他做著發出「bah」中「B」聲的嘴型，影片內容看起來都很合理。

然後，事情開始變得奇怪。影片配音還是「bah、bah、bah」，但是這名男子的嘴唇彷彿在發出「fa、fa、fa」，而不是「bah、bah、bah」。當你看著影片時，就好像被施了魔法一樣，大腦把聽到的「bah」變成「fa」。你知道這是錯覺，也知道是怎麼一回事，但是這種錯覺仍然有效。你可以來回查看似乎在說「fa」的嘴型和似乎在說「bah」的嘴型。實際上，你聽到的聲音從頭到尾都是「bah」，但是大腦會依據影片中的嘴型，當嘴型好像發出「fa」時，大腦就會立刻把「bah」變成「fa」，讓你誤以為自己聽到的是「fa」，而不是「bah」。

這是一個很好的例子，說明視覺說服比聽覺說服更為強大。即使我們知道這是錯覺，但是視覺**仍會即時改變我們所聽到的**。

如果你現在沒有時間觀看這支影片，請務必在看完本書以前觀看這支影片，因為等你看過之後，才會完全明白說服的力量。

本書的主題在探討人類是不理性的。我們從一個錯覺跳到另一個錯覺，一直以為正在看見自己稱為現實的東西。事實上，事實和理智對我們的決定並沒有太大的影響，除了一些微不足道的事情以外，例如，油表顯示車子快沒油時，你會去加油。在所有重要的事情上，我們都是情緒化的動物，會先做出決定，然後再把決定合理化。

如果你是一般人，可能會認為我誇大人類有多麼不理性，也許你不**覺得**自己不理性。但是以二〇一六年美國總統大選為例，川普竟然出乎意料在選舉中擊敗希拉蕊而勝出。我認為美國大約有一半的民眾在這次選舉中做出非常不理性的決定，不過是哪一半呢？

一般來說，不理性的人並不知道自己不理性。選舉結果出來後，這個國家的人民一分為二，大家各執己見又勢均力敵，互相指責對方不理性。

身為一位訓練有素的催眠師，我可以自信滿滿地告訴你，其實雙方都是對的。

# 第六章 看待世界的不同濾鏡

◇◆◇

人們對現實的共同觀點是，認為**自己**看待世界的方式不僅準確，也和大家一樣。就我所知，情況有可能是那樣，但情況也有可能是，現實和你所感知的不同。不過，你或許會認為後面這種情況不太可能發生。接著，看我如何改變你的想法，我會利用所說的濾鏡來解釋自己的個人旅程。

濾鏡的關鍵概念是，它**不是**要給你一個準確的現實觀，只是要比其他濾鏡提供給你更好的結果。我建議要客觀判斷濾鏡效力的最佳方式是，問問自己這種濾鏡是否讓你快樂，也能做好預測未來這項工作。據我觀察，說服濾鏡（本書的主題）在讓人開心這方面表現出色，而且在二〇一六年總統大選中，也預測出一些不太可能發生卻真實發生的事。我認為好的濾鏡就是這樣。

我**沒有**聲稱說服濾鏡是對現實的**準確**看法，因為我沒有理由相信人類能夠理解自己所處的現實狀況。這種能力對生存來說並不重要，談到演化時，任何能讓我們活得夠久，足以繁衍後代的錯覺就夠用了。

我會帶你進行一趟濾鏡之旅，讓你了解我一生中使用過的濾鏡，你就會明白我在說什麼。

## ◆聖誕老人濾鏡

小時候，大人總要我們相信各式各樣的魔法。我有幾年的時間，認為聖誕老人真的存在，也相信牙仙子、復活節兔子和超人都是真有其人。

當時，我看待生活所用的濾鏡，允許各種魔法生物存在。有趣的是，使用這種濾鏡讓我學到的教訓是，這種對現實的徹底誤解不但讓我非常開心，也在預測未來這方面表現出色，所以對現實的徹底誤解並未讓我蒙受任何損失。

我喜歡玩具，很高興得知聖誕老人的效率超高，每年都會準時送達禮物，而且大方到令人懷疑，也開心得知牙仙子和復活節兔子也會送禮物上門。對於現實來說，這是一個很好的濾鏡，直到我長大，知道煙囪太多，聖誕老人的時間太少，根本來不及完成工作，而且他的雪橇太小，腦子也不太靈光。在我濾鏡裡存在的其他魔法生物，也因為我以為更有知識和更加理性而消失不見。

但是我錯了，我所做的只是轉移到另一個帶有新特性的濾鏡。

## ◆教堂濾鏡

從六歲到十一歲這段期間，我在住家附近的衛理公會教堂上主日學。我相信教會告訴自己的每件事，因為我認為人們沒有理由要把這麼多的心力投入數百年精心策劃的謊言中，所以認為這些人的想法不會有錯。

當時我還小，但卻明白有其他宗教存在，只是教會說其他宗教都是錯的，這種解釋消除存在於我所用濾鏡中的差異。對我來說，這似乎是合理的。而且在居住的紐約州小鎮溫德姆（Windham），幾乎百分之百的居民都是基督徒。事後看來，其實是我當時對那些無神論居民視若無睹。

在大多數情況下，我的教堂濾鏡都相當奏效。我很高興自己會上天堂，但是在我還活著時，這個濾鏡似乎並沒有發揮很好的預測功能，禱告似乎沒有用任何可靠的方式，影響我祈求的結果，而且沒有人能預測下一個奇蹟，或下一個聖人的誕生。於是，我開始懷疑教堂濾鏡的功用。

在某次主日學中，我們學到關於約拿（Jonah）和大魚的聖經故事。簡短地說，這個故事敘述約拿在海裡快要淹死了，上帝派出一條大魚來救他，大魚把約拿吞進肚子裡，完成這項任務。約拿在大魚的肚子裡過了三天三夜，並向上帝祈禱。三天後，上帝告訴大魚吐出約拿，大魚照做了。這簡直就是奇蹟，約拿在沒有氧氣和胃酸存在的魚腹裡，過了三天三夜居然還能生還。

這是我個人想法的轉捩點。我找母親談話，宣布正打算停止個人信仰教育。我對母親解釋自己的新假說，認為她和其他信徒都因為我無法理解的原因而受騙，但是我打算從中脫身。母親聽完我的推論後，認可我做出明智的決定，再也不要求我上教堂。我的母親能這麼做實在了不起。

當教堂濾鏡瓦解後，我突然發現自己生活在荒謬的世界裡。根據我的新世界觀，自己是唯一能看清宗教信仰騙局的人。世上當然有很多的無神論者，但是在我還沒有接觸網路，住在小鎮生活時，並沒有看到這些人。我需要一個新的濾鏡，形容十一歲男孩如何成為世上唯一認清現實的人。為了解釋我的情況，想出以下這個濾鏡。

## ◆外星人實驗濾鏡

外星人實驗濾鏡設想來自另一個世界的聰明生物，讓我的母親受孕了，好了解人類和外星人交配時會發生什麼事。根據這個濾鏡，外星人一直在觀察我。我的童年有幾年的時光，認定事實就是如此。

外星人實驗濾鏡針對我為何和鎮上其他人如此不同，做出很好的解釋，但卻沒有讓我感到快樂，對預測接下來會發生什麼事也沒有提供線索。這不是一個有用的濾鏡，最後我放棄了這個濾鏡，改換下一個濾鏡。

## ◆無神論者濾鏡

無神論者濾鏡認為，神並不存在。無神論者濾鏡設想人類是理性的生物，人類可以透過觀察、科學和理性來了解自身環境。對叛逆的年輕人來說，這種濾鏡再適合不過了，它提供我一些有趣的東西可以爭論，而且只要有人傾聽，我就會高談闊論。我很享受這種辯論，卻無法認同這種無神論者濾鏡會讓自己開心。除了可以預測我的禱告不會獲得回應與不會有奇蹟出現等特例外，這種濾鏡也無法預測未來。一般來說，我無法使用無神論者濾鏡預測任何事情。無神論者濾鏡可能針對現實提供更準確的觀點，但是對我來說並不重要，我比較在意的是它有沒有用。無神論者濾鏡並沒有讓我開心，也沒有幫助預測接下來會發生什麼事。不過，後來還有更多的濾鏡陸續出現。

## ◆大麻濾鏡

我在就讀大學時抽了很多大麻。最令我不解的一件事是，在我抽大麻時，身邊的人對我反而比平時來得好。多年來，我以為自己只是**想像**抽大麻時，人們對我很好。對我主觀經驗的最簡單解釋是，藥物正在改變我對世界的看法。

我開始覺得自己平常面對的是一種現實，抽大麻很興奮時，面對的是另一種截然不同的現實。

有趣的是，這兩種現實都運作順暢。當我抽大麻很興奮時，仍然可以駕馭世界，和大家一樣做所有的事。不過有一些活動，像是準備考試，我就做得不太好，這時候還開車就更不妥當了。但是，以大多數的日常活動來說，我抽大麻時的表現並沒有太大不同。當我開始意識到人們可以住在同一個房間裡，卻生活在不同的現實中，我從自己的經驗得知，只要從正常狀態轉換到興奮狀態（抽大麻），就能在同一個房間裡體驗兩種現實。

在後來幾年內，我開始明白在抽大麻感覺飄飄然時，為什麼每個人都會變得那麼友善。事實證明，在那時候人們確實對我更好，而且有一個很好的理由可以解釋，就是我抽大麻時開心輕鬆的態度，也感染了身邊的人。我的另一個現實，也就是平日不抽大麻也沒有**那麼**興奮時，表現出更強烈、有企圖心及內省的個性，人們以不友善的態度回應這種個性，因為我看起來太正經八百，而且這種氣氛也讓他們受到影響。當我抽大麻很興奮時，並不是**感知**到現實變得不一樣，而是我**讓**現實變得不同了。

在這裡，我們可以再次看到現實的真實本質（倘若它真的存在），與我的日常生活有些不相干。當我相信只是想像自己抽大麻很興奮時，人們對我更友善，我認定的現實就很有道理。當我明白（或相信）原來是自己的行為舉止，引發他人的善意回應時，這種現實還是很合理。所以，濾鏡的選擇對我的生活並沒有太大的影響。

和過去使用的濾鏡相比，大麻濾鏡的效果更好，因為它讓我很開心（這是當然的），而且它有一定的預測能力。當我抽大麻很興奮時，知道人們通常會以某種方式回應我，而且他們也真的這麼做，或是看起來似乎如此。這一切都很重要，但是無論如何，大麻濾鏡的效用還是有限。

## ◆迷幻蘑菇濾鏡

我在二十一歲時搬到舊金山，一位朋友說服我嘗試迷幻蘑菇。那是我這輩子最美好的一天，至少單純以快樂的觀點來說是這樣沒錯。我這麼說一點也不誇張，沒有其他經驗可以比擬。雖然快樂是短暫的，事實上只是大腦中的化學反應達到高峰，但是這種經歷讓我徹底轉變了。正如那些已經試過迷幻藥的人所知道的，這種經驗無法用言語形容。不過，我會在說明濾鏡的有限篇幅中，盡量解釋清楚。

當你服用迷幻蘑菇時，了解周遭的世界也可以在其中運作。不過與此同時，你也意識到自己對現實的解釋是流暢的。你覺得自己好像是第一次來到這個陌生世界的外星人，日常事物對你來說都新奇無比，但是不知為何，你卻知道眼前所見的一切，也明白世事萬物的作用。換句話說，你意識到自己的感知與潛在的現實是分開的，這種意識永遠不會離開你。一旦你懂得以個人生活體驗來**解釋**現實，就無法回到以前的思維方式。在服用過迷幻藥後，你可能不會再把自己以往對現實所做的詮釋，當成解釋現實的唯一「真實」版本，這就是發生在我身上的狀況。

孩子，請不要吸毒，藥物可能是危險的，我不建議大家嘗試吸食大麻或迷幻藥。藉由閱讀本書，你一樣可以獲得類似的知覺轉變。我精心設計本書的內容，就是為了達到這個目的。換句話說，我都先幫大家試過那些毒品了，所以你不必冒險，也不用感謝我。

## ◆含水機器人濾鏡

我目前在生活上使用的濾鏡，就是含水機器人濾鏡。我在著作《我可以和貓聊一整天，卻沒法跟人說半句話》（*How to Fail at Almost Everything and Still Win Big*）中，詳細說明含水機器人濾鏡。在此簡短說明，人腦是含有水分的電腦，如果知道使用者介面在哪裡，就可以重新編寫程式。例如，我們知道上學可以透過形成新的聯繫和新的記憶，來改變個人大腦的物理結構，這部分是顯而易見的。但是，還有許多其他方式可以重新改寫大腦程式，以便培養有用的習慣、改善個人活力、讓你感到快樂等。含水機器人濾鏡假定你的大腦受到物理定律的約束，而自由意志或靈魂這種神奇特質並不存在。

就本書的用意而言，我們無須辯論人類是否有自由意志或靈魂。切記，濾鏡**和了解現實無關**，濾鏡的作用僅限於讓你快樂，並幫助你預測未來。人們為了過好日子，未必需要知道現實的真實特質。含水機器人濾鏡是讓我最快樂的濾鏡，它做了最棒的預測工作。說服濾鏡（本書主題）是含水機器人世界觀的一個子集。身為含水機器人的我們，很容易受到情緒和非理性因素的影響。如果你了解這種影響機制，就已經找到人類的使用者介面。當我談論說服濾鏡時，你應該會明白它與含水機器人的想法完全一致；或是換一種說法，《我可以和貓聊一整天，卻沒法跟人說半句話》那本書是和說服自己有關，而本書則是與說服別人有關。

## ◆說服濾鏡

人類最常以這種觀點看待自己：我們是理性的動物，無論如何，人類有九〇%的時間是理性的，但是我們偶爾會有一點情緒和暫時失去理智的時候。這就是大多數人看待世界的方式，我也一樣，直到接受訓練成為催眠師為止。

催眠師以不同方式看待世界。從催眠師的角度來看，人們有九〇%的時間是不理性的，但是人們並不知道自己會如此。在一些小事上，我們可能是理性的，譬如，決定什麼時候出門、決定是否開

車上班。但是在涉及愛情、家庭、寵物、政治、自我、娛樂和幾乎所有對個人情感重要的事情上，我們幾乎不曾理性。當我們的情感開始作用時，理智就會消失。怪異的是，發生這種情況時，我們並不知情。我們認為自己在大部分時間都是合情合理。但是，催眠師早就知道，而且近年來科學家也已經證實，我們的決定往往不是透過大腦理性部分產生的，實際上我們是先做出決定，然後在決定成為事實後，精心策劃把決定合理化。

好怪異，對吧？我們對人生的崇高幻想是，大腦有能力理解現實。但是，人類的心智並沒有發展到理解現實這種程度，我們不需要那種能力，清楚看待現實對生存並不必要。演化只關心你活得夠久，可以繁衍後代，而且那種標準很低。結果，每個人其實都是生活在自己的小電影裡，我們的大腦已經為自己的經歷做出解釋。舉例來說，假設你相信輪迴，認為自己曾經是西藏喇嘛，而我認為自己的先知騎著一匹飛馬飛向天堂。這些是情節截然不同的電影，但我們正在經歷不同的現實，對生存而言並不重要。只要人類能繁衍，能創造更多的人類，演化就已經完成工作。演化並不在乎你是否看到世界的原貌，只關心你要生育更多的後代。

接下來，我要舉例說明為何「人類是理性的」這種觀念純粹是無稽之談。我在推特上的一名粉絲複製川普總統的就職演說稿，並且把演說稿傳給一位「左派朋友」過目，還和對方說那是歐巴馬總統的演說稿。結果，朋友看完演說稿後大表讚賞。

我在電視上觀看川普總統的就職演說，同時透過Periscope應用程式直播給幾百人收看。直接留

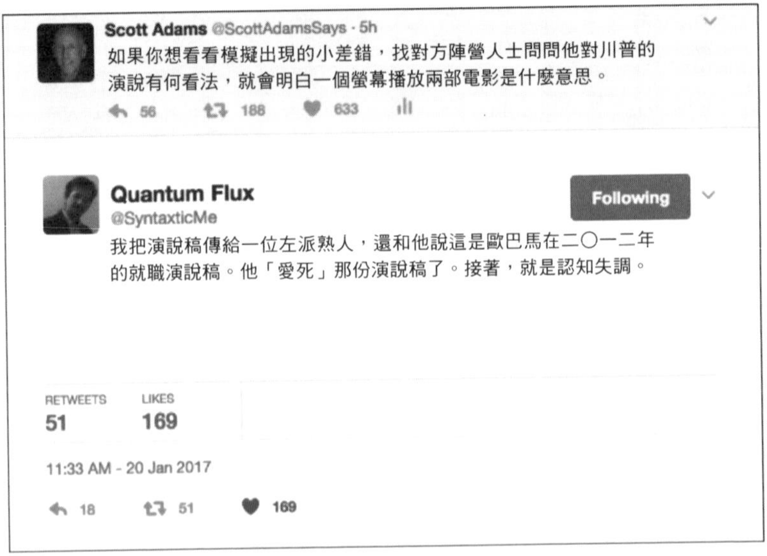
Scott Adams @ScottAdamsSays · 5h
如果你想看看模擬出現的小差錯，找對方陣營人士問問他對川普的演說有何看法，就會明白一個螢幕播放兩部電影是什麼意思。
56 188 633
Quantum Flux
@SyntaxticMe
Following
我把演說稿傳給一位左派熟人，還和他說這是歐巴馬在二〇一二年的就職演說稿。他「愛死」那份演說稿了。接著，就是認知失調。
RETWEETS 51
LIKES 169
11:33 AM - 20 Jan 2017
18 51 169

言給我的人大多都被川普傳達訊息的包容性和樂觀所感動，很多人都感動落淚。

但是在一小時內，我收到最要好朋友寄來的電子郵件，他是一位痛恨川普的反川普人士，在電子郵件裡這麼說：

> 我對川普的演說感到非常驚訝。我以為所有就職演說都包括唱高調和對未來的希望，這場就職演說聽起來卻像是川普的競選演說（但是沒有冒犯任何人）。他用了很多反華府的措詞，是我聽到最負面的語氣，沒有「不要問國家可以為你做什麼」〔譯注：約翰・甘迺迪（John Kennedy）總統就職演說的措詞〕，也沒有「山巔上的光輝城市」〔譯注：隆納・雷根（Ronald Reagan）總統如此形容美國〕這類說法。

我本來預期川普會說要聽取其他人的意見，好比「並不是所有人都投票給我，但我會成為所有人的總統」，這曾是當選總統者的慣用說法。我想川普就是會照著自己的方式去做，我們必須習慣他的做法。

這種解讀與我聽到和看到的恰恰相反，在觀察上出現這種奇怪差異並沒有什麼稀奇。我和這位朋友都熱衷政治，我們都很聰明（他更聰明），也都沒有隱瞞自己對川普演說的反應。但是，我們看到完全不同的電影在同一個螢幕上同時播放。如果你認為這種不同電影的情節很罕見，就是活在我所說的二維裡。在由說服掌控的三維中，不同電影在同一個螢幕上同時播放，這種情況完全正常也經常可見。但是，如果我們都活在自己的小電影裡，哪一部電影最好呢？

我認為看待政治的最佳濾鏡是，讓你快樂又能準確預測接下來會發生什麼事的濾鏡。當別人認為情況很瘋狂時，我用說服濾鏡來預測川普能否當選總統，也利用說服濾鏡預測到川普在選戰期間使用的許多手段，這些都會在本書逐一介紹。我做的所有預測都是公開的，你可以檢查我所言不假。

不過，就算我說服你，說服濾鏡是預測未來的最佳方法，你仍然會納悶，人類怎麼可能如此妄想，而未能認清這一點？要明白這件事，就必須理解兩個概念：認知失調和確認偏誤。這兩個概念幾乎能幫你解開所有的疑惑，讓你知道人們為何會照著自己的方式行事，這兩個概念也能對二〇一六年的總統大選做出最佳詮釋。

# 第七章
# 認知失調的科學

◇◆◇

維基百科提供我們一個認知失調的實用定義：

認知失調是一個心理學名詞，用來描述個人在同一時間內，抱持兩種或兩種以上互相矛盾的信念、想法或價值觀，而表現出與本身信念、想法或價值觀互相矛盾的行為，或是指個人面臨與現有信念、想法或價值觀互相矛盾的新資訊，因而體驗到一種心理壓力或不適。1

有關認知失調的科學很深奧，但是你不需要那麼深入地了解，就可以成為優秀的說服者。你只需要了解認知失調的基本概念和這個重點：在你的日常經驗中，認知失調有多常發生。我曾告訴你，一般人的世界觀是，我們有九〇%的時間是理性的，一〇%的時間則有點瘋狂。說服濾鏡對世界的看法則是，我們有九〇%的時間是不理性的，而這種不理性的最大來源之一就是認知失調。

引發認知失調的最常見原因是，個人的自我形象與自我觀察不符，例如，如果你相信自己既聰明又有知識，然後做了一些顯然很愚蠢的事，就會讓你陷入認知失調的狀態。一旦你處於那種不舒服的心理狀態，大腦就會自動產生幻覺來解決不適。在這種情況下，大腦會告訴你，新資訊是不準確的。另一種方法則是，相信自己是愚蠢的，但是這麼做違反你的自我形象。你不想改變自我形象，除非想要有所改善。

自尊讓我們無法想像自己有九〇％的時間是不理性的，當我們察覺到自己的行為不理性時，大腦可以做出的最簡單反應就是產生幻覺，透過解釋消除這種不理性。事實上，大腦就是如此運作，而且這是一種自動機制。有趣的是，當這種情況發生時，我們並不知道，其他人可能會清楚看到這種情況發生在你的身上。但是以其特質來說，每個經歷認知失調的人都不會察覺到自己正處於這種狀態。

## ◆如何察覺認知失調？

當你經歷認知失調時，會自動產生幻覺成為你的新現實。對旁觀者而言，你設想的幻覺可能看似荒謬；但是對經歷這種幻覺的人來說，這一切都很有道理。所以，關於認知失調要先了解的是，你經常會在其他人身上看到認知失調，別人也會從你身上看到認知失調，但是能知道自己正處於認知失調狀態的人卻少之又少。

訓練有素的催眠師有時可以認清自己的認知失調，認知科學家有時可能也做得到，但是對不曾接受說服術訓練的人來說，經歷認知失調就像是對現實的準確看法，你無法分辨其中的差異。

認知失調的第一個「跡象」是，把荒謬的事情合理化。舉例來說，你的朋友可能是老煙槍，他說抽菸對他無害，因為他知道有人每天抽一包菸，還活到一百歲。說出這種論調的人只是有菸癮，但不希望認為自己是不明智或無法戒菸的人，因為會違反他的自我形象。為了保持自我形象不受損害，這位吸菸者會產生一種個人幻覺，認為自己是世界上少數能對肺癌免疫的人，無論如何，他就是知道自己是這種人。

我們生活在一個不理性的世界裡，人們不停地在說和做看似荒謬的事。有時這些人只是愚蠢，這就是他們做傻事的全部原因；有時問題出在你的身上，別人正在做的事之所以看起來很荒謬，只是因為你不明白他們為什麼要那麼做。當你想要發現認知失調的例子時，可能會做出很多誤判，因為不理性的事情處處可見，認知失調很容易隱身其中。要認清你看到的是認知失調，而非平常的不理性行為，最好的做法就是尋找觸發因素。觸發因素是讓人們意識到自己行為與自我形象互相矛盾之物。

以抽菸為例，有些人承認自己有菸癮，並說自己喜歡抽菸，所以忍受抽菸有害健康的高風險。這些人可能沒有經歷認知失調，因為他們正確地理解風險和因果關係。

但是，拒絕承認成癮的吸菸者也許因為對自己的自我控制太有信心，就會養成產生幻覺的習慣，藉此說明具自我控制能力的聰明人為何會做出像抽菸這種有害健康的事。這種不一致就是認知失調的觸發因素，個人的自我形象和其行為不符。

二〇一六年的總統大選為認知失調提供最大的觸發因素，這是你一生中可能看到最明顯的一次。這次總統大選具備產生大眾幻覺的所有要素，從川普宣布參選那一刻起，政治專業人士開始嘲笑川普的才智、承諾及才能，最受到取笑的則是他的勝選機會。專家認為自己很聰明，相信自己可以看清楚世界的模樣。以川普參選的情況來說，他們覺得這是世界上最簡單的預測，至少對那些認為自己消息靈通又理性的人來說就是如此。從觸發因素的觀點來看，重點不在於這些人都錯了。人們的想法難免有錯，但是未必會引發幻覺。在這種情況下的關鍵變數是，他們很篤定，並且再三公開強調這種篤定。他們對川普的評論，成為自我形象的一部分，他們認為自己是聰明人，和他們設想沒有什麼知識、開著小貨車的川普支持者形成鮮明對比。

然後，川普贏了，至少在選舉人團制度中獲勝了，而這是唯一的重要之處。雖然川普的總得票數輸給希拉蕊，但是他本來就不在意總得票數，而是以爭取選舉人票為主要目的。

川普的勝利是認知失調的觸發因素，那些自以為是聰明人的專家和選民突然明白事實並非如此。他們以再清楚不過的方式得知此事，錯估搖擺州的選民意向。他們錯在相信民調、低估川普的才智與川普競選活動的效力，也錯在以為川普需要做傳統廣告，並且錯估川普挨家挨戶拜票的做法。他們錯在以為川普的挑釁言論會讓他敗選，也錯在相信川普的醜聞會讓他退選。他們以為川普在推特上猛發推文根本沒用，但是他們錯了。他們誤以為川普會導致共和黨輸掉參、眾兩院的連帶選戰。結果，幾乎所有事都錯估了。

共和黨不但占領白宮、控制國會，最後也控制最高法院。這種錯誤規模之大，實在相當罕見。更糟糕的是，他們還必須面對一些從頭到尾準確預估選情的聰明人，譬如保守派名嘴庫爾特、右派評論員切諾維奇、右派評論員史莫利紐克斯，以及極右派網站編輯雅洛波魯斯。如果世界上每個人都錯估川普的選情，大家可以說理性者都無法預知這樣的情況而一笑置之，但是在這種情況下卻無法這麼做，因為從一開始，許多聰明人和川普的死忠支持者就對每件事做出正確的判斷，我們大聲疾呼，也再三提出理由，並且一路展現成果。

**大選前一年**，我在個人部落格中這樣寫道：

> 川普的說服技巧將會引發外界對他為何藐視大眾期望，做出一連串各持己見和錯誤的解釋。

換句話說，在別人公開提及此事前，我就已經看出大規模認知失調正在逐漸形成。這就是了解說服力的好處，它讓你看到別人看不到的未來。說服力是一種習得的技能，而不是一種精神力量。如果你知道是什麼原因導致認知失調，有時候甚至可以從遠處就看到這種情況正在形成。

當然，川普的勝利觸發認知失調的集體引爆，這種情況在歷史上相當罕見。對於不曾接受說服訓練的觀察家、選民及專家來說，大眾的反應看起來像是憤怒、失望、恐懼和震驚的組合；但是對訓練有素的說服者而言，這是觀察認知失調的最佳時機，如此純粹而深刻。坦白說，真的太精彩了。

## ◆同樣的事實，不同的說法

大多數人並不欣賞這場表演，看到的反而是事後出現無止盡的「理由」，解釋像川普這種人為何能夠當選的新現實。

選舉結束幾天後，CNN.com 列出專家提出二十四種不同的理論，解釋川普會勝選的原因。我把這些理論條列如下，但是並沒有列出前後文，不過請相信那些內容在此無關緊要，其中有許多解釋聽起來相當合理，但是解釋的可信度和我提及的發現認知失調觀點無關。你要注意的跡象並不是解釋的**內容**，而是這種解釋究竟**有多少**。

如果你遇到狀況可以用一個合理的解釋來說明，這個理由可能和現實相去不遠。不過，在有很多不同的解釋時，通常是認知失調的明確跡象。無論事後聽起來有多麼合理，有多方面的解釋就表示人們正設法將自己的觀察合理化，人們產生不同的幻覺來進行這件事。以下引述CNN報導中，針對川普意外當選做出的一些解釋：

1. 川普會贏是因為臉書（Facebook）無法刪除或不願意刪除假消息。
2. 川普會贏要感謝所有的社群媒體。
3. 川普會贏是因為投票率太低。
4. 川普會贏是因為名人效應壓倒實質內涵。
5. 川普會贏要感謝白人女性的重要性超乎預期。
6. 川普會贏要感謝白人男性的憤怒使然。
7. 川普會贏要感謝俄羅斯駭客和假新聞。
8. 川普會贏要感謝左派人士與東西岸精英羞辱他的支持者。
9. 川普會贏是因為中西部農村居民不問世事。
10. 川普會贏是因為民主黨沒有讓伯尼・桑德斯（Bernie Sanders）競選總統。
11. 川普會贏是因為雷根民主黨人在密西根州和中西部地區的人數激增。
12. 川普會贏是因為媒體過分關注千禧世代選民，忽略年長白人男性才是這場大選的關鍵力量。
13. 川普會贏要感謝自由黨的蓋瑞・強森（Gary Johnson）與綠黨吉爾・史坦（Jill Stein）瓜分了希拉蕊的選票。
14. 川普會贏是因為擁有大學學歷的美國人與社會脫節。
15. 川普會贏是因為政治正確引起的嚴重反彈。

16. 川普會贏是因為他聆聽美國人民的心聲。
17. 川普會贏是因為美國人對華府統治階級有偏見。
18. 川普會贏是因為選民相信選舉制度已經腐化。
19. 川普會贏是因為他沒有遺忘那些「被遺忘的男男女女」。
20. 川普會贏要感謝民主黨只顧著動員支持者投票，卻忽略要擴大基本盤。
21. 川普會贏是因為民主黨選擇一位戰力較差的候選人。
22. 川普會贏與種族歧視無關，選民只是比較偏好川普。
23. 川普會贏要感謝美國聯邦調查局（Federal Bureau of Investigation, FBI）局長詹姆斯・柯米（James Comey）在選前幾週重新引發希拉蕊的電郵門風暴。
24. 川普會贏是因為希拉蕊並非優秀的候選人。

媒體解說者還一直沒完沒了地提出各種理由。有專家指出，非執政黨候選人具備很大的優勢，因為選民期待換黨做做看，政局就會出現很大的改變，所以我們應該看出選舉結果就是川普會勝出。但是，如果換黨做做看的模式這麼具有預測性，專家為什麼不用這種模式來預測呢？為什麼在所有其他共和黨候選人都代表換黨做做看之際，卻都相信這些人會在大選中輸給希拉蕊，這些人不都代表政局會有重大的改變嗎？而在川普勝選理由的清單中，專家和民意測驗專家都沒有責怪自己告訴希拉蕊的支持者，希拉蕊保證當選。我不得不認為，媒體對希拉蕊勝選的信心，導致一些選民沒有去投票。

許多事後解釋十分合理。但要記住的是，對過去做出各式各樣的解釋當然很容易，出庭律師每天都這麼做。原告律師和被告律師提出兩種不同的敘述說明觀察到的事實，雙方的說法聽起來都具有說服力。原告律師說被告持有謀殺武器，所以被告顯然有罪；被告律師則指出，被告有室友，室友也可能取用槍枝，所以或許是其中一名室友犯案。同樣的事實，不同的說法，而且兩種說詞聽起來都十分可信。

**說服祕技七**

以完全不同的解釋說明觀察到的事實，當然很容易。至於對無法**預測**的事實所做的任何解釋，你應該全都不予相信。

## ◆利用制高點策略平息紛爭

選舉結果出爐後，人們以為我會洋洋得意。你可以說我贏了，我剛剛擺脫了本世紀最不安的預測，也忍受一年多來希拉蕊支持者與某些共和黨人士不停地辱罵。如果說誰有充分理由為川普勝選洋洋得意，那個人一定非我莫屬。

但是我不能那麼做，因為知道情況有多危險。我知道人們會暫時經歷瘋狂。認知失調本身未必危險，但是如果你把這種幻想和以為希特勒剛剛成為國家領導人的錯覺（有些反川普人士就是這麼想的）加以結合，情況就很危險了，我們可能會面臨暴動、暴力行為及整個體制瓦解的危險。

我想要為川普的勝選歡欣鼓舞，但卻明白此時要先善盡愛國者的本分，這個國家需要一些言論讓整個風暴平息。我利用自己的部落格、推特帳號和Periscope直播視訊，說服川普支持者不要因為勝選而洋洋得意。當時在這場選戰英雄事蹟中，川普支持者認為我的政治言論是可信的，川普勝選更是讓我聲名大噪，我突然擁有前所未有的影響力，不但引起媒體的密切關注、擁有廣大的觀眾，還要幫忙解決一個很重要的問題。

我通常不會動用到武器級說服力，但是如果有必要，就會讓武器級說服力派上用場。這一次，為了讓共和體制盡快穩定，我覺得自己有必要這麼做，所以選擇最強而有力的說服工具之一：制高點策略（詳見本書後續章節的說明）。

我用自己的社群媒體平台提醒川普的支持者，請他們先發揮愛國精神，國家需要他們協助讓傷痛痊癒，我懇請他們忍受希拉蕊支持者的怒氣，不要反擊；懇請他們避免因為川普勝選而在公開場合洋洋得意；懇請他們更加包容他人；也懇請他們展現風度，讓大家知道他們選出稱職的領導人。換句話說，我把他們帶到了制高點。

我的說服力造成任何影響嗎？我無法確定，但是川普支持者在勝選後的表現，真的讓我印象深刻。在大多數情況下，他們沒有和抗議者發生衝突，幾乎沒有像我預期得那樣洋洋得意。他們找到制高點，也許是靠著自己的力量，並且開心地看著主流媒體絞盡腦汁想要找出究竟是哪裡出了問題。

到了選舉當天，我在社群媒體上已經擁有超過十萬名粉絲，他們關注並轉推我說過的任何有趣事情。一年來，我與他們同在，贏得他們的信任。當我準備好帶領他們時，他們已經準備好跟隨我。所有要素就緒，等我善用說服力直接發揮影響或透過對其他作家的影響，在這個緊要關頭集結民族意識。好的想法在人與人之間傳播，而且隨著時間的推移，往往不知道這個好點子最初是由誰提出來的。在這種情況下，要衡量個人說服力幾乎是不可能的事。我確切知道的是，自己已經全力以赴，善盡愛國的本分，也很高興問題解決了，在撰寫這段文章時，「川普是希特勒」的錯覺大多已經消聲匿跡。

幹得好，美國人！向美國建國者致敬，他們創造出這麼強大的體制。現在，我仍然對於憲法在心中的影響力感到訝異。但憲法畢竟是說服大師撰寫的，所以我其實不該感到驚訝才對。

我怎麼知道美國建國者是說服大師呢？

在看完本書以前，你會知道這是怎麼一回事。

## ◆發現認知失調的跡象

多年來，我已經注意到個人發生認知失調的各種跡象。這則漫畫提供你一個認知失調的典型例子。

這則漫畫是以我在推特上觀察到的常見模式為依據，當我看到有人被觸發引起認知失調（無論是因為我或是別人）時，經常看到類似的反應模式。這種模式如此反覆不斷，讓人覺得有點恐怖。看過我的描述後，你就會開始一直看到這種模式的出現。

據我所知，推特上最常見的認知失調是以這種形式呈現：

「一個嘲笑的字詞或首字母縮略字」＋

「一件荒謬至極的事」或

「一個嘲笑的字詞或首字母縮略字」＋

「做出超過情況所需的人身攻擊」

《呆伯特》　　史考特・亞當斯繪製

關於第一種跡象，當人們對自己的看法缺乏理性理由，而你幫忙領悟事實時，他們通常馬上就會產生幻覺，不管你說得多麼有道理，都會認為你的論點荒謬至極。這種不斷產生的幻覺，為批評者提供一些可以輕易不同意之事。例如，如果你在推特上義正詞嚴地支持私人擁有槍枝，並且引發陌生人的認知失調，可能會從陌生人那裡看到這樣的回應：「大笑，我猜你想把槍給小孩吧！」

在這個例子裡，「大笑」（LOL）是帶有嘲弄意謂的首字母縮略字，而把你的意見誤解為想把槍給小孩，就是一件荒謬至極的事。推特上最常見的嘲弄字詞和縮寫如下：

- 哇（Wow）
- 我的天啊！（OMG）
- 那又怎樣……（So...）
- 也就是說……（In other words...）
- 哈哈哈哈！（HAHAHAHA!）（誇張地笑）
- 老兄（Dude）

這個清單並不詳盡，但是我認為你可以從中理解這個模式。通常在推特上，這種回應首先就包含輕蔑、嘲笑或諷刺的意味，其次則包括一種對情況惱羞成怒，做出過度的人身攻擊，或是將對方的觀點錯誤表述為荒謬至極。

我為了服務大家，在個人部落格中說明一種藉由發現認知失調，了解自己在網路辯論中獲勝的方法。以下是一些你可能覺得熟悉的額外跡象。

## 如何知道你在網路政治辯論中獲勝了？

二〇一七年五月十五日發文

### 比喻

比喻很適合用於解釋概念，但卻沒有任何辯論價值。比喻不是邏輯，也不是相關的事實。從字面上來說，比喻至少在一個方面提醒你，兩件事是有關係的。當我看到花椰菜，它讓我想起人的大腦，但這並不表示你吃沙拉裡的花椰菜時，等於是在吃人腦。當你的辯論對手退回到使用比喻手法時，是因為他們沒有理性的論據，這也表示你贏了。

水管工人從來不曾使用比喻來描述水管哪裡漏水，只是指出這個問題，並且表示需要修理或更換。當事實和理智足以說明情況時，誰也不需要用到比喻。

## 對傳達訊息者進行攻擊

當人們意識自己的論點不合理時，就會攻擊傳達訊息的對方。如果你在辯論中表現得很好，引發對方過度反應的人身攻擊，就表示你贏了。當人們握有事實和理智時，會先使用事實與理智來辯論；當他們拿不出什麼理性論據時，就會攻擊傳達訊息者，這等同於你把子彈都射完後，把槍扔在怪物的身上。

人們在網路上總是很卑鄙，所以個人言行很古怪未必是認知失調的跡象。但是，當你看到情況沒有那麼嚴重，但對方卻十分生氣時，通常就是認知失調。

## 通靈精神病學家的幻覺

通靈精神病學家的幻覺涉及，想像你能辨別陌生人心裡的想法和動機。我指的是陌生人並未說出的想法與感受，而不是他們實際說的話。如果你的辯論對手開始談起他們有能力從遠處察覺陌生人的祕密動機和心理問題時，就表示你贏了。

我不知道是否有任何科學，支持自己對描述認知失調跡象的說法。但是一般來說，如果你的辯論對象表現出我提到的上述跡象，偏離事實和理智的領域，就表示你贏得辯論，可以宣布勝利，開心離場。

有時你可以透過同一套跡象，觀察自己是否認知失調。但是這麼做更困難，因為認知失調的本質是，出現認知失調者無法察覺自己陷入這種狀況。如果你發現自己把本章提到的其中一個跡象合理化成和狀況不符時，就是你不該忽視的警訊。而且在看完本書後，就應該明白你辨別基本現實的能力其實並沒有自己想像得那麼強。這個認知會讓你在心理上容許自己誤判事實，就不必產生幻覺認為自己是對的。

**我對這段內文的免責聲明：**這是我依據觀察做出的個人觀點。我建議你對我的看法抱持懷疑的態度，既然我已經解釋辨識認知失調的模式，現在請注意你開始多常看到這種模式出現。

如果你確實看到這種模式，不要排除你和我都出現確認偏誤的可能性，其實根本沒有什麼模式存在。

第八章

# 讓你信以為真的確認偏誤

◇◆◇

如果你不知道確認偏誤是什麼，也不清楚日常生活中確認偏誤有多常發生，可能會認為這個世界真令人困惑。確認偏誤是指，人們將任何新資訊解釋成支持自己的既有看法。至於新資訊和我們既有看法有多大的出入並不重要，因為大腦會想盡方法讓新資訊和我們「信以為真」的看法相符。

舉例來說，在我撰寫本章內容時，媒體正在報導，據說俄羅斯與川普競選幕僚勾結，但卻沒有看到任何真憑實據。除了勾結這項指控以外，更令人關注的報導是指稱俄羅斯「影響」美國總統大選，但是沒有涉及任何勾結。那些報導似乎有更多的實質內容，不過有趣的是，川普者的批評者和支持者正基於同一報導的事實，看到不同的現實。川普的批評者說無風不起浪，有這麼多和俄羅斯相關的指控，表示雙方肯定有勾結；川普的支持者則說，沒有證據顯示雙方有勾結（在撰寫本文時，情況是如此），所以因為缺乏證據，已經「證明」川普沒有勾結俄羅斯。

這兩個立場都是無稽之談。

川普的批評者看到的事情，大多是自己「捕風捉影」。如果有夠多和俄羅斯相關的大選報導，你聽到夠多人猜測**可能**發生什麼事，就會開始覺得好像有一大堆「證據」。然而，在我撰寫本文時，並沒有任何證據公諸於世，顯示川普與俄羅斯勾結。

川普的支持者也是在妄想，認為缺乏證據就是無罪的證明。但是你不能只因為自己沒有看到證據，就證明某件事情不存在，或許證據存在其他地方。

這裡要明白的重點是，支持和反對川普總統的人觀看同樣的資訊，卻提出相反的結論。這兩種結論都不合情理，是確認偏誤，顯然每個人的看法都不一樣，但是一般說來，川普的批評者認為他們看到某樣不存在的東西（勾結的證據），而川普的支持者則認為他們看到另外一種不存在的東西（沒有勾結的證據）。

如果你不明白確認偏誤，可能認為新資訊會改變人們的看法。身為訓練有素的說服者，我知道情況並非如此，至少在涉及情感時是如此。人們不會只因為某些資訊證明他們的意見是無稽之談，就改變自己對於情感相關主題的看法，人腦不是那樣運作的。

確認偏誤是你不該單憑過去的經驗預測未來的諸多原因之一，依據過往經驗**認為**自己知道的那些事實可能是確認偏誤，根本不是事實。

大多數人知道什麼是確認偏誤，如果不是聽過這個字詞，肯定是透過個人經驗得知。我們都知道，就算所有的事實都擺在眼前，要改變一個人對任何重要事物的想法有多麼困難。但是，不懂說服術的人通常不知道確認偏誤有多麼普遍。確認偏誤在人類運作系統中，不是一個偶然的錯誤，而是運作系統本身。經過演化的設計，只要不會阻撓我們繁衍後代，就會將新資訊當成支持現有的觀點。演化不在乎你是否理解所處的現實，只關心你繁衍後代，演化也希望你保留精力用於重要的事情上，譬如，生存。大腦可以做的最糟糕事情是，利用每個新資訊把你的現實重新詮解成一部全新的電影。那樣會讓人精疲力盡，一點好處也沒有，所以大腦選擇阻力最小的路徑，立刻將你的觀察解讀為符合現有的世界觀，因為這麼做會比較容易。

第九章

# 集體歇斯底里

◇◆◇

如果你不知道集體歇斯底里多常出現在日常經驗中，對世界的許多看法可能都是無稽之談。那是因為集體歇斯底里是人類的常態，而且毫無例外。

不相信我嗎？這件事很容易檢驗。只要問問鄰居對宗教和政治的看法，就會發現他們的看法與你的世界觀存在很多歧見。因此，你認為鄰居和所有認同他們的人一定活在某種幻覺中。當你知道死亡意謂上天堂或下地獄時，他們怎麼可能還相信自己會轉世？你和鄰居不可能都是對的，至少你們其中一方正在處於更大規模的集體歇斯底里中。

在你看來，問題不僅止於鄰居，數百萬人都有同樣的集體歇斯底里。

你還記得有幾百萬名美國人相信歐巴馬總統是穆斯林密探嗎？這就是一種集體歇斯底里。

你還記得川普總統當選時，人們認為川普會是下一個希特勒，所以走上街頭抗議嗎？這也是一種集體歇斯底里。

你還記得網路泡沫嗎？那是因為大眾對於連連虧損的新創事業價值存在妄想，每個金融泡沫都是一種集體歇斯底里。

以下列出一些知名的集體歇斯底里例子供大家參考。維基百科列舉多年來讓大眾歇斯底里的三十幾個例子，但那些只是知名案例，較不知名的例子多到不計其數。集體歇斯底里正在影響每個人，在魔咒消失前，你根本不知道自己身陷其中。下述的例子應該足以讓你察覺這種模式，一旦你看到集體歇斯底里如何輕易開始形成，以及確認偏誤如何助長集體歇斯底里逐漸壯大，就可能會開始意識到在日常經歷中這種情況有多常發生。

## ◆塞勒姆審巫事件

一六九二年至一六九三年間，麻州塞勒姆（Salem）當局處決了二十名女巫。這也許是美國史上最著名的集體歇斯底里案例，一切源於四名青春期少女開始出現一些奇怪症狀，卻找不出明顯原因。[1]在這種情況下，只要有一個笨蛋暗示說問題出在這些少女被施以巫術，從那一刻開始，確認偏誤就會做好其餘的工作。一旦你的大腦濾鏡被設定為尋找女巫，所有證據就會符合「女巫」這種框架。

## ◆奧森・威爾斯的《世界大戰》

一九三八年，作家奧森・威爾斯（Orson Welles）依據英國作家赫伯特・喬治・威爾斯（Herbert George Wells）的同名小說改編的廣播劇《世界大戰》（*The War of the Worlds*）一炮而紅。那些錯過故事摘要，後來才收聽這齣廣播劇的人相信，他們正在收聽有關外星人入侵地球的新聞報導。[2]

這是一個雙重集體歇斯底里的罕見情況。第一個集體歇斯底里包括聽眾誤以為電台節目是新聞報導，相信外星人正在進行攻擊，但是這群「大眾」的歇斯底里並未影響許多人，因為這個廣播節目的聽眾很少。**第二個**集體歇斯底里則是，這個故事被誇大傳述，直到大眾相信這**已經**是國家規模的集體歇斯底里。我可以證實小時候從父母那裡得知，他們以為這個廣播節目在同一時間欺騙全國大多數地區的人們。但是，實際上那種情況並未發生，該節目的聽眾人數不多，聽到故事摘要的人都知道內容純屬虛構。

## ◆麥克馬丁審判案

一九八〇年代，加州曼哈頓海灘（Manhattan Beach）一所幼兒園的經營者因為涉嫌虐待三百六十名兒童遭到逮捕。最後，被告被判無罪。後來我們了解調查人員在向孩童問話時，採用極其暗示的質疑形式。孩童為了回答這些問題，編造各式各樣的故事，而這些故事沒有一個是真的。[3]

我在催眠課上學到，孩童比成人更容易受到暗示影響。和我一樣曾接受催眠師訓練的人都能察覺這種狀況。等到你看完本書時，一樣可以辨得到。

## ◆鬱金香狂熱

一六三七年時，荷蘭人相當迷戀鬱金香，對他們而言這種花卉相當新奇。在荷蘭人的炒作下，鬱金香球莖（用於栽種鬱金香）的價格飆漲到技工年收入的十倍左右。[4]這種植物並沒有什麼實際價值，但是只要人們相信下一個笨蛋會比上一個笨蛋花更多錢買一顆球莖，價格就會持續攀升。正如所有的金融泡沫，最後這個泡沫也破滅了。

## ◆偽裝成真有其事的垃圾科學

除了集體歇斯底里外，還有垃圾科學，這些科學常常偽裝成真有其事，人們無法區分垃圾科學與真正科學的差異，這也是集體歇斯底里的來源。

在世界的二維觀點中，集體歇斯底里既罕見又有新聞價值。但對於身處三維訓練有素的說服者來說，集體歇斯底里卻是常態。集體歇斯底里無所不在，而且影響每個人。這種在訓練和經驗方面的差異，可以解釋為何人們不認同當前的一些重大問題。

以全球氣候變遷為例，二維世界的人們認為集體歇斯底里是罕見的，他們將這種假設應用到每個主題，所以在注意到大多數科學家都在支持同一種論調時，這種觀察對他們而言就具有說服力。人們當然會和理解這個話題的最聰明人士站在同一邊，這是有道理的，對吧？

但是，生活在由說服力統治的三維世界中的人們，可能對氣候變遷會有不同的看法，因為我們把集體歇斯底里（即使在專家之間）視為常態和慣例。我從一開始就對這個話題有成見，認為即使在反覆實驗與同儕審查的背景下，科學家也很容易誤判氣候變遷的可怕程度。每當你看到利用複雜預測模型的情況，其實有很多的機會形成偏見，認為那些理由是騙人的。因為只要調整假設，就可以從複雜預測模型得到任何想要的結果。

現在再把這個事實列入考慮，反對氣候變遷共識的科學家在職業和聲譽上，都要承擔很高的風險。這是一個集體歇斯底里的完美計畫，只需要這兩個條件就能成立：

1. 有很多假設的複雜預測模型。
2. 必須認同具有共識的財務壓力和心理壓力。

在二維世界裡，科學方法和同儕審查可以一一消除偏見。但是在三維世界中，包括同儕審查者在內，幾乎每個人都有同樣的集體歇斯底里時，科學方法就無法檢測出偏見。我不是科學家，也無法驗證氣候模型預測的準確性，但是如果在這個話題上，大多數專家竟然出現大眾幻覺，我會認為這種狀況很平常。在我的現實中，只要涉及複雜的預測模型，這種情況雖然不在預期之內，但也算是稀鬆平常，那是因為我認為這個世界本來就充斥著各種集體歇斯底里，集體歇斯底里並不罕見。

當人們和氣候科學家站在同一陣線時，往往認為自己是在支持科學。事實上，非科學家並不參與科學或是與科學相關的事，人們做的只是**相信**科學家。在二維世界裡，這是很有道理的，因為成千上萬的專家都異口同聲，似乎不可能出錯。不過在三維世界裡，我認為專家**可能**是對的，也許他們是對的，但是如果絕大多數氣候科學家正在經歷一個共同的幻覺，以我的經驗來說，這是既正常又自然的情況。

確切地說，我不是說大多數科學家對氣候科學的看法有誤，只是狹隘地認為，這群人正在經歷與財務誘因和心理誘因一致的集體歇斯底里，這種情況既自然又正常。科學方法和同儕評審過程**未必**能在任何特定時間內察覺集體歇斯底里。利用科學，你永遠不知道自己是在通往真相的途中，或是已經掌握真相的核心，有時情況看起來都一樣。

諷刺的是，氣候科學是一個兩極化的話題。所以我只想說，和一般民眾相比，訓練有素的說服者較不會受到專家說法影響。

換句話說，如果一個蠢蛋懷疑科學的真相，這種情況的最可能解釋是這個蠢蛋錯了；但如果是一位訓練有素的說服者對某個科學真相嗤之以鼻，你就要注意了。

你記得川普是平民百姓時，曾在推特上說氣候變遷對中國有利嗎？對世界上大部分人來說，川普這麼說聽起來很瘋狂。後來我們得知與氣候變遷有關的政治核心——巴黎氣候協定，會讓美國付出龐大代價，卻對降低地球溫度幾乎毫無助益。（專家現在認同這兩點。）對中國來說，這個協定卻是再好不過了，因為它會對中國最大商業競爭對手——美國造成阻礙，而中國則在那些年內都不必付出代價。你可以說川普把氣候變遷講成騙局是錯的，但是以川普慣用的誇張說詞來看，這麼說並沒有像氣候變遷危機即將爆發這種集體歇斯底里錯得那麼離譜。

我承認川普當時並不了解氣候變遷這門科學，我們大多數人都一樣，但他還是從遠處發現一個騙局，那並不是憑運氣。

# 第十章
# 兩個截然不同的世界

◇◆◇

二〇一六年總統大選結束時，現實分裂成兩部電影。川普的支持者相信，他們已經選出一位有能力的民粹主義者全力整頓政局，讓美國再次偉大，而他們支持的媒體也認同這種說法；但是川普的反對者則受到主流媒體和希拉蕊競選活動的強力說服，認為川普是下一個希特勒。實際上，川普的支持者與反對者是在不同的電影中醒來，一部電影是災難片，另一部電影則是勵志片。

這種情況的迷人之處在於，每個人都可以在世界上運作，做我們需要做的事情來謀求生存，你我都照樣購物、開車、工作、交友。生活在完全不同的現實中，就是人們的正常生活方式，只是我們通常不會像大選結束那週一樣，發現彼此生活在如此不同的現實裡。

要是和大多數專家預期的那樣，是希拉蕊勝選了，現實分裂成兩部電影的情況就不會發生。如果真的如此，每個人只是生活在與原本所處狀況很相似的世界裡。但是，川普的意外勝選製造出一顆說服力炸彈，沒有人知道如何拆除這顆炸彈。反川普者被困在認為川普是下一個希特勒的電影中，而確認偏誤將會讓他們留在那裡。對一個國家來說，這種局面實在很嚇人；對說服大師川普而言，這是一個巨大的挑戰。

事實證明，川普接受這個挑戰。要解決人們對於川普可能成為下一個希特勒的幻覺，解決方案就是公開行事，表現出自己的做法與希特勒迥異，直到人們無法再維持這種幻覺，幻覺就會隨之消失。這就是川普和他的競選夥伴副總統麥克・彭斯（Mike Pence）的做法，他們很快將原本較為極端的競選主張轉而朝向溫和方向發展，讓人們覺得他們並不是向希特勒模式靠攏，而是**背道而馳**。人們較容易受到事情的發展**方向**影響，而不是被現狀影響。

> **說服祕技八**
>
> 人們較容易受到事情的發展方向影響，而不是被現狀影響。

川普採取幾種明確做法，顯示自己正在遠離獨裁統治的方向：

- 川普總統最顯著的變化是，藉由把重點放在進入美國後犯下重大罪行的無證移民身上，大幅縮小原先驅離移民計畫的規模。
- 川普還與國會和司法體系一起努力（與一般政治人物的做法相同），設法明令禁止若干國家的移民。因為從日後恐怖攻擊的觀點來看，這些國家的移民被認為會對美國國土安全造成高度風險。川普在這方面的初步嘗試都失敗了，而且他遵照體制運作，看起來一點也不像是「強人」領導者。

- 川普不再支持水刑，也不再談論追捕恐怖分子的家屬。
- 川普下令以五十九枚戰斧巡弋飛彈襲擊敘利亞空軍基地，作為對敘利亞使用化學武器這項指控的回應。此舉就連批評者也認為，川普這麼做既慎重又「善盡總統職責」。

川普的批評者拚命地維持總統是獨裁者的想法，但是川普的行為不再像選前那麼挑釁，可以讓批評者抓到把柄，這讓川普是希特勒的幻覺開始破滅。在你看到本書時，我提到的一些事件可能已經有了不同的發展，但是你可以從中看出，川普在**方向**上是正確的，他顯然已經遠離希特勒的標籤，往一般總統的方向邁進。

川普無法完全消除人們對他是下一個希特勒的幻覺，除非大家的腦海裡有另一部「電影」取代原先那部電影。川普（部分）透過一種被我稱為新官上任三把火（new-CEO move）這種常見的商業說服策略，創造這部替代電影。在當選後，川普和彭斯宣稱成功說服福特汽車（Ford）與開利集團（Carrier），將工作機會留在美國。我在部落格中如此說明此事。

二〇一六年十二月一日發文

當說服大師需要創造讓人產生好感，能持續多年的第一印象時，他會怎麼做呢？他會四處尋找任何顯而易見、令人難忘、具有新聞價值、符合個人形象又容易改變的機會。

所以，川普從福特汽車下手，也從開利集團下手。

川普和彭斯明白這兩家公司在海外設廠會引發工作機會外流，因此說服兩家公司把工作機會留在美國，並且藉機為自己樹立良好形象。政治作家認為這種事沒有什麼了不起，川普和彭斯以此居功根本太誇張。但是，商業作家會將川普的策略視為我說的新官上任三把火。在商界，聰明的執行長會設法在剛上任幾天內締造顯而易見的佳績並藉此定調，一切都與心理學有關。

如果你以技術準確度和對經濟的影響力，檢視川普為說服福特汽車與開利集團而居功，就會覺得這件事沒什麼大不了；但是，如果你透過商業濾鏡來看待此事，也明白心理學是川普這麼做的重點，就會看到新官上任三把火的最出色作為。

由於這一點很重要，所以我再次強調，我們都在密切關注川普當選後是否有能力擔任總統，而在眾目睽睽下，川普和彭斯正展開讓你大開眼界，也最為善巧的新官上任三把火行動。

記得在過去一年中，我教過大家的重點：事實根本不重要，重要的是你對事實做何感受。當你看到川普和彭斯為了讓工作機會留在美國而努力奔走時，就會對他們徹底改觀。對川普和彭斯來說，表面上是一個小小的勝利，但事實上卻是他們在形象上的一大勝利。

政治媒體會對福特和開利進行事實查核，但是股市會更精明地做出反應，經驗老到的商界人士知道新官上任三把火的舉動，明白這種行動多麼強效，又有多麼重要。

如果你擔心川普的領導才能，看到這種狀況應該就會安心許多。川普甚至還沒有上任，就已經比以往任何一任總統在就職前表現得更好。

---

最優秀的領導者是那些懂得人類心理，並利用這些知識來解決大眾優先要務的人。舉例來說，投資人需要樂觀看待未來，才能放心投資，川普善用新官上任三把火策略，讓大家樂觀看待經濟前景，也讓投資人信心大增。

同時，美國也必須讓海外敵人知道，美國明確果斷，願意在必要時動用武力，而川普就表現出這樣的態度。川普就任總統不久後，隨即下令對敘利亞進行戰斧巡弋飛彈攻擊，對敘利亞使用化學武器做出回應。你可以認為這是新官上任三把火策略，對指揮官下達第一道命令。

看出其中的模式了嗎？川普在大事上抓對方向，批評者只能抱怨他的低支持率、作風「激進」，以及強人氣勢和推文習慣，還有可能與俄羅斯有某種聯繫等諸如此類的事。

你可以留意個人職場上新官上任三把火策略，有時在政府部門就會看到這類實例。當你看到這種策略正確執行時，就會讓人們樂觀看待前景，只不過批評者通常無法看出其中的重點。

# 第十一章

# 一個催眠師的養成

◇◆◇

催眠是一種特殊的說服形式，通常包括一名催眠師指導一位患者（或受試者）進行某種個人改善。想要具備說服力，你不必是訓練有素的催眠師，但是理解催眠能否做什麼卻極有價值，它可以讓你的世界觀徹底改變，這就是我接受訓練成為催眠師時發生的事。我曾經相信人們是依據事實和理智來做決定，當自己和別人意見不合時，認為那是因為我有不同的事實或更好的理由。

原來，那是一個幻覺。

人們在練習催眠時學到的現實是，我們先做出決定，而且是依據不理性的理由，之後將決定合理化為與事實和理智有關。如果你相信人類基本上是理性的，就很難成為催眠師，因為催眠師是仰賴人們**不理性的**大腦進行說服，最厲害的政客也是這麼做的。在本章中，我會介紹一些關於催眠的背景知識，讓你知道技巧熟練的催眠師如何輕易改變人們的思維。這個背景將協助你了解川普為何勝選，也可以解釋你個人和事業生涯中許多難以理解的事。

我從小就對催眠有興趣，我的家庭醫生是一名催眠師，母親生下妹妹時，他進行催眠，以減少分娩的疼痛。母親說儘管當時她被催眠（她如此聲稱），但是在整個分娩過程中都很清醒，也沒有感到任何不適。至少根據母親的說法，當時並未使用止痛藥或施打止痛針。

事後看來，我不清楚這個故事究竟有多少真實性。我終生學習說服術，其中學到的是記憶有誤很常見。有時候，大人不會說實話。我的母親說話很直率，所以我認為她應該不會編造這個故事，但是我不能確定她能否準確記住每件事，譬如，是否有人讓她服用止痛藥，而她卻忘了。

無論如何，我相信母親說的故事，而且發誓長大後一定要學習催眠，希望學習催眠能讓自己擁有某種超能力。

事實證明，我是對的。

大概在二十五歲時，我住在舊金山，在克萊門特催眠學校（Clement School of Hypnosis）報名參加一個夜間課程（這所學校現已不存在）。這所「學校」其實大約只有十名學生，向一位專業催眠師學習。如果我沒記錯，每週會上課兩次，課程大概持續十週。老師在課堂上進行好幾次催眠，所以我們可以從被催眠者的體驗中學習。在他傳授足夠技巧後，我們彼此練習，為了做作業，還會催眠願意接受催眠的陌生人，並在上課時報告自己的學習進度。

我知道你想要我教你如何成為催眠師，但這種事在書本上是學不到的。其中一個原因是，有些技巧必須面對面大量練習。學習催眠的部分過程，包括對個人技巧建立自信，直到催眠對象可以透過你的指示感知到這股自信，這種自信是讓催眠奏效的關鍵要素。你可以在課堂環境下慢慢建立這種自信，不過我卻對於看書學習能否建立這種自信而感到懷疑。如果你試著使用書中學到的某種方法，而且第一次嘗試就無效，很可能會把那本書當成騙人的，從此不再嘗試。或許**可能**從書中學會催眠，但是我從未聽過任何人做到。

**說服祕技九**

展現自信（不管是真有自信，還是偽裝），就能改善你的說服力。為了讓別人相信你，你必須先相信自己，不然至少也要看起來很有自信。

## ◆催眠並非無所不能

催眠主要是一種觀察技能，一半的過程涉及找出催眠對象身上產生的微妙變化，這樣就可以確定你使用的方法是否發揮想要的效果。缺乏大量練習，就無法精通觀察技能。被催眠者有一種很獨特的表情，即便像我這麼擅長用文字描述事物的人，都懷疑自己是否能以文字形容這種表情，不過一旦你經常看到被催眠者的樣子就不會弄錯。你無法從書中獲得那種體驗，而是必須觀察許多被催眠者，才能認清這種表情。

我發現只要提到自己正在上催眠課，就很容易找到志願者接受催眠。我懷疑如果對大家說正在閱讀一本有關催眠的書，可能就沒有那麼容易有人自願讓我催眠了。上課讓陌生人對我增加一些信任，而且接受訓練的催眠師需要很多陌生人練習催眠。我們在課堂上學到的一件事是，催眠親友是行不通的，因為你要克服太多過往的回憶和包袱，熟識者很難進入你突然擁有一種神奇新技能的思維，但陌生人卻不一樣，就算你只是正在學習催眠，他們卻更可能假設你是可信的。而你需要可信度，才能讓催眠發揮作用。

### 說服祕技一〇

當傳達訊息者是可信時，說服力就會最強。

催眠最令人不解的事情之一是，你認為催眠**可以**做到的事，其實可能做不到。但是，你**不**知道催眠可以做的事，譬如，預測總統大選的結果，卻令人難以置信。在選舉期間，我曾和一些訓練有素的說服者交談。下述觀察純屬好玩，但是我不記得任何訓練有素的說服者認為希拉蕊一定會勝選。大多數人都預測川普會贏得勝利，或者至少以些微之差落敗。

你可能聽說過有人使用催眠來減肥或戒菸。催眠的效果和其他非醫學方法的效果是一樣的，我的意思是催眠在這些方面通常無法發揮作用。減肥者不管使用什麼方法，通常都會失敗；試圖戒菸的人也往往徒勞無功，因為催眠能帶給你的效果，就和其他非醫療方法的效果一樣。

針對減肥或戒菸來說，催眠不是強而有力的工具，原因很簡單：你不想少吃一點或不想戒菸。

吸菸者喜歡抽菸，飲食過量者喜歡吃吃喝喝，這就是問題所在。如果人們不喜歡吃喝和抽菸，就不會做這些事。而催眠只是為了讓你得到想要的東西，如果你的想法中有任何一部分無法完全支持想要的改變，催眠可能就不是合適的工具。

但是，在受催眠者不反對改變某種舊有行為的情況下，催眠就能發揮很好的作用。例如，假設你想克服某種特定的恐懼。在這種情況下，被催眠者本來就不想保有這種恐懼，恐懼無法提供快樂或其他好處，因此催眠可以在這些情況下發揮很好的效果。但是，你仍要解決被催眠者腦中某種不理性的想法，所以催眠未必保證一定有效。每個人的大腦都不一樣，每位催眠師也都不同。

催眠的最佳時機就是在沒有先決條件的狀況下。在這種情況下，先決條件可能包括非理性的恐懼、喜歡吃垃圾食物或吸菸成癮。在那些情況下，催眠就很難發揮作用，因為你的某些想法會想要維持舊有行為。

不過，有時候你正努力去做一個沒有先決條件的改變，就是利用催眠的最佳時機。例如，如果你已經是適應力很強的人，想要學習如何更有效地放鬆，催眠就是很好的工具。在這種情況下，你不會抗拒放鬆，只是缺乏方法能讓自己放鬆，而催眠就可以提供正確的工具。

另一件可能會讓你感到驚訝的事情是，催眠師有時可以在私密場所選擇正確措詞，讓自願受催眠的對象達到高潮。但是，除非催眠師和受催眠者彼此有好感，也都想要達到這種成效，否則這是行不通的。我之所以會知道這是有可能的，是因為在催眠學校上課時，有一位同事曾詢問我此事。

當時我不知道這種事是否可能做到，而我需要練習，她自願成為測試對象，所以我試了一下。經過大約一個小時的催眠和大約二十次尖叫呻吟的高潮（毫無肢體碰觸），她聲稱我的實驗成功了。後來我才知道，只要有適合的受催眠者，這個實驗可以重複進行。這就是我說的，催眠有「令人難以置信」的力量。這個故事的重點是，當催眠用於滿足人們目前的強烈慾望時就會是強大的工具。

## ◆舞台催眠秀的真假

你會很高興知道，催眠不能讓人們做在清醒狀態下知道不該做的事；或者至少沒有發生這種事，讓我相信催眠有這種效力。對曾被催眠的人來說，這麼說是有道理的。其實，被催眠者具有意識，只不過身心感到極為放鬆，他們可以隨時睜開眼睛，走出門外。

大眾因為電影的關係，對催眠產生錯誤印象。在電影中可以催眠某人成為刺客，而在現實生活裡卻是不可能的。在電影中，你經常看到催眠師拿著鐘擺或一些吊墜物品，要你盯著它看；但是在現實生活裡，訓練有素的催眠師都不會這麼做，因為並沒有效果。

現在你會想知道催眠究竟是真的，或只是一種把戲。在舞台催眠秀中，催眠師似乎讓人們在公眾場合做出令人尷尬的事，這似乎違反我剛才說的，人們被催眠時不會做自己清醒時不願意做的事。在舞台催眠秀的情況下，除了使用催眠術以外，還用到一個魔術技巧。這個魔術技巧就是，假設上台者的想法和你的想法一樣。如果你看到他們做的事情會感到尷尬，就會認為他們的感受也與你一樣，但是他們並不這麼認為。在一百人中，很容易找到幾位適合被催眠，又不會因為在公開場合出糗而感到難堪的受試者。觀眾的錯覺是，台上的受試者深受催眠師的魔咒束縛，以至於在公開場合做出違背自身利益，讓自己出糗的行為。這種錯覺的祕訣在於，只有上台受催眠者才知道自己不會因此困擾。

進一步強化這種舞台催眠秀錯覺的事實是，有許多受試者在日常生活中既內向又害羞。不過請記住，許多知名表演者都很內向，但是要在眾人面前表演卻毫無困難。來看舞台催眠秀的觀眾形形色色，如果舞台催眠師的觀眾夠多，就可以肯定有些人即使上台做傻事也會很自在。是的，這些人被催眠了。但是，光憑這一點還不足以讓一個不願意當眾出糗的人願意這麼做，所以受試者必須一開始就願意當眾出糗。

我在上上段內文開始時用了一個催眠技術，以「現在你想知道……」作為開頭，這種催眠技術涉及證明我知道你當時正在想什麼。如果我猜對的話，這會在作者和讀者之間建立小小的聯繫，因為這種感覺像是我認識你，你就像我的朋友一樣，彷彿我能讀懂你的心思。這種人與人之間的連結，讓我寫的東西看起來更有趣，因為你自然會關心朋友，而不是陌生人。

催眠師使用相同的方法，創造與受催眠者之間的迅速連結。如果我把你正在想的事情說出來，就可以製造好像我們思想相通的錯覺。一旦產生這種連結，也對這種連結感覺自在時，被催眠者就更容易受到催眠師操控。

以先前舉的舞台催眠秀為例，我從多年經驗得知，在開始描述催眠時，幾乎總會引發一個特定問題：「舞台催眠秀是真有其事嗎？」沒有接受訓練的說服者被問到這個問題時，可能會直接說出答案。但是身為訓練有素的說服者，我會更進一步直接告訴你，**我知道你現在正在想這個問題**。如果你**沒有**在想這個問題，根本不會注意到我在說這件事，或許認為我的陳述只是針對這個問題做出說明。但是，如果我猜中你對舞台催眠秀的好奇心，而且在你有此疑惑卻未明說時，就先回答你，我們之間就會形成心理連結。這種連結可以幫助你更愉悅地享受我所寫的內容，也會覺得這些內容和你更有關係、對你更有影響。我使用這種方法讓寫作變得更個人化，也更有說服力。如果我的寫作風格似乎與一般作家的寫作風格不同，這就是原因之一。

關於寫作的更多祕訣，我在附錄B中列出個人部落格中，關於我如何成為更優秀作家的人氣貼文摘要。

**說服祕技一一**

猜猜人們正在想什麼，並且把你猜到的想法說出來。如果你猜對了，對方就會因為你和她（他）的想法相同，而與你產生連結。

## ◆誰可以被催眠？

我經常聽到有人說自己「無法被催眠」，因為他們試過一次，什麼事也沒有發生。根據我的經驗，這剛好符合在催眠課堂上學到的知識，經驗豐富的催眠師可以催眠任何人，只要受試者願意。會造成困惑的原因是，只有大約二〇％的人會體驗到催眠師所說的「現象」。這個用語描述受試者經歷全面幻覺的狀況，譬如，看到某種不存在的事物，或感覺到某種非真實的東西。我的母親在分娩時感受不到痛苦，那種經歷就屬於這個範疇。

雖然有八〇％的人無法體驗到那種現象，但是他們仍然可以從催眠獲得極大的好處。如果你想學習如何放鬆、如何在某種特定環境中感到自在，或是如何把某件事情表現得更好，唯一要做的就是願意被催眠。只要你願意，就足以讓催眠的大多數效果得以發揮。

人們往往以為輕易相信別人、很愚蠢或有些心志薄弱的人，是催眠的最佳對象。我們在催眠課程中學到，沒有任何人格特質能夠預測哪些人較容易被催眠。有趣的是，聰明人似乎最容易被催眠。我的催眠老師認為就是如此，而我根據經驗也發現這一點。如果和智力有關，或許是因為聰明人不太擔心催眠師會把他們變成刺客或性奴隸，因為他們知道那不是應該擔心的事。但是一般說來，我們無法根據個人智力或人格特質，推斷出此人是否特別容易被催眠。

訓練有素的催眠師在開始進行催眠時，只要觀察受催眠者對暗示產生的肢體反應，就能很快告訴我們，受催眠者是否容易被催眠。不過，我們通常無法事先得知，受試者是否容易被催眠。而受試者本身也無從知曉，但他們通常自認為知道自己是否容易被催眠。這是個人自我意識造成的錯覺，認為自己意志堅定的人會認為自己無法被催眠，而順從人格類型者則通常認為自己很容易被催眠。不過，那些變數不具預測力，人們只是認為自己應該如此。

## ◆催眠的超能力

我報名參加催眠課程時，認為自己只是利用所學技能對自願受試者進行催眠。但是事實證明，學習催眠的最大好處在於讓你的世界觀產生改變，也讓今後的所有決定都所不同。一旦你親眼目睹說服的力量，看到利用說服力能如此輕鬆地改變人們的想法，它就會改變你所做的一切。

舉例來說，如果你熟悉《呆伯特》漫畫，可能會知道呆伯特沒有姓氏，他的老闆連名字都沒有。你不知道呆伯特在哪一家公司上班，也不知道那家

### 說服祕技一二

如果想要觀眾接受你發表的內容，就要省略既不重要又會讓人們有理由認為**那不是我**的部分。在設計內容時，刻意留下一些想像空間，這樣人們就可以自己發揮想像力填補那些部分。

公司屬於哪一個行業，更不知道那家公司在哪裡。我是故意遺漏這些細節，而這是從催眠課學到的一招，故意忽略任何會讓讀者覺得自己與漫畫角色不同的細節，如果呆伯特有姓氏，就可能告訴你一些關於他祖先的事。如果你確實知道呆伯特的背景和自己的背景有很大的不同，就可能是一個非理性的觸發因素，讓你覺得自己和呆伯特無關。同樣地，如果你知道呆伯特的公司從事的行業與自己從事的行業不同，也可能會覺得呆伯特和你無關。藉由在設計《呆伯特》漫畫時，故意省略那些細節，我讓人們更容易以為呆伯特的工作就和自己一樣。

## 學習催眠有助於察覺謊言

學習催眠意外獲得的好處是，我察覺謊言的能力變得異常準確。說謊者通常會透露出一些「跡象」，或是顯示自己正在騙人的線索。有些跡象是以肢體語言和臉部微妙表情的形式表達，這是催眠師學習察覺的同樣重點。另外，說謊者也使用可預測的語言模式，一旦你知道要尋找什麼，就能從中找出線索。

舉例來說，如果你指控一位**無辜者**有罪，被指控者通常會立刻否認指控，甚至問你究竟有什麼問題；而有罪者的第一個反應通常是問你有什麼證據，他們需要知道你知道什麼，這樣就可以決定要說更多謊言或承認犯罪。說謊者只有在證據對他們極為不利時才會認罪。

## 學習催眠對戀情有幫助

如果你和某人不來電，就不可能讓對方愛你。催眠沒有那種讓別人愛上你的能力。但是，如果你和某人來電，只是想讓彼此有更好的進展，了解催眠知識就會非常有用。

在此並不是談論一種正式的誘導，也就是催眠師讓受試者進入所謂的「入神狀態」（trance state），只是談論藉由研究催眠理解與人性相關的知識。一旦你明白人有九〇%的時間是非理性的，就能拋棄以理性和邏輯讓別人愛你的舊有做法。從根本上來說，愛情、風流韻事及性愛是非理性的人類行為，能認清這一點是有幫助的。

舉例來說，認為人類是理性動物的男人，可能會以好好先生的形象來吸引女人。這麼做似乎很合理，因為人們喜歡好人勝過卑鄙的人。但是以誘惑這種事來看，善良是無趣的，好人比比皆是，當好好先生只會讓你的戀情進展受限。

更有效的誘惑策略涉及參與你碰巧擅長的男女團體活動，當你展現出任何一種才華時，就會促使他人想要和你在一起。以生物學來說，我們天生就會被任何有利基因庫的事項吸引，才華是有價值基因的一種信號。所以，與其當好好先生，不如專注於展現才華、魅力、智慧、肌肉，或是暗示你擁有良好基因的某種東西。

一個常見的誤解是，好男人乏人問津，男人不壞，女人不愛，所以懂得使壞的男人一定有某種誘惑優勢。但事實並非如此，這只是一種錯覺，其實那些使壞的人還擁有**其他**優勢，如擁有財富或美貌，讓他們可以使壞。因為無論如何，他們都可以吸引到配偶。如果你不明白人們更深層的動機，可能會被自己的觀察愚弄，認為那些壞傢伙總是情場得意。如果使壞就能找到性伴侶，你應該會看見長相醜陋的人也能在情場上春風得意。不過，請睜大眼睛仔細看看，你會發現有魅力的人就算使壞也不會有事，但是長相醜陋的人就沒有這麼幸運了，吸引力才是重要的關聯。

不過，這個規則也有例外，就是把妹達人所說的「否定」（negging）。這個想法是，對女人說一些具有破壞性的否定措詞，但不是太過否定，好讓對方沒有那麼充滿自信。例如，男人可能會走到女人的身邊問道：「妳剛剛弄過頭髮嗎？」注意這麼說並不是恭維，也不是侮辱，但是女性會把這句話當成批評，因為這個問題並沒有讚美之詞。通常大家會這麼問：「妳今天的頭髮有特別弄過嗎？看起來很美。」當你加入讚美之詞，就用到「好人」策略，這麼做不會讓你的戀情有所進展。如果你省略讚美之詞，並且詢問對方今天的髮型是否**不同**，就表示你可能沒有很喜歡那個髮型。這種不言而喻的反諷會讓一些女性（顯然不是所有的女性）重塑自己的處境，覺得像是一名有自信的男子和一位有些隱密缺點的女子在談話，會讓女方產生錯覺（至少有這種可能性），覺得男方的社會地位較高。以這個例子來說，這種社會地位的感知差異（雖然是幻覺）會誘發吸引力，讓女方認為男方有魅力。因為在生物學上，我們相信地位較高者可能具有某種遺傳優勢，因而想和那些人交往，把這些基因傳給子女。

以個人而言，我從未用過「否定」這種把妹招術去吸引女性。當我了解這個概念時，已經很有錢也很成功，所以有足夠的身分地位，不需要耍任何花招。你可以自行判斷使用「否定」把妹招術究竟是否道德，我只是為了教育大家和考慮完整性，才會這種手法包含在內。

## 學習催眠有助溝通

上完催眠課程後，我開始對日常生活中更廣泛的說服領域產生興趣。當時我在一家大銀行工作，銀行鼓勵員工參加各種內部課程，我上了談判、銷售、行銷、傾聽技巧、商業寫作、領導力、公開演說等課程。你在進行溝通時，通常是在試圖說服對方，即使你不這麼認為。你可能試著讓人笑、說服某人買東西、讓某人愛上你或繼續愛你，或是試圖將專業才能或知識傳達給專業聯絡人。至少大多數溝通都涉及試圖影響人們對你的看法，即使你的訊息內容是客觀的。所以。說服和溝通在很多方面是重疊的。如果你只學習溝通工具，如語法的規則，而不學習說服技巧，寫作就會缺乏影響力，或者更糟糕的是，你會在說服上犯下極大的錯誤，而且自己渾然不知。

共和黨在二〇一五年九月十六日於加州西米谷（Simi Valley）舉辦初選辯論會時，就在說服上發生極大的錯誤。候選人卡莉・菲奧莉娜（Carly Fiorina）透過影片揭發非法買賣胎盤一事，表明自己對墮胎的看法來爭取選民支持。（我故意不在這裡說明，後續你會明白我這麼做的理由。）當我看到菲奧莉娜大膽採取行動，讓全美注意力集中在共和黨陣營的一個關鍵議題時，我公開預測說她「自我犧牲了」，並且稱為可能是在任何領域看到再糟糕不過的說服舉動。CNN民調顯示，菲奧莉娜在初選辯論那週的支持率是一五%。正如我預測的，她在一個月後的支持率下降到四%，接著很快就退選了。[1]

如果你不懂說服術，可能會認為菲奧莉娜的策略既大膽又聰明，這麼做保證會獲得主流媒體和社群媒體關注，也讓菲奧莉娜被定位為針對某項關鍵選舉議題，提出最強而有力的主張，此舉令人難忘，也符合共和黨陣營的感受，一切看起來都很不錯。

但是，她究竟做錯了什麼？我在此說明，菲奧莉娜做錯的事比你在生活中可能看到的任何失誤都不妥，更不用說在政界犯下這種錯誤了：**菲奧莉娜讓人們想到她，就會想到死去的嬰兒**。

我知道選民不會多想菲奧莉娜提到和死嬰相關的可怕故事，甚至懷疑有誰會像我這樣刻意描述這種情況。但是無論如何，人類都不會因為理性的原因而做出政治決定。說服濾鏡表示，菲奧莉娜失去選民的支持，因為她在電視直播節目上玷汙自己的形象到無法挽救的地步，她讓個人形象和人們所能想像的最可怕影像產生關聯。如果你請放棄支持菲奧莉娜的選民說說自己為何改變想法，他們可能會告訴你（而且他們真心相信），自己是因為理性原因轉而支持其他候選人。但是根據說服濾鏡，他們並不知道這麼做只是在把自己不理性的決定合理化。

## ◆如何尋找催眠學校？

現在你們之中有些人正想知道，如何找到適合自己的催眠學校。（看吧！我預料到你的問題，或至少是一些人的問題吧？）可惜，我不能幫你解決這個問題，因為我只上過一所催眠學校，而且那所學校現在已經不存在了。如果你在當地找到一所催眠學校，務必詢問那所學校學生的看法。但是，你要對他們的意見抱持保留態度，原因有二：

- 校方只會讓你和他們認為會為學校說好話的學生接觸。
- 優秀催眠師會給學生一種物超所值的印象。

但是，不用太擔心第二點，因為如果老師無法說服學生給他好評價，你也不會想向這種老師學習催眠。

第三篇

# 利用「情緒說服」，做到別人做不到的事

# 第十二章
# 掌握人心的力量

◇◆◇

下述這個故事於二〇一五年九月四日出現在我的部落格上。我寫這個故事是為了說明從古至今說服力的力量，我利用歷史細節發揮一些創意，但一切是以說服的重點為依據。

這個故事純屬娛樂，好讓各位對接下來這幾章的內容做好準備。注意一下，這個故事讓你有何感受。以下所有的內容都是事實，就我目前所知，確實如此。

---

幾個世紀以前，在國王一人獨大的時代，有一位年輕人靠自學自修，發現人類思維的語言介面。有人說他是第一位巫師，這一點我們無從確定。

這位巫師的影響力源於一個簡單的發現，他了解到當自己描述人們可以變得更好時，人們就會自動重新改變自己的想法，以符合巫師的描述。起初，巫師在使用這個方法時，一次只會控制一個人，不久後學會如何影響一群人。

然後，他就成為危險人物。

巫師影響力的消息傳遍整個王國，國王派遣士兵追捕那位巫師，要在巫師的影響力大到足以和國王的力量抗衡之前，趕快殺了巫師。

但是，一切已經太遲了。

巫師已經預料到自己的死期將近。他拚命工作，把所學的一切濃縮成四個字。但是在巫師去世後，如果這四個字及其具備的龐大力量落入壞人的手中就不好了，畢竟這個世界還沒有做好準備接受這種力量。

巫師在卷軸上寫下苦心想出的四個字，並命令手下將這四個字和一大堆不重要的字放在一起，隱藏在文字迷宮裡，希望有朝一日能有一位新巫師找到隱藏在字裡行間的字詞，並解開其中的含意。他希望到了那個時候，這個世界已經準備好接受這種力量。

幾個世紀過去了，這些字安全地流傳下來，但是沒有一位巫師能夠解開它們的真正含意。許多假巫師試圖這麼做，大家為了從一大堆字詞裡找出這四個字並解開含意，也引發一些戰爭。但是一切都徒勞無功，正如巫師所做的**那樣**，這些字詞顯然被隱藏得很好。

數百年後，在另一個王國裡有五名巫師異軍突起，他們既聰明又好奇，而且自學有成。每個人都破解最初那名巫師隱藏的訊息，也釋放出這四個字的力量。

歷史沒有告訴我們，為什麼這五名巫師會突然同時崛起，還是在同一個王國，我們只知道情況就是發生了。

憑著最初那名巫師集畢生心血留下四個字所創造的影響力，五位巫師都累積了名氣和權力，也開始注意到彼此的非凡成就。

其中一名巫師其貌不揚，卻有能力誘惑任何女人。

這就是一個跡象。（信號。）

另一名巫師雖然沒有財富，卻能像有錢人那樣過好日子。

這是一個跡象。

另一名巫師只用言語就能激勵人們做出壯舉。

這是一個跡象。

巫師們彼此相遇，分享各自的祕密。按照當時的標準來說，他們都是好人，但是他們的力量卻引起國王的注意。對在位者來說，擁有這麼大影響力的人都太危險了，於是國王召集軍隊捉拿五名巫師。

五名巫師聽說國王的計畫，開始聯手對抗國王的軍隊。其貌不揚的巫師被派去誘惑另一個擁有龐大力量的王國，說服該國和巫師們站在同一陣線。這名巫師成功了，但是光靠這樣還不夠。

另一名巫師利用自己的力量，培養一群慷慨激昂，願意為這群巫師效命的死士。

其餘的巫師則是負責操弄民心，籌集資金來支持這場戰爭。

巫師們知道自己倖存的機率很低，因此以最初那名巫師作為榜樣，設計文字迷宮來隱藏他們的祕密，期待日後有巫師能夠釋放出這股力量。

五位巫師將原先那名巫師的四字密碼濃縮成三個更適合所處時代的新字詞，把這三個字隱藏在一個密密麻麻的文件裡，未來只有一名巫師有辦法找到這三個字。

五位巫師和眾多追隨者克服一切困難，與國王的軍隊長期浴血奮戰。戰爭結束後，這些巫師都很長壽，最後安詳辭世。

五位巫師創造的字詞，改變當時的世界，也繼續成為人類運作系統中最重要的代碼，這三個字已經推翻獨裁者、成就大事，並讓饑民得以溫飽。

也許有一天，未來的巫師會改善這五位巫師留下的三字密碼。不過我懷疑此事是否能成真，因為我相信你永遠不會看到有哪三個字比這三個字更美好或更強大。

請在下頁查看這三個字。

"We the People . . ."

（我們人民……）

最初那位巫師留下的四字代碼至今仍然存在，而且這四個字已經脫離文字迷宮，成為流行文化的語彙。但是，不管你在原先四個字加上多少個字，都無法改變它的意思。在當時，這四個字告訴我們，我們可以展現更好的自己。

請繼續查看這四個字。

"Turn the other cheek."

（以德報怨。）

# 第十三章

# 「才能堆疊」創造的非凡價值

◇◆◇

在《我可以和貓聊一整天，卻沒法跟人說半句話》中，我談到才能堆疊（talent stack）這個概念。才能堆疊是指累積能夠協同運作的技能，讓具備這些技能者變得既獨特又有價值。例如，懂得如何做好使用者介面設計的電腦程式設計師，就比不懂使用者介面設計的電腦程式設計師更有價值。才能堆疊這種概念的力量在於，你可以將普通的才能巧妙結合，創造出非凡的價值。這裡的關鍵概念是，**累積的才能可以彼此協同運作**。如果你能將普通的才能搭配成適當**組合**，就不需要其中任何才能領域的翹楚。

舉例來說，我不是一位偉大的藝術家，也從未上過傳統寫作課程；我不是社交圈中最有趣的人，也沒有了不起的生意頭腦，但是世界上很少有人擁有像我這樣寶貴又完備的才能堆疊。藉由在這些個別才能上表現得夠好，我可以成為知名的連載漫畫家，也能享有理想的職涯。每當看到人們的成功超乎你的預期時，可以留意一下，他們一定具備精心策劃的才能堆疊。

最佳例子：很少人認為川普會在二〇一六年贏得總統大選。會有這種錯誤想法的部分原因是，人們不了解說服的力量。川普是我見過最優秀的說服者，他的說服效力如此驚人的一個重要原因是，他累積非比尋常的才能堆疊。如果你檢視他的各項才能，並不會覺得他有什麼了不起。觀察家在評估川普的勝選機會時，就是被這種做法愚弄了。他們看到川普並沒有特別擅長什麼，既不是這場選戰中最聰明的人，也不是最有經驗的那一位，更不是最出色的溝通者（以傳統觀點而言）。對這個國家半數以上的人來說，他根本不**討人喜歡**。但是沒關係，他擁有的是你所看到再棒不過的才能堆疊之一，他的技能組合真的很特別，我們就來看看川普總統累積了哪些才能。

**宣傳：**川普明白宣傳的價值，知道如何獲得宣傳效果。他花費數十年的時間製造爭議，並且吸引大眾對他個人和川普品牌的關注。他不是世界上最頂尖的宣傳專家，但大多數人都會認同他是很棒的宣傳專家。

**聲望：**川普已經精心建立個人聲望，是知道如何完成事情的企業人士。每當他進入一個新領域，都能獲得很好的聲望。他的良好紀錄讓人們對他的際遇感到樂觀，也讓他取得優勢，因為他過去做得很好，所以人們預期他以後也能做得好。這種聲望不會自行發生，川普用他的技能創造這種聲望，你可以稱為「品牌」。

**策略：**川普可能不是世界上最優秀的策略思想家，但是他顯然很擅長做出策略性的決定。我們在選舉期間看到很多的例子，包括他決定使用社群媒體，而不是傳統廣告方式；他也決定比希拉蕊更努力爭取搖擺州選民的支持，並且在那裡進行更多的宣傳活動，最後取得搖擺州的選票成為川普勝選的關鍵。事後看來，他的策略確實很穩健。

**談判：**川普寫過關於談判的書籍，書名是《交易的藝術》（*The Art of the Deal*）。實際上，那本書的大部分內容是合著者東尼・史瓦茲（Tony Schwartz）撰寫的，不過這顯然反映出川普的談判偏好。

**說服：**川普是我見過最優秀的說服者，但是他的說服力效果之強，有很大一部分和他的才能堆疊有關。他對說服工具的掌握其實只有一般程度，你會在本書中學到川普使用的大部分說服工具。

**公開演說：**川普是有趣而語帶挑釁的公開演說者，但沒有人會說他是世界上最棒的演說家，不過他的公開演說本領比平均水準高出許多，這對才能堆疊來說就已經足夠了。

**幽默感：**川普具有高度的幽默感，這是一個強大的說服工具。幽默感讓人們喜歡你，讓你看起來更聰明。川普並不像搞笑藝人那麼有趣，但是他已經夠有趣了。

**當機立斷：**在眾目睽睽下，要讓自己一派輕鬆又保持警覺是很不容易的，但這是你可以學習的技能。川普在這方面可能具有一些天分又能靈活應變，再加上他身為公眾人物時累積的實務經驗，這是一項強而有力的才能。

**厚臉皮：**川普的批評者喜歡說他「禁不起批評」，因為他經常攻擊批評者。但反擊是很好的說服工具；它告訴人們，當他的朋友比會當他的批評者來得好。所以，雖然川普在二維世界裡看起來像是禁不起批評，但實際上他已經超級禁得起批評了，因為他這輩子都在忍受批評。當他參選總統時，一定知道要忍受的辱罵會比以前經歷的任何批評還要糟糕十倍。除非知道自己可以妥善應付那種羞辱，否則你不會接受那種傷害，不過顯然川普可以。這是一項寶貴的技能，也是你可以學習的技能。

**精力旺盛：**最優秀的說服者都懂得要炒熱話題，建立精力旺盛的個人形象。我們的大腦將精力旺盛解釋為能力和領導力（即使在情況不是這樣時）。川普天生精力旺盛，永遠不會讓你忘記他就是這種人。

**體型和外表：**川普的身材高大，人類在生物學和性別主義社會洗腦下，就會視高大的男性人物為領袖。另外，川普的外表也與眾不同，他的長相很嚴肅，髮型也很特別。由於身材高大，髮型也引人矚目，所以川普的體型特徵讓他更具說服力。我先前曾說過，讓你記得最清楚也想得最多的事，在你心中的重要性就最高。人們看著川普西裝筆挺、身材高挑、表情嚴肅、髮型獨特，就知道此人非同小可。川普知道建立個人品牌的重要性，所以在競選期間從來沒有穿著休閒服出現在公共場合。

**聰明：**據我所知，川普比一般人更聰明。最重要的是，他在許多不同領域具備豐富的經驗，所以擁有全方位的知識。

川普的才能堆疊非常強大，讓我相信他可以制定對公眾有利的重大政策。我甚至認為川普可以像民主黨人士那樣運作，接受桑德斯的政見，並以該方式贏得選戰。

## ◆良好濾鏡的評斷準則

大家對川普如何贏得選戰的常見解釋是，他了解美國人民，也策劃出美國人民想要的政策。我的濾鏡卻表示事實正好相反，是川普說服了美國大眾，讓美國大眾認為他提出的政策才是最該關心的事，所以美國人民這麼做了。不過，每位選民當然都有自己不同的看法，而且單憑一個變數也無法解釋一場選舉。但我的觀點是，其實說服力才是促成這種結果的大功臣，政策內容反倒沒有那麼重要，而我們的感知卻剛好相反。

還記得濾鏡的兩個重要要素嗎？濾鏡應該讓你快樂，並且能對未來做出準確的預測。我的濾鏡預測，一旦川普代表共和黨參選，就會在許多議題上減弱原本的強硬立場。他做到了，甚至扭轉讓他得以提名的關鍵政策，從主張大規模驅逐無證移民的立場，改變到只想驅逐入境後犯罪的人。還有一次，川普在採訪中表示，非法墮胎的婦女應該受到懲罰，但是隔天就轉變原本的立場。還有一次，他談到對恐怖分子家人的懲罰，不過這個想法後來也不了了之。

如果你認為川普是因為自己的政策才當選，就必須解釋為什麼他在競選期間政策立場發生重大改變，最後仍然勝選。我的濾鏡對這一點做出最佳詮釋：川普太有說服力，所以提出什麼政策都無關緊要，即使他的政策模糊不清又一變再變，人們還是會投票給他。

另一個選舉濾鏡則說，川普贏得總統大選，因為他是在野黨候選人，而在野黨候選人擁有優勢。但是，所有共和黨候選人都代表從歐巴馬政府換黨做做看的巨大改變，而在投票日之前，很少專家預測川普這個代表換黨做做看的候選人會勝選。

提醒大家的是，濾鏡的功用不是讓我們作為窺探現實的窗口，我們的大腦並未發展到能夠理解現實的程度，都在腦海裡播放不同的電影。重要的是，你所用的濾鏡是否讓你快樂並做好未來預測。根據我的經驗，說服濾鏡在這兩方面做得比其他濾鏡都來得好。

## 第十四章

# 武器級說服的殺傷力

◇◆◇

隨著選舉開始引發所有人的關注，在二〇一五年夏天，我試著推出一個新系列漫畫，主角是一個會講話卻永遠不會動的機器人，只負責播報新聞。你可以在這個新漫畫裡看到，我已經注意到川普成功運用說服術讓眾人感到困惑。

但是直到被我現在稱為「蘿西・歐唐納時刻」（Rosie O'Donnell Moment）出現時，才知道川普的說服術有多麼不得了。在二〇一五年八月六日，共和黨初選第一次電視辯論中，女主播梅根・凱莉（Megyn Kelly）向川普提出的第一個問題，殺傷力足以讓川普當場結束競選活動，世界上只有少數人可以逃脫這種陷阱。

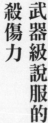

凱莉開始提出具有危險性的問題，她說：「你把你不喜歡的女性說成『肥豬』、『狗』、『蠢蛋』和『噁心的動物』……」

川普打斷凱莉的話，說：「我只有這樣罵過蘿

西・歐唐納（Rosie O'Donnell）。」

凱莉問完自己的問題，川普針對政治正確的一些問題做出回應，但是當時這並不重要。川普提到歐唐納，吸引在場所有人的關注，這是說服大師抓準時機，在世人面前的精彩出擊。當我看到這一幕時，忍不住站起來，走向電視，手臂上也起了雞皮疙瘩。實在太不尋常了，這是我從未見過的公開表演。在那一刻，我看到未來就在眼前展現；或者我以為自己看到了，但是需要再等一年才能確定。

## ◆說服大師如何扭轉情勢並轉移焦點？

是什麼本領讓川普如此巧妙回應凱莉，並修理歐唐納？對說服術的初學者來說，不妨想想一般主流政治人物會如何處理這個陷阱。想也知道，主流政治人物大多會說女性的好話，並且試圖轉移話題。但這是一個失敗的策略，因為川普以往對女性做出許多批評都有公開紀錄，如果不一次解決，日後還會再度被提起。

川普的回答跌破眾人的眼鏡，他使用武器級說服力，也在短短幾句話裡，巧妙運用幾種技巧。他創造一個**引發情緒的視覺心像**（歐唐納），將所有注意力從問題轉移到答案上，而且這甚至不是真正的答案。在我們的五種感官裡，視覺感受最具說服力，所以川普用一個我們認識並能想像的真實人物真是高招，他還挑選一位肯定會讓川普支持者引發情緒反應的人物。歐唐納直言不諱的自由主義觀點，本來就不討共和黨人士的歡心。

川普知道共和黨支持者對歐唐納很反感，所以利用這一點與共和黨支持者建立連結，這就是所謂**先同步，再領導**的說服技巧。首先，你要呼應觀眾的情緒狀態以獲得信任，之後就有立場領導他們。

川普還利用**制高點策略**，將問題從他過去所說的細節，提升到更高的概念層級，強調被這種愚蠢的政治正確約束會對這個世界造成多大的傷害，我會在本章詳述更多關於制高點策略的內容。

川普確定這麼做會引起所有媒體關注，因為他在回答時提到歐唐納，實在太有趣（又耐人尋味）。他讓十六名競爭對手都乏人問津，吸引所有人的注意，相較之下，對手們的表現實在太無趣，而且這種情況在選舉期間從未改變。

在我看來，這一切都不是運氣使然，而是精準到位的完美技巧，而且川普直接或間接地利用自己的**說服才能堆疊**。川普對凱莉的回應既有趣又有策略考量，機鋒處處且令人難忘，不但有視覺說服力，也讓人覺得他很厚臉皮（他似乎毫不在意），而且語帶挑釁，完全符合他的個人形象。他把凱莉的攻擊轉化為一股純粹的能量，然後把這股能量轉移對他最有利之處。一般人無法這麼做，他們甚至不知如何著手。當我看到這種情況在眼前真實發生時，就意識到這真的非比尋常，十分特別。

這場電視辯論中所看到的景象，讓我大受啟發，我寫了一篇部落格文章，後來這篇文章成為人氣貼文之一。這篇文章的標題是「小丑天才」（Clown Genius），是我將川普重新塑造為說服大師的第一步。但是，我不能直接切入想要表達的主要重點。首先，我必須先藉由認同讀者對候選人川普的看法，來和讀者達成同步。一旦我建立信任和可靠度，就會開始引導讀者以全新方式看待川普的能力。

---

二〇一五年八月十三日發文

和你們之中許多人一樣，我一直被川普這個像馬戲團裡停不下來的小丑車逗得很開心。無論從表面來看或更深入探討，都會覺得川普似乎是自戀的吹牛專家，根本沒有能力領導國家。

這樣的分析會產生的唯一問題是，迄今為止，川普的成功具有怪異的一致性，其中是否存在某種方法？是否有某種體系隱藏在真相背後悄悄運作？

---

上述文章內容是我先利用說服力的先同步部分。接下來，我描述川普如何從凱莉設下的陷阱中逃脫，正如我在本章所說的。我期待讀者同意自己的看法，認為川普在擺脫困境方面做得非常出色。以我先前和讀者建立好的同步為基礎，接下來就可以帶領讀者更進一步。以下就是我所說的。

---

當川普不停說自己的出現為福斯新聞（Fox News）創造最高收視率時，或許會讓你覺得很不舒服。對一個政客來說，這麼說似乎完全偏離主題，不是嗎？但是來看看發生了什麼事。

福斯新聞執行長羅傑・艾爾斯（Roger Ailes）顯然致電川普求和，我的意思是，川普在選戰後續期間已經取得福斯新聞的支持，因為他願意出現在福斯新聞台，就能讓福斯新聞台收視率因此上升而創造收益。就這樣，川普擁有福斯新聞，而且沒花半毛錢。看出來這是如何運作的嗎？這是一個強大品牌能帶給你的。

在聽見川普說墨西哥把強姦犯和壞人都送到美國時，可能也讓你覺得不舒服。但是，如果你把本書從頭看到這裡，現在就會明白這種故意為之的誇大其詞，是為了建立一個錨點，也是標準的說服技巧。

你會在本書後續章節學到更多關於錨點的知識。

在最近一次電視訪問中，主持人（我忘了是誰）試圖將川普說成「愛發牢騷的人」。但是，川普並沒有否認這種說法，而且他說自己是有史以來最棒的愛發牢騷者，國家也需要這種人。這就是我所說的「制高點」心理技倆。在這種情況下，把川普說成愛發牢騷者究竟是否公平，這個問題並不重要，但是川普巧妙地採取制高點策略，接受自己是愛發牢騷者的說法，還藉此在你的心裡訂下一個錨點，讓大家認為他就是最強而有力的變革代言人。對你來說，那是某種小丑天才。

無論在哪一種情況下，說服都不是預測力最強的變數。生活通常既混亂又複雜，有很多強而有力的影響在運作。但是，總統候選人的政見辯論沒有那麼混亂，也不那麼複雜。這是為了限制變數數量而設計的人為狀況。在這種環境下，說服大師可以掌控大局，而訓練有素的觀察者會看到說服大師施展技法。這就是歐唐納時刻如此吸引我的原因。在沒有外界干擾和其他變數的情況下，凱莉挑戰我們這一代最優秀的說服者，逼他向世人展現自己的本領。而當川普這麼做時，未來的景象就展現在我的眼前。

# 第十五章
# 「說服堆疊」的效力

◇◆◇

某些形式的說服比其他形式更強大，我現在談論的是各種不同的說服類別，而不是特定的說服工具。以下我列出說服的各種形式，並依據其相對效力排列，效力最強的排在最前面。請注意，排在前面的情感主題會比後面的「理性」主題效力更強，這完全是依據我身為說服者的經驗所做的排序。說服堆疊（persuasion stack）不是科學，所以我建議以它作為方向上的參考。

1. 大恐懼
2. 身分認同
3. 小恐懼
4. 渴望
5. 習慣
6. 比喻
7. 理智
8. 偽善
9. 字面思考

如同我將在下一章中的詳細解釋，視覺說服的效力會比口頭說服的效力更強，而且說服堆疊裡的大多數形式，都可以透過視覺說服或口頭說服進行溝通。實際上，這表示即便是說服形式較弱的視覺呈現，可能也比說服堆疊中排名較高的書面呈現或口頭呈現更具說服力。例如，和小恐懼有關的視覺說服往往會比沒有視覺意象與大恐懼有關的學術討論還有說服力。但是，如果使用同樣的溝通方式，我的說服堆疊排名往往是成立的。

我會帶你逐一探討說服堆疊，就從最後面最薄弱的說服形式開始談起。

## ◆藉由字面思考贏得爭辯

字面思考（word-thinking）是我發明的用語，用來描述人們試圖藉由調整字詞的定義來贏得爭論。在這類情況下，並不訴求理性。但是沒關係，反正事實和邏輯都沒有說服力。當人們邏輯不好卻沒有意識到時，通常就會發生字面思考的情況。這是大多數人在大部分時間會發生的狀況，所以你會看到這種不動腦思考的說服形式，比其他說服形式更常見。

字面思考最明顯的例子，就是墮胎這個話題。贊成墮胎人士和反墮胎人士彼此試圖贏得爭辯，宣稱他們對「生命」的定義是正確的。大多數人都同意保護人的生命是最重要的優先事項之一，所以如果反墮胎人士可以把胎兒定義為生命，就會贏得爭辯，不必訴諸任何實際的理由或邏輯，因此很容易看出為什麼人們試圖以這種方式贏得爭辯。但是，另一方不可能只因為有人調整一個字詞的定義，就改變他們的觀點。所以，字面思考根本不具說服力。

隨著科技日新月異，我們必須不斷重新評估胎兒活著的意義，而這完全沒有意義。目前的科技狀態對於一個實體是否被定義為生命，應該毫無影響。爭辯雙方都認同，胎兒能做什麼和不能做什麼。如果我說科學對胎兒的描述符合個人對於何謂活著的定義，而你們卻認為不是如此，就沒有理由討論這個問題。因為在這種情況下，無論雙方再怎麼爭辯，頂多也只是平手。

在二〇一六年總統大選中，我們看到許多字面思考的說服形式。在選舉開始時，我們看到大家爭論不休，討論川普是否為「保守派」，足以成為共和黨的提名人。那些說川普並非真正保守派的人，試圖用字面思考來排除川普成為共和黨候選人的可能性。問題在於，人們並不同意他們對於保守派的定義，大眾也不認為把川普的才能與政策和一些不明確的政治標籤畫上等號是特別重要的。這是共和黨的盲點，讓川普這位並非特別保守派傾向的人成為他們的領袖。共和黨內根深柢固的利益集團進行字面思考（字面思考是最糟糕的說服形式），保護自己免受擁有大量說服武器的說服大師攻擊。這從來不是一場公平的戰役，身為訓練有素說服者的我從一開始即可看出這種發展。只要共和黨堅持用字面思考為自己辯護，就沒有一點防衛力。

## ◆制高點策略的反制

在最近的電視新聞節目中，常會看到名嘴說對手黨派以前或現在做了同樣的壞事，藉此捍衛自己支持的黨派。這是讓電視有節目可播的好方法，也可能為對話增加一些資訊。但是對觀眾來說，這麼做絕對不可能有說服力。問題在於，它把雙方當成調皮的小孩，在這種框架中，誰也不是贏家。

我明白那股想要大罵對方偽善的衝動，你不希望對方聲稱自己那一黨派最正直，而把你這一黨派貼上不法分子的標籤，所以也不得不誣衊對方。但是「別人怎麼做，你也跟著做」，這種反應的說服力很弱，我所說的制高點策略才更有說服力。我在第三十章中會對此做出更詳細的討論。現在為了進行比較，你只需要大略了解這個概念。

制高點策略涉及擺脫孩童爭吵模式的對話，轉變成你是房間裡的大人在向孩子解釋事情如何運作。就從聲稱對方一樣爛這種說服力薄弱的方式開始舉例說明。

**彼此互控對方偽善**

**名嘴1：**你們陣營沒有盡力終結街頭暴力。

**名嘴2：**是啦！別忘了你們陣營在這方面也失敗了！

**結　果：**平手，雙方一樣爛。

**制高點策略**

**名嘴1：**你們陣營沒有盡力終結街頭暴力。

**名嘴2：**我同意。幸運的是，我們後來學到很多寶貴的教訓，有些城市嘗試不同的做法，有些城市比其他城市做得更好。讓我們設法找到最佳實務，看看是否可以把最佳實務套用到其他的城市。

**結　果：**名嘴1就像小孩吵架一樣，沒有提供任何東西，只是在抱怨，但是名嘴2展現出成人對經過一段時間如何解決問題的理解。

請注意，我一開始完全接受對方的批評。如果你針對批評做出辯解，就停留在孩童爭吵的框架裡；如果你接受批評，並將批評當成學習和改進的依據，就提升到成人的制高點，讓對方落後。每當你看到偽善的說法時，也可能看到使用制高點策略的機會。

**說服祕技一三**

使用制高點策略把自己塑造成房間裡有智慧的成人，這種做法迫使別人加入你這一邊，或是被當成意見較不重要的人。

## ◆自認理性的錯覺

人類喜歡認為自己是理性的動物，但其實並非如此。[1]事實上，我們先做出決定，然後把決定合理化，[2]只是我們不覺得自己這麼做。這就是我在二〇一五年到二〇一六年的總統大選中常說「事實和政策並不重要」的原因。對選舉結果來說，顯然事實和政策確實很重要；但是在說服方面，事實、政策及理智幾乎毫無用處。

這項規則的例外狀況是，當決策沒有涉及情感內容，而且你掌握所有需要的資訊時。在這種情況下，我們就可以善用理智。例如，你在購物時可以善用自己的理智和對事實的掌握，貨比多家，買到最優惠的價格。只要你的話題不涉及情緒，理智和事實就會很有說服力。一旦你從決定中去除情緒這個部分，要做的只是繼續講道理，並以事實作為依據。

但是，現實世界中的大多數話題都和情緒有關。我們的人際關係、職業選擇及政治傾向都和情緒有關。這些話題會影響我們所做的一切。例如，如果你目前有伴侶，在購買重要物品時，很難不考慮購買這樣東西會讓伴侶做何感受。所以，即使最客觀、最簡單的選擇，也會因為周圍的人，而隨著時間演變涉及情緒層面。

我們甚至對垃圾都有情緒。以數十年前開始說服民眾垃圾回收這項宣導活動為例，政府只要簡單說垃圾分類對地球有益，就可以說服一些民眾這麼做。但是，藉由將垃圾分類和資源回收變成半公開的流程，就可以讓更多人這樣做。訪客會注意到你家有沒有回收箱，也知道人們會藉此標準評斷你。在資源回收日，鄰居會看到你的垃圾桶與可回收物品放在家門前的路邊。表面上看來，資源回收這個問題與資源管理有關，那種無聊話題無法激勵許多人遵守。不過由於資源回收基本上是半公開的，人們不希望自己被認定為壞公民，知道自己被監視時就會乖乖做好資源回收，因為不想讓社交處境變得尷尬，所以有動機這麼做。

資源回收的社會壓力不只來自鄰居，孩子會纏著父母做資源回收，因為他們在學校裡學到這些事，所以如果家長沒有做好資源回收，就會遭到小孩白眼。資源回收的社會壓力相當龐大，但是如果你詢問人們**為什麼**要做資源回收，他們會告訴你，這麼做對地球有益。他們不會告訴你，這麼做是為了避免社交處境上的尷尬，或是為了符合個人身分，成為「環保」人士，或是為了給孩子樹立榜樣。資源回收的例子有些類似要如何度過餘生，有時我們可以獲得很好的數據，有時會使用自己有限的理智力量。但是，數據與理智通常會臣服在我們的感受之下。我們告訴自己和其他願意聽從意見的人，我們是理性的決策者，但這大部分是一種錯覺。

認為自己是理性決策者，這種幻覺是有根據的，因為有時候我們的行為是理性的。你每天做的所有**小**事都可能是理性的，像是刷牙避免蛀牙、設定鬧鐘準時起床等諸如此類的事，所以你的日常生活經歷就涉及做出一個又一個的理性決定，因此也誤以為在做出關於愛情、金錢與生活方式的重大決定時是理性的。不過，那主要是認知失調和確認偏誤的結果。當做出非理性的事情時，像是婚嫁對象顯然並非良人，我們總是有很多的「理由」。但這些理由是我們為了把決定合理化所做的辯解，而這些合理化加上你在小決策上的理性體驗，讓你產生一種錯覺，以為自己在大多數時候都是理性的，包括做出重大決定時。

由於你做出非理性的重大決策，是有許多理性思維作為依據，因此更助長這種錯覺。比方說，如果你正在尋找戀愛對象，可能會用理智把搜尋結果中的死者、囚犯及動物去除，因為你知道這些都不是好對象，所以確實會用理智來縮小自己的選擇。但是，談論到最後決定時，理智就罷工了，而非理性思維把我們的偏見、希望及恐懼應用在決策上。當我們完成這種不理性的過程，會對自己和任何願意聽我們說話的人解釋，我們的決定是理性思考的產物。

但是事實並非如此。

在二〇一六年總統大選初期，媒體相信那些喜歡川普政策，尤其是欣賞他對移民政策採取強硬立場的那些人，就是川普獲得的早期支持者。我在選舉初期就曾預言，川普這位說服大師將在大選時轉而採取溫和政策，並且在不流失許多原有支持者的情況下吸收新的支持者。如果你認為事實與政策很重要，這是沒有意義的。重要的是，人們看到川普在情感層面上認同他們，移民是需要解決的大問題。一旦川普在情感層面上認同選民的意見，就可以自由調整自己的政策細節，人們也會從而追隨。說服人們支持川普的原因就是，川普和他們建立情感連結。川普的政策細節隨著時間演變而有所不同。如果這些政策的**細節**對選民最後的投票決定是很重要的，我很難想像川普會當選。

你可能看過美國知名脫口秀節目《吉米夜現場》（*Jimmy Kimmel Live*）有一支街頭訪問的人氣短片，惡作劇者把川普的政策立場說成是希拉蕊的政策立場，並且詢問希拉蕊的支持者是否同意這些立場，[3]很多人都表示同意。我會更進一步說，就算川普和希拉蕊的政策立場互換，而人們也不記得他們先前提出的政策立場，川普還是會贏得大選。無論誰提出什麼政策，其實都無關緊要，人們只是根據偏見做定論。當最後兩名候選人都有能力勝任總統職位，就會發生這樣的情況。所以，我們用自己的偏見打破這個勢均力敵的局面，後來會想像自己的理由是完全合理的。

## ◆適合解釋新概念的比喻

比喻是解釋新概念的好方法。例如，我將自己的新創公司應用程式（WhenHub）描述為「像沒有Uber汽車的Uber應用程式」。我的意思是，任何一群朋友要到這個應用程式地圖上的某個目的地時，就可以將自己的位置串流給對方。

這個比喻只是我描述這個應用程式的**起點**，一旦把基本概念確立了，我就可以添加細節，而聽眾也能把新資訊加到這個架構上。這是解釋新想法的明智做法，你可以使用比喻讓聽眾建立記憶結構，再以細節做修飾。

雖然比喻對於解釋新概念既有用又重要，但在此要論述的重點是：比喻對說服來說是**極差的**。

遺憾的是，大多數人認為比喻是說服的最佳做法之一。這個事實正好說明為何網路上的每一場辯論，最後都以希特勒的比喻收場，這個現象普遍到有自己的名稱：高德溫法則（Godwin's law）。但是，我懷疑只因為陌生網友把他們比擬為希特勒，就改變自己意見的人有多少，直接攻擊通常只是會讓人們更堅持自己的看法。

比喻無法說服人，有兩個充分理由。首先，比喻是一種偽造的形式，很像字面思考。對不熟悉邏輯和理性這類機制的人來說，比喻**感覺**好像**應該**可以奏效。如果比喻不奏效，你如何解釋將人比喻為希特勒這種說法如此普遍呢？難道到現在為止都沒有人注意這一點嗎？

我可以回答這些問題，人是不理性的。如果人們覺得某樣東西**應該**奏效，大多數人就會認為那樣東西奏效。我們沒有時間或資源對所做的每項選擇進行科學探索，所以會用「常識」和「直覺」來解決，這是典型的世界觀。但是，說服濾鏡告訴我們，你的常識和直覺不過只是奇思異想。

大多數人認為自己有常識，卻不認同別人也有常識，這就是關於常識需要知道的事。你認為自己有常識，而許多人沒有常識，就是一種錯覺。說服濾鏡更進一步地表示，**沒有人有常識**。根據說服濾鏡，有時我們做出很好的選擇，有時卻不然。當事情出差錯時，我們就會怪罪環境或運氣不

**說服祕技一四**

當你攻擊一個人的信念時，即使你的論點無懈可擊，還是會讓受攻擊者更堅定自己的信念，而不是放棄自己的信念。

好，或者認為這是因為我們的常識相當罕見地犯下失誤；當事情變成對我們有利時，就相信這是因為自己有常識，常識發揮作用。在這兩種情況下，都只是事後合理化。

對現實的常見觀點之一是，人類可以根據潛意識想法和身體感覺的某種組合，做出正確決定。我們喜歡用「預感」、「本能」及「直覺」這類字詞來證明決策過程是合理的。說服濾鏡表示，這只是我們將尷尬事實合理化的方法之一，其實自己並沒有用理智做出決定。當一個決定涉及很多事實，而且我們可以獲得所有事實時，更可能會幻想自己是用理性的力量做出決定。但是，當我們認清自己並未掌握全部事實時，就會幻想自己是用直覺來填補這個空白。在這兩種情況下，我們的行為都是不理性的，試圖在事後把決定合理化。說服濾鏡就是這麼看待此事。

說服濾鏡並未試圖解釋現實。我把說服濾鏡當成有用的**濾鏡**，用來理解現實世界，並預測接下來會發生什麼事。如果現實濾鏡讓你感到快樂，預測效果又好，可能就是很好的濾鏡。

## ◆比喻失敗的原因

但是，讓我們回來討論比喻。

正如我所解釋的那樣，比喻失敗的第一個原因是，比喻並不是為了發揮說服作用而設計的。比喻不是邏輯，只是解釋新概念的快速方法。

比喻失敗的第二個原因是因為定義含糊。在辯論時，這讓對方有各種不同的方式可以反擊。當人們有這麼多方法可以為自己辯護時，就不可能改變原本的看法。事實證明，不當比喻提供的所有反擊都空洞無物，因為比喻不具說服力，對比喻的批評也不具說服力。如果你針對比喻的細節進行爭論，就不是在說服對方，也沒有被對方說服，只是在浪費時間。

但是，將川普比喻為希特勒呢？這種比喻很有說服力，不是嗎？在社群媒體，甚至是主流媒體上，希拉蕊的支持者持續不斷地將川普比喻為希特勒。再加上對川普的「脾氣」與強人特質做出相關指責的情況下，就是非常有效的說服形式。恐懼是最強而有力的說服形式，說服濾鏡會表示將川普比喻為希特勒，這種說服形式在選舉中確實發揮作用。

你可能會納悶為什麼我說比喻不具說服力，同時又說把川普比喻為希特勒有說服力，這個問題的答案會讓你更深入了解說服力。

我的假設與說服濾鏡一致，就是已經對川普有堅定看法的人，不被這種希特勒比喻說服，這種比喻是薄弱的說明形式。

但是，並非所有選民都對川普有堅定的看法。如果你還年輕，可能對川普過往發生的事蹟不太了解。如果你不曾收看《誰是接班人》（*The Apprentice*）這個節目，也不會從那裡認識川普。對那些還不認識川普的人來說，希特勒的比喻是有效的，不是因為比喻具有說服力，而是因為對不了解川普的人而言，這種比喻巧妙**說明**川普是怎麼樣的人。請記住，比喻對於**解釋**新概念非常有用。把川普當成現代希特勒的概念，為許多不甚了解川普的選民提供一個空間，這又把我們帶到另外一個已經提過的說服主題：錨點。

**如何產生心理錨點？**

關於一個新話題，你最先聽到的事情會自動成為心中的一個錨點，並且影響日後的觀

《呆伯特》　　史考特・亞當斯繪製

我需要你和我一起拜訪顧客，告訴顧客改用我們的軟體有多容易。
DilbertCartoonist@gmail.com
這不容易。
這是顧客拜訪，你只要說一切都很容易。
等他們發現不容易時，會發生什麼事？
等到錢都付給我們了，他們才會發現。
他們要是抱怨，你會怎麼做？
我會跟你老闆說，是你誤導他們。
www.dilbert.com
我會先提醒他！
太遲了，我已經跟他說，你是騙子。

點。在上頁這則漫畫中，呆伯特的對手先到呆伯特的老闆那裡告狀，說呆伯特是騙子。這會讓老闆的濾鏡預期呆伯特會說謊，而確認偏誤幾乎可以保證老闆之後會用這種方式看待事情。

但是如果呆伯特先向老闆抱怨，就會保有自己的信譽，不管後來誰說他是騙子，老闆都很難相信。在說服的三維世界裡，先發制人就能發揮重大影響力。

你最常從優秀談判者那裡看到這種技巧，他們在談判一開始時，會先提出一個低得離譜或高得離譜的提議，引導對方朝著他們想要的方向前進。例如，假設你提議要當我的顧問，我不知道你的服務價碼是多少。如果你告訴我的第一件事是，有些客戶每小時付你一千美元，和先告知顧客每小時付你一百美元相比，我更可能同意支付給你較高的價碼。最初的數字成為難以改變的心理錨點。這就是為什麼你應該率先提出數字，即使談判**情況完全不同**。（是的，那是行得通的，參見席爾迪尼的著作《鋪梗力》。）

舉例來說，假設你想售出企業，你和潛在買家都不知道企業的價值。企業價值只與前景有關，但前景是未知的。所以，當任何人購買獨一無二的企業時，都會有很多偏見與猜測。如果你是這家企業的賣方，想提及在另一個**完全不同情況**下，別人支付高價，藉此引導買方。即使這是不同的談話，這麼做通常也足以在對方的心理定下錨點，讓對方願意支付高價。

比方說，如果你想把公司以五百萬美元的價格賣出，在談判前的閒聊中，先提到某位億萬富翁買了一艘價值兩千五百萬美元的遊艇可能會有幫助。一旦兩千五百萬美元這個數字在買方心裡留下印象，即使這和你要銷售的公司沒有任何關係，也會成為一個錨點，並且可能幫助你賣到更高的價格。

我和創業夥伴腦力激盪，如何向投資者描述WhenHub.com時，利用很多有效方式開始描述，而且都是以完全合適又真誠的事實作為依據。我帶領團隊以一個比喻做開場白，WhenHub可被視為在辦公套裝軟體〔Word、Excel、PowerPoint、Google文件（Google Docs）、Google試算表（Google Sheets）及Google簡報（Google Slides）〕中運作的一種新程式。那些套裝軟體是數十億美元的產品，我們認為從規模和功能等方面來說，WhenHub屬於這個群體。這個開場白的構想在投資人心裡定下錨點，讓投資人認為WhenHub的機會無窮。

設定這種框架是不道德的嗎？要看實際情況而定。我不會用這種方法和家人或朋友協商。但是在商場上，雙方都會使用這種商業級說服工具，而且你不想只帶一把刀，上場應付槍林彈雨。在商務談判中，雙方都預期對方至少會用**一些**誇張和「推銷」的技術。請自行決定使用和對手同樣的說服工具是否符合道德規範。

以WhenHub的例子來說，和辦公套裝軟體做比較是完全合適的，我們支持這種做法。說服的祕訣就是在開始進行推銷前，先談談最近一些極有潛力的新創企業，先從這種無意識的心理關聯中獲益。這是不必使用資訊協助的純粹說服，你可以自行判斷是否符合自己的道德規範。我不會對朋友這麼做，但是會運用在人質談判中。

人腦對於先聽到的事情都會形成偏見，如果我們接受自己先聽到的事，這件事往往會變成不理性的信念，而且這種信念很難根除。如果你又從朋友那裡強化這個信念，這個信念就會變得像鋼鐵般堅固。

說服濾鏡預測表示，那些已經看好川普的人不會被希特勒這類比喻說服，無論這類比喻如何巧妙呈現；但是對那些還沒有對川普有定見的人來說，希特勒的比喻形成難以移動的錨點。這個比喻的細節並不重要，重要的是關聯。這帶出我要說明的下一個觀點：關聯比理性更重要。

希特勒的比喻是有效的，不是因為比喻合乎邏輯或具有說服力，而是因為任兩件事的**關聯**都有說服力。如果你花一段時間比較任兩件事，這兩件事的特質就會開始在我們非理性的思維中融合。比喻造成的錯覺是，如果兩種情況有**任何**共同點，也許它們就有**許多**共同點。川普與希特勒有一些共同之處（我們也是如此），這就讓川普的一些批評者不理性地相信他也會入侵波蘭。

把所有一切合起來看，比喻本身不是說服力。但如果比喻只是說服關聯的一個載體，比方說，把任何一位強勢領導人與希特勒做比較，這種**關聯**對一些人來說可能就有說服力，儘管這個比喻的細節很荒謬。

現在看我如何藉由比喻來做結論，因為比喻很適合解釋新的概念：如果你的比喻包括一個強大的負面關聯（如希特勒），可以把這個分析當成是槍套，把負面關聯當成一把槍。槍有說服力，而槍套沒有。

## ◆嫁接到現有習慣上的說服

如果你想影響某人試用一種新產品，將那項新產品和現有習慣的某些部分產生關聯是有幫助的。例如，人們在日常生活中通常會遵循一套慣例，刮鬍子、淋浴、化妝、弄頭髮、刷牙等。當一些行銷天才建議人們應該每天服用一次維生素時，維生素產業就要把服用維生素與日常生活習慣產生關聯。這麼做未必是身體吸收維生素和礦物質的最佳方式，因為有部分維生素與礦物質會很快就被身體排出。從生物學的角度來說，吸收維生素的最有效時間涉及一天中多次攝取。但是，如果你想**銷售**大量維生素，就應該把這個習慣依附到人們目前每天會做一次的慣例中，這樣就能讓人們養成服用維生素的習慣。

換句話說，如果維生素廠商的行銷手法是，你可以隨時隨地服用維生素，最後人們可能不會像這些公司期望得那樣經常服用。但是，早期的維生素行銷人員巧妙說服我們，養成在起床後或睡覺前服用維生素的習慣。現在，刷牙後服用維生素的做法變成輕鬆自然的事，所以我們會繼續這麼做。

最先開發出體能偵測裝置的廠商也善用習慣來說服消費者，你早上就把健康手環戴在手上，成為穿著打扮的一部分，這麼做有助於讓消費者養成戴健康手環的習慣。

這種嫁接到現有習慣上的說服形式，通常對政治沒有幫助，因為重大的國家議題不適合成為你的日常生活習慣。我們閱讀新聞的方式，就是習慣在政治上發揮作用的主要方式。所以，如果你想用習慣影響政治，可能會把新聞節目命名為《早安，喬》（*Morning Joe*），這是MSNBC電視台由喬・史卡伯勒（Joe Scarborough）和米卡・布里辛斯基（Mika Brzezinski）主持的晨間節目。這個名稱告訴人們，早上可以養成習慣收看這個節目。

利用習慣進行說服，我開始以《跟史考特・亞當斯喝咖啡》（*Coffee with Scott Adams*）直播串流影片，在選情預測網站Periscope和YouTube上建立個人品牌。我想讓人們把自己的節目與早上喝咖啡的習慣產生關聯，這樣收看我的節目就會成為他們日常習慣的一部分。根據使用者的回饋意見，這項策略是有效的。人們對我表示，我已經成為他們晨間活動的一部分，如果我跳過一天沒有直播，他們就會覺得若有所失。

說到跳過一天，讓我想起說服祕技一五。

現在問問你自己，川普總統是用可預期或不可預期的方式獎勵他的支持者。是的，川普真討厭，他這個人根本無法預測。早上，他的心情低落，但是到了午餐時間卻興高采烈，你永遠不知道會發生什麼事，這就是支持者對他上癮的部分原因。

**說服祕技一五**

研究顯示，和可以預期的獎勵相比，人類更容易對不可預期的獎勵上癮。

## ◆訴諸人們的渴望

改變人們的渴望並不容易，除非人們的渴望有害或有危險，否則你根本沒有理由這樣嘗試。但是，藉由將你的故事嫁接到人們現有的渴望上，就可以提高你的說服力。你在產品行銷中會看到很多這樣的實例。例如，蘋果告訴你，它的產品能幫助你發揮創意，對很多人來說，更有創意是一種渴望；有些金融服務公司也會告訴你，可以幫助你獲得經濟獨立，這也是大多數人的渴望。

川普在總統大選時，直接以選民的渴望為訴求，他告訴失業者和未充分就業者，他們總有一天會有好工作。他告訴我們，會以各種方式讓美國變得更安全、更富裕，也更偉大，這是善用渴望進行說服的高招。

和希拉蕊的競選口號「團結力量大」（Stronger Together）相比，國家力量聽起來像是很好的特質，但是並不會讓人感到渴望，反而像是一種防衛。而且希拉蕊的主要訊息大多與歐巴馬政府的主張一樣，所以不具備什麼渴望特質。對需要幫助的人來說，他們渴望的不是維持穩定的方向。

一些專家表示，川普勝選是因為他是在野黨候選人，人們想要改變，想要換黨做做看。但是，並非所有改變的說服力都一樣。希拉蕊的競選口號「團結力量大」是一種改變，但是並不符合個人的渴望，而川普關於工作的主題直接說到失業人口渴望的改變。

我認為，**改變**作為一個獨立的概念，在選舉中並不是具有說服力的要素，真正有說服力的部分是要改變**什麼**。川普提出的口號更符合人們的渴望，當然就比較有說服力。

## ◆恐懼的說服力

恐懼可能有深遠的說服力，但並不是所有和恐懼有關的說服都有一樣的效力。為了讓你善用恐懼發揮最大說服力，請遵循這些準則：

- 大恐懼比小恐懼更有說服力。
- 個人的恐懼比和國家一般問題相關的恐懼更有說服力。

- 你經常想到的恐懼比很少想到的恐懼更有說服力。
- 有視覺影像的恐懼比沒有視覺影像的恐懼更令人害怕。
- 親身經歷的恐懼（如犯罪）比只有恐懼感更令人害怕。

希拉蕊和川普在競選活動中，都使用恐懼這種說服形式。川普談到恐怖主義和無證移民犯罪的恐懼；希拉蕊代表的陣營則不允許她用同樣的恐懼進行說服，所以巧妙地把川普這個人當成恐懼的對象，把川普形容為種族主義者、性別歧視者、反同性戀者、是可能任意發射核彈且性情反覆無常的獨裁者。將川普塑造成是下一個希特勒（不必直接講川普是希特勒），是希拉蕊最強大的說服策略。如果這是選戰中唯一的變數，希拉蕊就會勝選。

## ◆以身分認同作為訴求

如果你沒有機會利用恐懼說服人們去做你希望他們做到的事，下一個最強大的技巧就是以身分認同作為訴求。我們看到歐巴馬總統贏得超過九○％非裔美國人的選票；大多數的女性會投票給希拉蕊，而不是川普，這些都是善用身分認同來說服他人的實例，人們喜歡支持自己認同的「族群」。

如果你考慮自己的性別、種族、年齡、財富、宗教、政治黨派等，所有人都屬於好幾個族群。人類會自然而然地支持自己的族群，這是不假思索的本能反應。

這種本能反應從演化的角度來看是有意義的，團隊成員是幫助你活命的人，其他團隊的人則會試圖殺死你或奪取你的資源。我們隨著演化，逐漸發現自己較喜歡和實質上與我們有某種相似的人在一起，這樣會讓我們覺得更安全。支持自家球隊的本能，就是大型運動競賽獲利可觀的原因。支持本地團隊只是因為地緣關係，其實並不合邏輯，但我們還是會這麼做，這是一種本能反應。

川普在競選時就用身分認同這種說服形式，提醒選民要以美國為優先；希拉蕊則用身分認同這種說服形式，告訴女性和LGBTQ（女同性戀、男同性戀、雙性戀者、跨性別者和性別疑惑者的簡稱）社群，她的團隊支持他們。

有趣的是，候選人以身分認同進行說服時，希拉蕊執著於遺傳上的區別，而川普則藉由對話進行制高點策略，洗腦美國人都要有愛國情操。我們無法得知哪一個策略更有說服力，但這兩種策略都效力強大。

下一次有人做出讓你反感的事情時，不要攻擊對方的行為，要詢問對方是否想成為那樣的人。大多數人認為自己是好人，即使偶爾會做壞事。如果你提醒他們注意自己的身分，以及他們對自己身分的渴望，通常會看到認知失調和想要改變的承諾。情況可能是這樣的：

**對方：**「我看到不支持的政黨看板時，就喜歡動手毀損。哈哈，那種看板真的很可笑！」

**你：**「你想成為那種人嗎？」

**對方（現在出現認知失調）：**「呃，我只做過一次，因為那一次我和鮑伯在一起，還喝了一點酒。」

這種方法顯然不適用於孩童或是早已養成壞心眼的大人身上，但是如果你發現一個正常成年人所做的事和他渴望的重要身分不符時，有時你幾乎可以讓他們馬上改變行為，符合他們想要的身分。你只要指出差異，然後觀察對方消除這項差異。

# 第十六章 「預說服」營造容易被打動的狀態

◇◆◇

我讓自己更有說服力的方法之一，就是告訴人們，我是訓練有素的催眠師，而且熟悉所有能發揮影響力的工具。我在催眠課程中學到，這樣做更容易說服人們預期自己會被說服。如果人們認為你的說服能力是可信的，就會說服自己可以被你說服，這會讓一切變得容易許多。任何形式的信譽都有說服力，這就是為什麼醫生和律師會將學歷證明張貼在大家都可以看到的牆面上；還有專業顧問總是衣著得體，以昂貴西服或套裝示人的原因。當你展現自己的資歷，人們會預期你對他們有更多的影響力。人腦天生就是這樣的，我們幾乎會自動聽從專家的意見。

一九八七年，川普的著作《交易的藝術》成為《紐約時報》（*New York Times*）暢銷書。本書的成功告訴世人，川普不僅是從父親那裡繼承財富的富家子弟，也傳達川普因為本身過人的談判才能而獲致成功（某種程度上來說是這樣）這個訊息。一旦讓世人相信你是傑出的談判者，這個版本的現實就會自我實現。當人們預期你有說服力時，你就會更容易說服人們。

想像一下，和一位寫過談判暢銷書的商業對手協商交易。在某些情況下，我認為川普身為談判高手的聲譽，可能會讓交易另一方代表更頑強地抵制。但是根據我對說服力的了解，川普身為談判高手的聲譽，會讓對手在潛意識裡**允許**自己和川普談判時表現較差。你**預期**談判高手會有較好的表現，所以如果談判結果是你輸了，也不會覺得丟臉。在《交易的藝術》出版後，川普就享有那種優勢，那本書不只是與說服**有關**，而是書籍本身就有說服力。

> **說服祕技一六**
>
> 當人們相信你有說服力時，就更容易被你說服。

我還從催眠課程中了解到，付費催眠者更容易被催眠，而且客戶付愈多錢，就愈容易被催眠，因為收取更高價格會讓客戶覺得你的催眠本領更高超，這就是我只對付費客戶進行催眠的原因。我在當地出版物上刊登廣告，利用催眠讓人們追溯前世。有趣的是，在我看來與隨機志願者相比，付費客戶更容易被催眠。因為願意花錢催眠的人更有動機被催眠，而且這個動機會產生很大的不同。付費客戶假設我有商業級催眠技能，因為他們正在為了獲取體驗而付費。這是說服的理想環境，我的催眠對象想要被催眠，也預料自己會受到影響。

我應該提及自己並不相信輪迴，儘管在學習催眠時對這個想法抱持開放的態度。我的付費客戶在催眠狀態下，詳細描述他們**想像**的前世生活。聆聽那些編造的記憶（我故意造成的）足以讓我相信，人們在催眠狀態下無法真正想起前世生活。我得出這個結論，是因為催眠對象都沒有描述非電影人物的前世生活。他們傾向「記得」自己前世是美洲原住民、埃及女王、維京人及其他著名的歷史人物，沒有任何人「記得」自己的前世是現代人不熟悉的生活。而且我的客戶都沒有說自己的前世是中國人，然而依照統計數字來說，這種情況似乎不太可能，因為地球上有四分之一的人口是中國人。

## ◆預先創造引導情緒狀態

預說服這個概念有很多顯而易見的要素，像是穿著合宜得體和宣傳自己的資歷。但是，認知科學家已經發現，預說服還有更深層與更可怕的層面。事實證明，只要巧妙選擇和你想說服話題完全無關的圖像與想法，然後給想要說服的對象看看這些東西，就可以影響他們日後的看法。關於這個主題的最佳書籍是席爾迪尼的著作《鋪梗力》，該書提到的一個例子是，先讓受試對象看到美國國旗的圖像，再詢問政治問題，看到國旗圖像的人會馬上更認同共和黨的立場。正如席爾迪尼所言，這種預說服並不適用於每個人，也沒有這個必要。當你說服潛在客戶或選民等大型團體時，可能只要打動其中五%的人，就可以讓情勢逆轉勝。

認知科學家有很多這種形式的預說服實例。就人們如何回應而言，其中有許多預說服形式並不是那麼顯而易見。我不會猜到利用美國國旗就可以讓人們比較認同共和黨，也不會猜到讓人們接觸慷慨行為的故事，會讓人們在幾分鐘後就對與原先故事無關緊的話題表現得更大方，但事實確實如此。

看待預說服的最佳方式是，預說服會創造一種情緒狀態，將無關話題營造的情緒帶進你想要說服的話題。如果美國國旗讓你的愛國心油然而生，在你心裡就比較可能將愛國主義與共和黨人士產生關聯（無論這樣是否理性），就足以產生說服力。

孩子們，如果想要說服父母做一件對你有利的事，先讓父母看看飼主溺愛寵物的YouTube影片，然後將話題改為任何你想要的東西。家長從觀看飼主溺愛寵物影片的善意中獲得的情緒狀態，應該會弱化原本的堅持，無論你要求他們為你做什麼，都會表現得更大方。預說服就是在心理上和情感上創造繼續存在的關聯。如果你營造出對的情緒，而且信譽很高，在任何人知道你開始說服前，就已經完成一大半的說服工作。

你可以利用下列清單，檢查如何為日後的說服工作做好預說服。務必確定做到下列事項：

- 穿著得體。如果你穿著像知識淵博的專業人士，人們會認為你的意見和建議是可信的，這會讓說服工作更容易。
- 透過飲食、運動、髮型來改善你的外表。有吸引力的人更有說服力。

- 以自然不誇張的方式宣傳你的資歷。人們欽佩才華，但討厭吹牛。
- 為自己塑造贏家形象。如果人們期望你贏，就會幫你實現這個目標。
- 在你能掌控、最令人印象深刻的空間中會面。這會形成一種實物視覺印象，可以讓你的力量、才能和成功被廣為傳播。
- 提前設定期望。如果人們預料你會提出過分的要求，當你同意接受較低標準時，他們會很高興。當人們預期你是更出色的談判者時，就會希望結果是你勝出。
- 利用思想和圖像進行預說服，讓人們的心思與你即將說服的事項一致。譬如，如果你希望某人對你很慷慨，就先用一個不相關的善意故事營造那種情緒。
- 展現旺盛精力。精力旺盛的人更有說服力，我們都會被旺盛的精力吸引。

這個核對清單有助於你做好預說服，不過一旦你上場談判時，還需要很多說服技巧。接下來，就來談談說服技巧。

# 第十七章

# 贏得漂亮，還是輸著回家

◇◆◇

每當出現大眾混淆和複雜性時，人們就會自然而然地聽從最強而有力也最有自信的意見。人類不喜歡不確定性，所以會被那些提供簡單明確答案的人吸引，即使答案有誤或不夠周全。說服大師可以藉由提供人們渴望的清晰度，在混亂的環境中獲致成功。如果環境已經不混亂，了解社群媒體和新聞界的熟練說服者就可以輕易藉由製造混亂來創造優勢，候選人川普就是善用這種方法的佼佼者。

銀行界流傳這樣的說法：如果你向銀行借一百萬美元，就受制於銀行；但是如果你向銀行借一百億美元，銀行就受制於你。因為銀行就算拿不回一百萬美元貸款，損失也不會太大，但是如果有一百億美元的呆帳損失，銀行營運就會發生問題。所以，銀行被迫與大型借款人合作，並可能重新協商還款條件。但是一百萬美元的借款人就沒有這麼幸運了，因為銀行在這種借款水準上掌握所有的權力。

這讓我想起川普善用新聞週期策略，獲得媒體的所有關注，直到競爭對手無力還擊為止。如果川普當初在選戰時低調小心，就會受制於主流媒體，他們會把川普當成小丑對待，然後才會談論他的競爭實力。所以，川普並未低調小心，而是大張聲勢地加入選戰，也高調地挑釁，讓媒體別無選擇，只能予以關注。對媒體來說，川普是一個珍寶，正因如此，媒體受制於川普，至少在新聞週期這方面是這樣。

如果你對說服、策略或新聞媒體的商業模式所知不多，可能會把川普的行為當成只是自戀和丑角的症狀。你可能會問自己，哪一個正常人會**故意**如此挑釁，吸引媒體對自己持續做出負面的新聞報導。這個問題的答案是「說服大師」。承受這種額外批評是值得的，因為這樣做會吸引所有媒體的關注，也讓共和黨初選的其他對手不受媒體青睞。

令人驚訝的是，儘管川普引發的全都是負面報導，但他的策略仍然奏效，這突顯出一般受過訓練的說服者和真正說服大師之間的區別。川普可能知道胸中一箭足以讓他斃命，但是如果有一千支箭排列在正確位置，他就可以像是睡在釘床上一樣平安無事。如果你將一把箭緊密地綁在一起，就沒有任何一支箭的尖端需要支撐太多的重量。川普確定自己會受到許許多多的攻擊，並且善用新攻擊來化解舊攻擊。新聞業務必須報導最新消息，以前的報導就會變成舊聞，無人聞問。川普可以每天做出一些新的挑釁（通常是透過推特發文），讓任何不討人喜歡的報導被人拋諸腦後。

## ◆不談細節，先講大局

我怎麼知道川普巧妙又刻意地吸引媒體的所有關注（無論好壞），而不是胡亂撒野？有報導指出，川普事先告訴人們，他打算在選戰中不讓其他候選人得到好處。[1]這並不表示事情一定會如此。但是，等你看完本書時，我希望能夠說服你，以川普的說服本領確實能做到。

**說服祕技一七**

即使確定感是錯誤的，人們還是喜歡確定感勝過不確定感。

川普利用他對新聞週期的掌握，創造自己是最重要總統候選人的印象，即使你憎恨他。當人們有其重要性時，我們開始覺得他們一定有能力，至少在某種程度上是這樣，因為能力通常是讓人舉足輕重的因素。而我們的大腦會本能地把有能力的重要人士當成領導者。追隨最重要也最有能力的領導者，這種本能可能比事實和政策更有影響力。

川普很有自信也很清楚自己的優先要務，但是並不清楚自己首選政策的細節。這是很好的說服技巧，這種做法讓支持者看到任何想要看到的政策方，但是細節從來沒有大局那麼重要。而大局就是，川普在可怕又混亂的世界裡，是強而有力且清晰的聲音。

# 第十八章

# 有人「天生」就是說服者嗎？

◇◆◇

我在二〇一六年選舉期間聽到的最多問題是，川普怎麼會有如此驚人的說服本領，他是「天生的」說服者，還是他以嚴謹方式學到說服術？這個問題很重要的原因是，如果川普的說服技能是習得的，你也可以學習這些技能，但如果他天生就是說服者，你或許就不像他那麼走運。我不知道這個問題的完整答案，卻可以告訴你，川普的說服本領更像是學習得來，而不是天生具備。據我所知，川普所做的一切都是依據商業領域和說服領域的最佳實務，所以都發揮有效的說服力，如果不是對說服工具有深入的了解，就很難維持這樣的一致性。

接下來，我們就追查一下線索，看看川普的說服力有多少是依據訓練和知識，又有多少是與生俱來的本領。

## ◆積極思考帶來的認知轉變

一九七〇年代時，川普的父母帶著小孩開始上紐約市由知名牧師諾曼・文生・皮爾（Norman Vincent Peale）帶領的大理石教堂（Marble Collegiate Church）。[1]本書的年輕讀者可能沒有聽過這位牧師，但超過某個年紀的人都知道皮爾是超級暢銷書《積極思考的力量》（*The Power of Positive Thinking*）的作者，也是美國史上最重要的作家和思想家之一，他影響了數百萬人，包括我在內。

皮爾告訴我，如果**以正確的方式思考**，就可以做任何事。這是巨大的感知轉變，它讓我掙脫自己打造的心靈牢籠，所以我用積極思考的力量，專注於有朝一日成為能坐在沙灘上工作的知名漫畫家。

現在我正在海邊寫下這段文字，這是真人真事。

皮爾很棒，非常棒，皮爾的書教導人們關於思想的力量，以及思想創造絕妙人生的能力。你可以在川普身上看見積極思考，這種積極思考似乎與他個人的成功息息相關。現在大眾已經不只一次看到川普設想自己會在新領域獲致成功，實際上他也成功了。顯然地，他認為自己的成功不受任何限制。川普在採訪中表示，皮爾對他有很大的影響。我們很難知道這種影響有多大，但是你可以看到皮爾「濾鏡」出現在川普所做的每件事。從某種意義上來說，川普在心裡**設想**自己接掌總統職位。

關於皮爾還有一件有趣的事情：在他那個年代裡，人們指控他是催眠師。[2]顯然他太有說服力了，讓人以為他有什麼祕祕技能。我不認為皮爾使用催眠術，但他肯定是一位說服大師，川普從這位說服大師身上獲益良多，這是再棒不過的學習來源。

所以，如果川普「天生」就具備說服本領，他又和一位本領過人的說服者有這麼多的接觸，一切真的再巧合不過了。

附帶一提，我真希望有人針對上教堂聽皮爾布道的孩童進行研究。我敢打賭，他們長大後的生活水準一定高出平均。不過，這只是我依據專業經驗和知識做出的猜測。

## ◆調整濾鏡留意相關資訊

談判是一種特殊的說服形式，川普針對談判議題，寫出古今最受歡迎的書籍之一，就是一九八七年出版的《交易的藝術》。

《交易的藝術》主要是由合著者史瓦茲執筆，但是這表明川普對說服這項主題有興趣。通常，你會學習所關心的事。川普關心談判，幾乎每天都提到談判，顯然他在職涯中經常需要談判。

幾年前我學到網狀活化系統（reticular activation system），這和大腦與生俱來的能力有關，大腦可以過濾你不需要的資訊，讓你更容易找到需要的東西。這就是你在嘈雜房間裡可以聽到有人叫自己的名字，卻聽不清楚其他人在講什麼的原因。對你來說，自己的名字很重要，所以大腦會有一個敏感的過濾器，讓你聽到自己的名字就會有反應。通常我們會注意重要的事，忽略那些不重要的事。我們必須這麼做，否則環境可能同時對自己的小小腦袋發出太多的信號。

一九八七年後，當《交易的藝術》成為暢銷書時，川普的大腦被「調整」到要關注談判和說服這些主題。他讓談判成為個人形象，這表示大腦開始從自身環境中辨識出其他說服方法，因為那是他腦海裡的新濾鏡。談判對川普來說很重要，所以他更可能有意無意地尋求關於這個主題的新資訊。換句話說，即使你認為《交易的藝術》的每句話都是由川普的合著者所寫，即使你認為川普在一九八七年時對談判所知甚少，但是事實上後來談判成為川普的個人形象，幾乎可以保證他會成為談判專家，只是因為他的濾鏡設定好要吸收這類資訊。而且這個主題的資訊很容易理解，不像物理學那樣深奧難懂。

上過催眠課程後，我有類似的經歷。一旦我的濾鏡設定在注意說服的相關資訊，就會發現這類資訊比比皆是，也更可能注意到與說服相關的頭條新聞，並且加以閱讀。我更可能注意到生活中出現的各種說服形式，並分析這些情況來理解關鍵變數。我成為吸引說服知識的磁石，經年累月，我學到許多關於說服的知識，但是我並沒有真正嘗試，這和川普的情況很相似。一旦川普把自己塑造成出色的談判者，就幾乎可以保證他會持續在談判方面學到更多。

「天生的」說服者在未經相關訓練的情況下，很難讓自己的說服力達到完美。你可能預料這種人會誇大其詞、玩弄你的情緒，並使用視覺形象。你以為自己會看到汽車推銷員的所有技巧。但這些技巧都是常識，和**深入的**說服訓練無關。訓練有素的說服者會展現更複雜的說服形式。如果你知道自己在找什麼，就會發現優秀說服者使用的是更精心設計的說服術。

後續章節將揭開川普說服術的面紗，讓你看出這種確實令人欽佩的精心設計。

第四篇

# 商場和政界的究極說服力

第十九章

# 如何創造一針見血的神回覆？

◇◆◇

在選舉過程中，我們看到川普為對手取了一個又一個的綽號，而且好像每個新綽號都奏效。希拉蕊的團隊試著為川普取一些綽號，卻全都失敗了，還一敗塗地。這並不是巧合，因為川普為對手取的綽號都是經過精心設計，然後在現場觀眾面前進行測試。以下列舉他讓大家琅琅上口的對手綽號。

- 萎靡的賈伯（Low-energy Jeb）
- 說謊的泰德（Lyin' Ted）
- 騙子希拉蕊（Crooked Hillary）
- 寶嘉康蒂（Pocahontas）
- 傻瓜華倫（Goofy Elizabeth Warren）
- 哭泣的查克・舒默（Cryin' Chuck Schumer，後續章節再做討論）

將川普成功為打擊對手所取的綽號，與希拉蕊陣營絞盡腦汁要詆毀川普所取的這些綽號相比：

- 唐老鴨（Donald Duck）
- 危險老唐（Dangerous Donald）
- 莊普夫（Drumpf）

就算你不是訓練有素的說服者，也能看出這兩組綽號在才華上的差異，但是你可能沒看出川普為對手取綽號時用到的所有技巧。如果你認為這些名字不過只是一般的羞辱，就會錯過川普精心設計的許多說服技巧，我將在本章逐一向你說明這些技法。

川普幫對手取綽號的效力有多強大？強大到當我聽到川普說出「萎靡的賈伯」當天，就預測賈伯・布希（Jeb Bush）出局了，也讓我在二〇一五年八月二十七日於部落格文章中發表這個看法。請記住，當時其實沒有其他評論家認為這種綽號對選舉很重要，但是我卻能看出它的力量，因為我的大腦有一個濾鏡能發現說服技巧。我及時看出川普為對手選綽號時，其實遵循一種模式：

川普使用政治活動中不常見的措詞讓人大感意外，並讓自己的品牌令人難忘。例如，「萎靡」、「騙子」及「說謊」。

川普替對手取的綽號在視覺上與對手的形象相符，譬如，萎靡的賈伯，而賈伯看起來確實精神萎靡（川普這麼告訴我們，讓我們在求證事實時早就心存成見）。

川普替對手取綽號，是為了讓選民產生確認偏誤，讓這些綽號隨著時間演變，讓人們更能記住，也更能發揮效力。我們都知道「說謊的泰德」，泰德・克魯斯（Ted Cruz）日後會說出一些與事實不符的事，因為所有政客都是這樣。最後，就連他準確坦誠的聲明也會開始變得可疑，都要歸功於確認偏誤和川普幫他取了這麼好記的綽號。

川普替對手取綽號，是為了達成策略性對比效果而設計的。許多選民對川普的誠實和動機不予置信，所以川普把初選的主要對手描述為說謊的泰德，並且把大選的主要對手說成騙子希拉蕊。這種把對手說得和自己一樣糟的做法，就縮小川普在信譽方面與對手之間的懸殊差別。

川普為對手取綽號是制高點策略的一種形式，在這種形式下，你會忽略細節，專注於人們都認同的較重要概念。或許你喜歡希拉蕊提出的政策，但是你會冒險讓一個「騙子」坐上總統大位嗎？

現在，我們看看川普如何遵循公式為對手取綽號。

## ◆用錯誤拼音強化思想

川普巧妙選擇你在政界不常看到的綽號。政客常用來互扯後腿的一般言語羞辱既老掉牙又無聊，根本無法讓人們留下印象，譬如，把對手說成「自由派」，簡直乏味無趣。

政客經常互相指控對方說謊，但通常是在談論一個特定狀況。將**個人**說成騙子，這種行為超乎尋常，也更具挑釁意味，同時會被認為不懂策略手腕。而這種輕微的錯誤，反倒能讓這種做法奏效，因為這麼做會比政客的做法更挑釁，所以會吸引你注意，並讓你記住。

但是川普顯然想從「說謊」（lying）這個字詞中得到額外的好處，並讓他的品牌獨樹一格，所以堅持「說謊的泰德」正確拼法是以縮寫表示的「Lyin' Ted」，而不用「Lying Ted」。這是建立品牌的巧妙手法，和你在政界看到的任何狀況都不同，它讓你有理由停下來思考，為何川普用的拼法是「lyin'」而不是「lying」，拼法有什麼重要呢？拼法確實很重要，但只是因為拼錯字可以讓你停下來好好思考，這是為了說服而精心設計的思考斷點。川普希望你停下來思考，他為何會選擇把說謊拼成lyin'，而不是lying。你花時間思考這件事，就會幫助你記住這個名字，這種命名也使用一個叫做「預想結果」的招術。在這種情況下，川普讓你預想克魯斯會說謊，而你最後會連帶接受這個想法，因為會花很多時間思考把說謊拼成lyin'究竟是否正確，這就是精心設計又強而有力的說服。

「說謊的泰德」這個綽號還包含另一個大多數人並未看出，但卻極為重要的說服要素，你必須是訓練有素的說服者才有辦法注意到其中包含的這項說服要素。川普替對手精心設計綽號，其實是為了在日後引發確認偏誤。我的意思是，他先對我們洗腦，讓我們日後透過他的濾鏡來看待事情。每當克魯斯說出我們認為不是事實的話語時，我們立刻會想到「說謊的泰德」這個綽號，並且強化克魯斯這個人與「說謊的泰德」這個綽號的關聯，大腦還會不理性地把最常想的事情視為最重要。

克魯斯在競選期間的發言，讓你覺得並非事實的機率有多高呢？高達一〇〇％。他是參與選戰的政治人物，都會說出一些和事實不符的事，或者我們這麼認為。這是一個未來會發生的完美陷阱，說謊的泰德注定會因為存在及候選人身分而說出更多謊言。確認偏誤會幫助我們看到更多謊言，即使事實並非如此。

而且這個視覺要素也會發揮功效：很不幸地，克魯斯有一雙咄咄逼人的小眼睛，長得一副騙子模樣。如果你是電影導演，就會選他飾演壞人，因為他的長相看起來就不老實。

在此先聲明，我對克魯斯的誠實紀錄一無所知，並不知道他和其他政治人物相比，是更誠實或更不誠實，只是聚焦在他的外表和川普的說服術。在這些層面上，「說謊的泰德」只是**看起來**像騙子，現實可能截然不同，但是這對我們現在講述的重點並不重要。更重要的是，「說謊的泰德」這個綽號像膠水一樣具有黏著度，這是新穎又有挑釁意味的政治措辭，加上克魯斯一副騙子長相，提供了視覺要素。而且設計這個綽號的目的是，利用確認偏誤讓這個綽號隨著時間演變，效力日漸增強。

這堪稱是最精心設計的說服策略。

## ◆與外表相符的負面綽號抹黑

在共和黨初選期間，川普為主要對手參議員馬可・盧比歐（Marco Rubio）取了「小馬可」（Lil' Marco）這個綽號。這也是精心設計又超級出色的說服策略。生活中，幾乎沒有什麼好事和「小」有關，「小」這個字本身就是負面字眼，可以套用在盧比歐的個性、潛力、治國計畫及身高。其實，盧比歐並不矮，但是他比川普矮，而這一點就很重要。無論任何時候，看到他們站在一起，你都會想起這個綽號。我們再次看到川普這位說服者的精心策劃。

在政界，「小」不是典型的羞辱，這麼說很新穎，但川普藉由將小（Little）這個字拼成「Lil'」，讓這個字更加新穎，而盧比歐的外表又和這個標籤相符。對政治人物來說，盧比歐的長相有點娃娃臉又太稚氣。

這個綽號造成確認偏誤：每當你看到盧比歐站在身高更高者的旁邊時，都會讓你想起他的矮小。歷史上，身材較高大的候選人通常會贏得總統大選。人類往往將體型詮釋為領導特質，這可能是從穴居時代遺留下來的本能。

我們會把「小」這個字本身當成負面字詞。

## ◆製造確認偏誤形成歧見

現在你知道這個公式了，就以「騙子希拉蕊」這個綽號快速檢驗一次。

在政界，用「騙子」（crooked）一詞來羞辱人是很新穎的。符合公式！

希拉蕊的健康是選戰中常被提及的問題（部分拜我所賜），希拉蕊上下樓梯需要旁人幫忙，還曾被拍到上車時全身癱軟，她的姿勢很容易讓人想到「彎腰曲背」（crooked，另有騙子、不正當之意），這提供視覺說服。符合公式！

這個綽號也能引發確認偏誤：川普知道有很多機會提醒選民，希拉蕊正在做一些「不正當」的事。柯林頓基金會（Clinton Foundation）和希拉蕊被駭客入侵的電子郵件主機，就在這方面提供大量機會。一旦川普讓你看到希拉蕊在騙人，你就很容易看到希拉蕊所做的一切符合這個描述，即使事實並非如此，這就是確認偏誤的運作原理。符合公式！

而且如同我先前提到的，和希拉蕊提出的政見構想細節相比，「騙子」這個標籤是一個制高點策略。選民可能對政策有歧見，但都認同選一個騙子當總統是差勁的主意。符合公式！

## ◆引起視覺聯想的貶抑綽號

參議員伊莉莎白．華倫（Elizabeth Warren）是批評川普的左派知名人士之一，你必須了解華倫的一些背景，才會知道川普為什麼會選擇「寶嘉康蒂」（原住民公主）作為她的綽號之一。華倫過去曾聲稱自己擁有美洲原住民的血統，後來又無法證實這項說法。顯然華倫的家人相信他們有美洲原住民的祖先，所以這不是謊言。但是華倫錯了，而她在這個問題上犯的錯誤成為最為人所知的事。每當她公開批評川普時，川普就會說華倫是寶嘉康蒂，也因此讓這個綽號更為人所知。

在這種情況下，不可能為這個綽號精心設計，讓日後能產生確認偏誤，因為這是過去發生的故事，早已是舊聞。但是，大眾對華倫的了解並不多，所以川普沒有太多的資訊可以操作。

川普替華倫取「寶嘉康蒂」這個綽號，有幾個原因，我想現在你可以開始辨識出來了。這個綽號具有視覺說服力，當你聽到這個綽號時，可以想像華倫身穿美國原住民服裝。這個綽號讓你停下來思考，如果你不明白這個參考資料，可能會上網搜尋，找出它的含意。這樣也很好，因為它讓你記住了。另外，在政界用「寶嘉康蒂」來羞辱人的做法也很新穎，而且這個綽號提醒選民，華倫在過去有一些說法是靠不住的。

但最重要的是，這個綽號蠢得好笑又容易爆紅。網路最愛這種事，這個蠢綽號降低華倫的可信度和權威性。我們聽到她說話時，腦海中就會浮現她的臉上彩繪、頭戴羽毛，大跳美洲原住民戰舞的畫面。在綽號造成傷害後，人們就很難把華倫的話當真。川普還提到華倫是「傻瓜」（goofy），沿用同樣的做法，盡量降低華倫的信譽。

雖然你可能不認同華倫對川普的種種批評，但我們都認同愚蠢的人並非榜樣，不需要認真看待。

## ◆失敗的取綽號計策

如果你仍然認為川普在為對手取綽號時，沒有使用深奧的說服工程，那麼與希拉蕊（和她的支持者）所做的嘗試相比，就會知道希拉蕊陣營在這方面完全沒有說服力，或是表現得更糟糕。

首先，我們看到希拉蕊團隊試圖在網路上放消息說，川普家族移民美國前的姓氏不是川普，而是可以追溯到奧地利時的姓氏莊普夫。這個姓氏極為少見，應該具有說服力，但是我看不出這麼說有什麼用處。儘管如此，莊普夫這個綽號還是在網路上流傳，因為它聽起來有點羞辱人的意味，可是這個綽號並沒有說服力。

川普的批評者在選戰初期就避免直接提到川普的名字，因為他們不想對這個怪物表現出尊重或關注，或許他們不想使用川普的名字，是因為川普的名字（trump）有勝利的意思。但是，以一個聽起來像外國的姓氏來稱呼川普，暗示這個姓氏是一種羞辱，這種做法和希拉蕊主張支持移民的政策並不相符。主流媒體從未使用莊普夫這個綽號，因為連希拉蕊本人也沒有這麼稱呼川普。到了大選投票日當天，這個綽號大多已從社群媒體上消失。

美國保守派組織真理計畫（Project Veritas）利用隱藏攝影機拍下的影片顯示，希拉蕊的一些工作人員正在推動將川普稱為「唐老鴨」的想法。這個想法是為了強化川普「東閃西躲」（duck可指鴨子，也有閃避之意），不願公開報稅資料，暗指他未來可能也會採取這種閃避的技倆。但是，大家都知道政治人物本來就會迴避對自己不利的話題，這個綽號確實可能讓人們日後引發確認偏誤，這部分確實有說服力。但問題出在，唐老鴨是可愛討喜的角色，與迪士尼（Disney）這個受人敬重的品牌有關，而希拉蕊要傳達的說服訊息卻專注於川普是蓄勢待發、令人害怕的希特勒，因此將川普比喻成可愛的鴨子，其實與希拉蕊陣營所要的結果剛好背道而馳。這個綽號從未公開，想必有高人適時阻止。

這個綽號的說服力不夠，最重要的問題出在，「唐老鴨」這個卡通角色的著作權屬於美國廣播公司（American Broadcasting Company, ABC）／迪士尼所有，公司的律師不可能讓希拉蕊團隊將這個角色和川普畫上等號，而且當時川普還被比喻成希特勒。由此可知，這個綽號計畫的各個環節全都失策了。

希拉蕊的一些支持者提議為川普取「危險老唐」這個綽號。[1]這個綽號有一些優點，符合希拉蕊競選活動的主要說服主題，聲稱川普太過危險，不適合操控核彈發射按鈕。這是在未來製造確認偏誤的理想陷阱，因為川普可能會做出或說出聽起來很危險的事，而且在政界用「危險的」來羞辱對手是很新穎的措詞。從各方面來說，這個綽號都很合適。

問題是，川普的支持者想要一位危險的候選人，這個綽號不會改變他們的想法。正如川普的名言，打敗伊斯蘭國並保衛國土邊境的安全，只要「清理華府沼澤」（drain the swamp），而這麼做當然會有危險，因此「危險」一詞太容易轉向積極意涵。

請注意，川普替對手取的綽號就沒有被逆轉的可能。在政治環境裡，萎靡、小、說謊或騙子都不是好事。不過，你可以想到許多實例顯示，危險人物適合做危險的工作，軍事即是此例。哈利・杜魯門（Harry Truman）總統是危險人物，他下令在日本投下兩顆原子彈；就連歐巴馬總統也是危險人物，他下令在巴基斯坦擊斃蓋達組織（al Qaeda）首腦奧薩瑪・賓拉登（Osama bin Laden）。

在大選投票日時，左派人士為川普取的綽號還是無法讓人琅琅上口。左派人士曾努力，卻因為欠缺技術而徒勞無功。

# 第二十章 如何順利運用視覺效果？

◇◆◇

人類是視覺動物，會先相信眼睛所見到的一切，然後才相信來自其他感官發現的缺陷。所以，如果你想說服別人，就要使用視覺語言和視覺形象，因為在效果上的差別相當大。

人們在大選期間經常問道，我是不是太過褒獎川普的說服才能？當時大家普遍認為（也許你看本書時依然如此覺得），川普所謂的說服才能不過是說謊罷了，而說謊並不需要太多才能。但是，不曾接受說服相關訓練的人就看不出川普使用的說服技巧。最重要

**說服祕技一八**

在其他方面的條件都一樣時，視覺說服力比非視覺說服力更強大，而且兩者有很大的差別。

的是，他們無法看出川普說服才能的一致性。如果川普偶爾使用一些說服技巧，那是一回事，但是當你看到川普持續一致地應用說服術，並且使用最強大的說服工具時，這又是另一回事。因為偶爾使用說服術，或許純屬巧合。當你看到川普所用的視覺說服（他使用的許多說服技巧之一）如此一致，實在很難說是純屬巧合。我知道你需要一些例子做說明，請參考以下這些實例。

**說服祕技一九**

在說服的情境下，如果你能讓對方想像出景象，就不需要拿出實景照片。

## ◆邊境築牆引發熱議

川普其實可以簡單地說想要把移民管制做得更好，但那樣說並不是很好的視覺說服，缺乏圖像的概念就完全沒有說服力。所以，川普反而向我們推銷這個心理圖像：「大而美麗的牆」。他提到「牆」這麼多次，讓我們都開始想像他說的牆會是什麼模樣。不久後，開始看到藝術家對川普提到的牆做出種種圖像詮釋，即使是反對川普的媒體也開始播放其他國家現有城牆的影片。

牆這個圖像之所以是很好的說服工具，是因為和「邊境管制」這種一般概念相比，牆的圖像既容易理解又讓人難忘，讓我們得以「預想結果」。換句話說，我們不假思索地認為牆會存在，因為會經常想像它，並辯論在邊境築牆的成本。這是說服者可使用的最基本也最知名手法之一：即使人們**不**希望未來像他們想像得那樣，卻會自然而然地朝向自己最逼真想像的景象邁進。你可能在生活中曾經歷類似的事，把自己不想要發生的事情想像得十分逼真，譬如手機掉到馬桶裡，這種想法（對某些人來說）就會增加發生的機率。

人類是視覺動物，如同飛蛾會被最亮的光線吸引，我們心中最亮的光線就是所能想像最清楚的景象。但是，這種說服並非在每種狀況下適用於每個人，這種說服手法並沒有**那麼**強大。不過，在長達一年的總統大選中，為了贏得勝利，你或許只需要說服五％的選民，所以每個優勢都很重要。川普採取所有可用的說服優勢，尤其是那些免費的優勢，他的對手卻沒有這麼做。

當川普談到邊境築牆時，在共和黨初選的主要對手之一的參議員蘭德・保羅（Rand Paul），也有一些很棒的想法，但是那些想法卻沒有任何吸引力。原因是保羅以概念陳述想法，而非善用視覺效果，所以這些想法一提出來就見光死。

川普也很聰明，對邊境築牆的細節講得很模糊，讓每個人都能想像自己想要的牆。他本來可以輕鬆地提供自家陣營藝術家對牆的詮釋，但那麼做會是一項錯誤，反而給予批評者很多可以攻擊的目標。不過，有一種牆是難以批評的，就是每個人心中所想，彼此截然不同的牆。

在我的想像中，開始把一小部分的牆想成是旅遊景點和特殊貿易區，有很大的潛力能讓雙方互惠；其他人則可能想像那是嚴苛的牆，牆上標示著：「別靠近！」因為這是他們想要或期望看到的景象。

川普的批評者經常提到在整個邊境建造堅固圍牆有多麼不切實際，表示這麼做的成本過高，只有在某些地形，這種實體圍牆才能發揮功效。川普多次承認這項事實，但他總是堅持把「牆」簡化，因為這樣很容易視覺化，而且既好唸又好記。比較一下：

**無效的說服：**我們會用各種手段來改善邊境安全。

**有效的說服：**我們將建造大而美麗的牆。

在這兩種說服中，沒有視覺效果的無效說服較誠實也較準確，而有效的說服實例則是將重點簡化到不準確的程度。兩者中只有一種說法能讓情況有所進展，而準確的說法無法做到。所以，川普選擇較不準確的說法，讓大家更在意行動取向。在他的大部分作為中，你會看到同樣的行動取向，幾乎總是犧牲細節，反正從長遠來看，這些細節對我們而言並沒有太大的區別。

當說服簡化到不準確的地步時，難道為了達到目的，就能不擇手段嗎？這就要取決於你對替代方案的看法。

## ◆伊斯蘭國恐怖作為與強悍統帥對比

川普提到伊斯蘭國時，總是用可怕的視覺意象做描述，他說伊斯蘭國「將人質斬首」、「把人質關進鐵籠裡淹死」。這種說法最可怕，也最具視覺效果。這種說服讓川普有立場成為這個話題中最口無遮攔的傢伙，甚至讓半數美國人在過程中感到恐懼。這種定位對他的勝選發揮極大的助力，如果你是害怕恐怖攻擊的選民，川普的立場讓你相信他就是最強悍的統帥。對形塑這種思維來說，視覺意象再重要不過了。

## ◆以伊斯蘭國攻占梵蒂岡意象轉移話題

我個人部落格上的這篇文章是詮釋視覺說服的一個絕佳實例。

---

二〇一五年八月二十日發文

當CNN的主播克里斯・庫莫（Chris Cuomo）要求川普對教宗批評資本主義一事做出回應時，川普精明地察覺這是陷阱。根據庫莫的提問方式，川普可以同意教宗的看法，結果就會連帶批評資本主義，對川普來說，這根本是不可思議的事；或許他可以說教宗的看法有誤，但是這種說法也有風險。無論如何，這兩種做法都失策。

川普無法直接拒絕回答這個問題，因為這樣會讓他看起來很遜。所以，川普要怎麼擺脫媒體如此精心設計的陷阱呢？

川普回應，他會告訴教宗：伊斯蘭國要來抓你了，他們有計畫要接管梵蒂岡，我認為這是真的，至少感覺千真萬確。

聽到川普這麼說，你還會記得原本那個問題嗎？

現在，比較這兩個想法產生的效果：

1. 關於資本主義腐敗的無聊討論（庫莫的問題）。
2. 伊斯蘭國接管梵蒂岡讓人們在腦海裡浮現的景象。

根本不用比較。腐敗和資本主義只是沒有視覺吸引力的概念，這些想法雖然重要卻很無趣。但是，伊斯蘭國推翻梵蒂岡卻能讓人產生視覺想像，你想知道為什麼沒有人把這種情節拍成電影。所有人在看完庫莫向川普提問的訪談後，在一週內都會記得自己想像伊斯蘭國攻擊梵蒂岡的景象。

---

## ◆以真人意象迴避對女性的不當批評

先前曾提及，川普在共和黨初選第一次辯論中提到歐唐納，他採用這個策略是為了迴避自己以往對女性的評論。這是一種視覺說服，因為我們在腦海裡馬上就會浮現歐唐納的樣子。為了完整起見，在此再度提出這個例子，這樣一來，你就可以看到川普善用視覺說服的做法多麼具有一致性。

## ◆模仿行徑削弱對手良好印象

在共和黨初選中，神經外科名醫班・卡森（Ben Carson）的民調一度超越川普。川普巧妙運用視覺說服，讓自己的民調再次居冠。你可能記得川普繪聲繪影地描述卡森在個人著作中提到曾用刀刺同學，但是刀被那名同學的皮帶扣環卡住了。川普在競選大會上離開講台時，一邊用手勢模仿卡森刺傷同學的行徑，一邊予以嘲笑。每家媒體都報導川普這一次的演出，讓選民對這幕情景印象深刻，也對卡森的候選人資格產生質疑。卡森的民調數字幾乎在同一時間開始下滑，從此未見起色。我看到川普模仿卡森的皮帶扣環事件時，當天就公開表示卡森在這一次大選出局了。

## ◆成功動產事業營造視覺優勢

川普在世界各地以川普物業（飯店、高爾夫球場等）的形式，自然而然地取得視覺優勢。每當你看到川普飯店時，都會想起川普的成功。相較之下，柯林頓基金會的成就卻不具有視覺要素。

## ◆與美國相關的視覺要素形成強化

川普總是留意讓色彩和象徵符合本身總統候選人的形象。想想看，在競選期間，你從未看過川普穿著休閒服，因為穿著休閒服會讓他顯得較不莊重。另外，川普總是穿著白襯衫，搭配的領帶都是美國國旗的顏色，這一切都不是巧合。

如同我會在下一章中更詳細說明，川普同意上《週六夜現場》（*Saturday Night Live*）這個節目，是因為製作單位設計看起來像白宮總統辦公室，又有國旗和所有相關物品的場景，出現在《週六夜現場》的候選人可以拒絕節目的短劇橋段。這表示川普同意出現在對他形象最有利的情境中，這並不是意外。

川普的私人飛機讓你想起美國總統的空軍一號，你的大腦會自然產生這種聯想。如果社群媒體是我們的指南，許多人都會注意到這兩架飛機的相似性。早在成為總統候選人之前，川普就擁有這架飛機，但是你大可認為他刻意安排航班時程，以便發揮最大的影響力。我們也從媒體上看到希拉蕊的私人飛機，不過她的豪華噴射機看起來並不像空軍一號，而我們看到川普從他的波音（Boeing）七五七私人專機走下來時，看起來好像已經是總統了。反觀希拉蕊，你能想到多少具有代表性的象徵？對大多數人來說，答案是否定的。

# 第二十一章
# 引導人們想像你期望的形象

◇◆◇

從川普宣布參選那天開始，他要解決的最大挑戰就是，人們無法**想像**他是總統。我們可以輕易想像某些無聊的老參議員和政府官員成為總統，但卻很難想像這個充滿爭議又愛挑釁的傢伙坐在總統辦公室裡。所以，我敬畏地看著川普協助我們**想像**他擔任總統，直到我們自行想像他是總統為止。川普就這樣有條不紊地解決面臨的最大問題，他在這方面進行的最佳說服策略，包括在《週六夜現場》中露臉。

我經常在電視上和廣播中出現，已經累積數百次這類經驗，所以知道一些大眾不會知道的事。其中一件事就是，像總統候選人這麼重要的來賓，可以對他們參與的任何短劇內容持有否定權。這表示川普願意參與《週六夜現場》的短劇，因為短劇內容假設他是總統，並在總統辦公室裡工作。我對川普在《週六夜現場》短劇中總統辦公室的情景印象深刻，但卻不記得那齣短劇的笑點。視覺記憶壓倒其他類型的記憶，視覺是最具說服力的感官。

我認為當天《週六夜現場》那齣短劇是在取笑川普，也認為那種幽默雖然刻薄卻也沒有那麼糟糕，不然川普一定會拒演。《週六夜現場》讓川普表現出幽默感，這是他的優勢之一。但更重要的是，這個節目創造川普坐在總統辦公室的未來「視覺記憶」，如果你當天收看那集節目或在社群媒體上看到內容，馬上很容易想像川普擔任總統的模樣，《週六夜現場》為川普做到這一點。

比較川普和希拉蕊在《週六夜現場》參與的短劇。希拉蕊同意參加一齣短劇，她扮演名為瓦爾的調酒師，服務的客人是由《週六夜現場》演員飾演喝醉的希拉蕊。我們從中得到的視覺是，希拉蕊愛喝酒，還喝到醉醺醺，這根本是你能想像到最糟糕不過的總統候選人形象。由於**對比的力量**，讓整個態勢加倍糟糕。川普是滴酒不沾、相當罕見的總統候選人，而他爭取的總統職位，必須在一天中任何時刻都保持清醒。感謝《週六夜現場》節目，他正在和一位有著醉酒形象的候選人競爭。

在看到兩位候選人如何處理各自在《週六夜現場》的選擇後，我更肯定川普勝選的看法。除了任何意外（後續還出現很多的意外），這場選戰將不會是一場勢均力敵之戰。對我來說，這看起來簡直就像是大屠殺。

從政治的角度來看，回顧《週六夜現場》的短劇，如果協助人們認為你是美國總統，而競爭對手卻把自己的形象弄成酒鬼，你就占了上風。

以下是與對比的力量相關的一些漫畫。

## ◆活用對比的力量

川普總統就職後，幾天內簽署一連串的行政命令，引發了一些爭議，每小時製造的消息比任何人可能想像得都還要多。我當時在部落格上寫道，這是一次非常出色的說服。我寫了一篇文章，並命名為「削弱憤怒」（Dilution Outrage）。

---

二〇一七年一月二十六日發文

看到川普的報導塞爆新聞週期又引發群情譁然，這種無人能敵的說服手法讓我看得津津有味。以下是說服的數學

原理在這種情況下的運作：

一週內出現三則頭條新聞，只有一則引起憤怒：差勁的說服。

一週內出現二十五則頭條新聞，每則都引起憤怒：極佳的說服。

目前，有這麼多的憤怒、行政命令、抗議和爭議，都無法在我們的大腦裡留下深刻的印象。我無法理解個別問題，因為其他眾多問題也同時出現。

當你遇到適合解決可識別問題的情況時，就可以專心了解問題，並試著解決問題。但是，如果你同時要面對十幾個抱怨，每個抱怨都沒有什麼特別，整個情況看起來很混亂，就不知道要從哪裡開始著手，所以你會靜觀其變。人類需要有對比，才能做出確實可行的決策。川普藉由製造幾個程度相當的憤怒狀況，消除你腦海裡的所有對比。

你可能正在目睹新總統所能運用的最佳說服手法。川普並沒有一次只創造一則頭條新聞，讓虎視眈眈的反對者和評論家可以集中火力對抗他，反而製造許多則頭條新聞，讓大家忙得團團轉，你不知道怒氣該往哪裡發洩。他製造這麼多引發歧見的機會，讓人精神疲憊。實際上，他正在讓批評者精疲力盡，故意引發各式各樣的抱怨，讓批評者的具體抱怨無法被聽見。當川普創造一百個抱怨理由時，你知道會留給大眾什麼印象嗎？

大眾會認為，他真的做了好多事。

即使你不喜歡這麼想。

僅僅幾天內，川普就讓我們質疑其他總統在就職第一週究竟做了什麼，他們曾試著做一些事嗎？

---

**最新報導：**在我撰寫這段內文不久後，川普剛上任的強勢作為就在國會和法院陷入困境。他上任初期最為人知的「敗筆」是，歐巴馬健保（Obamacare）的第一個替代版本。你知道這個版本為什麼失敗嗎？

因為和歐巴馬健保相比，這個替代版本並不怎麼樣。

每一個決定都是針對替代方案進行比較，如果你掌控人們對替代方案的看法，就能推銷任何東西。川普在削弱歐巴馬健保的可信度上做得很好，但是共和黨提出的第一個替代方案卻在對比上失敗了，因為專家認為替代方案照顧的人數更少。

健保方案的最佳說服方式是，設計讓**更多**人受到照顧的法案，這樣做才能在對比中勝出，而不是照顧人數較少的健保法案。當你遇到這個問題時，法案的其他細節根本無關緊要，納保人數多寡才是關鍵所在。

在我撰寫這段內文時，新版健保法案尚未擬定。我預測如果新版健保法案納保人數較少，可能會被否決；如果納保人數更多，就有可能通過。

你可以利用對比的力量來改善職涯和個人生活的各個層面。下述是一些建議，幫助你開始著手利用對比的力量。

參與你比別人更擅長的活動。這樣一來，和一般參與者相比，人們對你的才華與能力的印象，會延伸到你個人形象的其他部分。

在商場中，要在替代方案顯然較差的情況下，提出你的想法。不要只是推銷你提出的解決方案，還要讓其他選項變成不當選擇。

如果你認識的人把一個小問題當成大問題，提醒他們大問題是什麼模樣。這樣可以讓他們重新構思，如何處理面臨的小煩惱。

切記，人們是在有替代方案的情況下做出決定。如果你不把其他替代方案說得很糟糕，根本就沒有發揮說服力。

# 第二十二章
# 明智挑選對比的對象

◇◆◇

這裡有一個強調對比力量的故事。請注意，我經常回來談論這個主題，因為對比是說服不可或缺的要素。

批評者總是喜歡說，我對川普挑選副總統人選做出一些錯誤的預測。在這些錯誤預測中，你可以看到以說服力進行預測的局限性。副總統人選的決定涉及許多大眾無法得知的變數，我們不知道候選人私下的相處狀況、不知道背景查核出現什麼樣的醜聞，也不知道任何特定候選人是否會對副總統職務感興趣。在這些情況下，說服不是一個具有預測力的變數。但是秉持評估說服濾鏡的精神，我坦承自己在二〇一六年二月公開表示，馬克・庫班（Mark Cuban）將成為川普最有力的副總統人選，也能讓民主黨人士不那麼擔憂川普這號危險人物。我並未預測川普會選擇庫班擔任副手，但是我的說法也相當接近預測，所以坦承這是失誤。結果，庫班成為川普的主要批評者之一。

對川普來說，這真是一大失策。不過，我在同一篇文章中也正確地預測，庫班是很好的副總統人選，因為只要他認為對的事，就會樂於批評川普。結果，庫班真的這麼做了，他改變立場，轉而支持希拉蕊，成為川普批評者中最大鳴大放的人士之一。

後來在二〇一六年二月，我預測克里斯・克里斯蒂（Chris Christie）會是很好的副總統人選。克里斯蒂和川普私交甚篤，很早就公開支持川普，也與川普一樣是鬥士，但是我並沒有繼續堅持這項預測。

到了二〇一六年五月，我更新對副總統人選的預測，認為前參議員史考特・布朗（Scott Brown）會是最合適的副總統人選。布朗是經驗豐富的政治家，而且長得很帥，即使你不認為長相十分重要，但事實上剛好相反。正如所寫的，我並沒有**實際**做出預測，但無論如何，在此為了說明起見，就把它稱為預測。

現在比較我在整個大選期間做出的準確預測，以及對副總統人選犯下的失誤，這種模式會告訴你很多關於說服的動態。我們很難預測**個人**在**某個**特定時間會做出**什麼**決定，但是相較之下，卻很容易預測二十四小時被媒體報導和大批社群媒體報導的說服大師，在善用說服本領運作一年多後，可以在兩黨勢均力敵的國家裡，獲得足夠選民的支持而贏得勝利。

時間總是站在說服者這一邊，如果給我足夠的時間，讓我可以頻繁地重複同樣的訊息，就可以在任何群體中讓五%的人相信任何事。五%的人數通常就足以贏得美國總統職位，因為黨派忠誠所致，大多數選舉的票數都相當接近，所以五％的人數又足以逆轉勝。

## ◆對比原理的最佳實例

在川普選擇彭斯擔任副手前，我從未聽過這號人物。但是，當我看到彭斯並聽到他說話時，我就知道從說服的角度來看，彭斯是強而有力的人選，這是因為**對比的力量**。

在策略和政治層面上，選擇彭斯是明智之舉，因為他鞏固共和黨的保守基本盤，而且川普說想要經驗豐富的政治家擔任副手，大眾和專家也認為這是一個好主意。彭斯曾擔任州長與參議員，這些經歷都符合大家的預期，因此完全合乎人們期望副總統的所有條件，他甚至在和希拉蕊的副總統人選蒂姆・凱恩（Tim Kaine）進行副總統候選人辯論中獨占鰲頭。

但那並不是這個故事的重點，這個故事的重點和**對比的力量**有關。總統候選人最不希望看到的事情是，專家和選民開始納悶為什麼副總統人選不出來競選總統。副總統人選必須受到人民的敬重，但是個人魅力卻必須比總統候選人略遜一籌。彭斯和川普形成完美對比，他不僅增加選民所希望的嚴肅性，而且當他站在川普身旁時，看起來真的面無表情。彭斯就像黑白照片，和川普多變的樣貌和個性形成對比。彭斯是美國有史以來最有經驗也最有能力的政治家之一，但是他的魅力仍然不及川普，這是完美的說服，因為對比更能讓選民做出回應，事實和理性卻不然。

對比原理的最佳實例是雷根挑選喬治・赫伯克・華克・布希（George Herbert Walker Bush，即老布希）作為競選夥伴。老布希是經驗豐富的政治家，但是和雷根的明星魅力相比卻顯得很無趣。雷根擔任兩屆總統，備受人民愛戴，所以任期屆滿後，老布希順利接棒。但是，老布希有自己的對比問題，他需要一位舉足輕重又能和他形成有利對比的競選夥伴，所以沒有太多的操作空間。與雷根相比，老布希很乏味，但是現在老布希要挑選競選夥伴，讓自己無趣的外表在和競選夥伴對比下，像是天生的領袖。於是，丹・奎爾（Dan Quayle）上場了。他的個人魅力不及老布希，老布希的個人魅力又不及雷根，這是在個人魅力上的一大弱化，所以奎爾後來並未競選總統職位倒也不足為奇。老布希連任時，甚至沒有繼續選他擔任副手，奎爾的魅力比雷根還低兩級。

彭斯有一天可能會面臨相同的對比問題。如果川普總統做得有聲有色，彭斯很有可能成為下一任總統候選人，這表示他需要為自己挑選更無趣的競選夥伴，而未來副總裁候選人的魅力將比川普低兩級，這種差距太大了。

要是當初知道彭斯是副總統的可能人選，就算我不了解他這個人，但是以他的長相、工作經驗及在共和黨內的聲望，就會把他列入副總統人選的前三名。

**說服祕技二〇**

人們較容易被對比說服，而不是被事實或理性說服，所以要明智挑選你的對比對象。

# 第二十三章 藉由聯想達成說服效果

◇◆◇

藉由將一個圖像或想法和另一個圖像或想法產生關聯，讓人們對前者的好感（或厭惡）延伸到後者，是最簡單的說服形式之一。這就是明星代言、將政治對手說成納粹，以及一般行銷手法依據的概念。不過，你已經知道這一點了。

你可能不知道，每個人都一直在「行銷」。如果你想要受人喜愛和敬重，就必須關切意外的關聯。例如，我知道有人認為低俗幽默很搞笑，在此並不是要評判他們的幽默感，因為幽默感是主觀的。問題在於，這些人認為分享這種幽默不過是博君一笑，但事實不然，這種低俗幽默會引發更多聯想，這是藉由關聯進行說服的方式。如果你經常說這種低俗笑話，朋友和家人就會開始在潛意識裡，把你與蠢蛋聯想在一起，他們可能沒有察覺到這種意外的說服。這種意外說服的具體表現形式是，突然發現朋友都忙到沒時間和你聚會。

同樣的概念也適用於那些老愛談論自己健康問題的人。我關心人們，也想知道他們近況，但如果他們老是拿自己的健康問題說個不停，還把痛苦說得活靈活現又鉅細靡遺，我就會開始把這個人和他的健康問題畫上等號。

沒有人想要那樣。

這類錯誤的關聯，我在年輕時全都犯過，還不止這樣。當時只要有什麼好笑或令人震驚的事，我就會和大家分享，因為我覺得這麼做很有趣。現在，我比較有經驗了，會試著分享有趣、實用又有建設性的話題。我當然還是喜歡分享笑話，但已經不是那種無厘頭的粗俗笑話了。

一般說來，我設法用樂觀的想法塞滿大腦，好讓那些偶爾浮現的負面想法被排擠在外，這是利用關聯力進行自我催眠的一種形式。正面積極的想法提升我的能量，不但讓我士氣大振，甚至也提高了免疫力。

如果你想擺脫某個負面想法或記憶，不妨試試利用正面積極的形象和想法，讓自己分散注意力，或是讓自己處於有正面氛圍的環境裡。如果你改變從外在環境接收的訊息，就能讓自己的心情從谷底翻身。最重要的是，你也可以對其他人這麼做。如果你始終以正面積極的想法與他人分享，人們就會將這些美好感受和你產生關聯。就算他們不這麼想，也無法將這些美好感受與你這個人區分。

如果你想讓人留下良好的第一印象，在初次交談時，不要開玩笑地抱怨路上的交通狀況，反而應該設法在初次交談中，加入一些正面積極的想法和圖像。任何正面積極的事情都能奏效，如果你提及的正面積極想法包含一些視覺形象就更棒了。如同這句古老諺語所說的：人們永遠不會記得你說了什麼，但他們幾乎總會記得你帶給他們什麼感受。

你可能聽過，遛狗是認識人的好方法。有部分原因是，狗與幸福有強大的聯繫，至少對愛狗人士來說如此。如果你喜歡狗，在街上遇到狗時就會很開心，你從狗身上獲得的所有好感都會自動轉移到後來遇到的狗和狗主人身上。

藉由關聯來影響自己的另一個簡單方法是，用讓自己感覺愉悅的方式裝飾生活空間。可以訓練自己享受某個空間，讓你只要走進那個空間就會變得快樂。但是，別誤以為你最喜歡的鐵灰色，就適合當作這個空間的牆壁顏色。在理想情況下，你需要的牆壁顏色是，無論在這個空間裡做什麼都能為你提供適當的能量，而鐵灰色通常不是適合的牆壁用色。

如同我將在下一章中描述的，川普把自己的競選口號與雷根的口號相互呼應，藉此透過關聯來取得優勢。即使這麼做只是讓討厭川普的人認為他根本就不像雷根，但這種說服還是有效的。重要的是這種心理聯想，而不是細節。川普讓自己的名字與雷根產生關聯，就是贏得共和黨提名的好方法。

**說服祕技二一**

當你讓兩個想法或圖像產生關聯時，久而久之，人們對兩者的情緒反應就會開始合而為一。

# 第二十四章 如何打造有效的口號和標誌？

如果由於本書的緣故，你才剛剛認識到認知失調和確認偏誤這兩個概念，很可能沒有可靠的方法，從川普獲得的知識中分辨出哪些是他「天生具有的」說服力。但是，我認為當你把川普的競選標語和視覺形象，與希拉蕊在這方面的失敗做比較時，事態就會變得更清晰。我認為所有的觀察家都會同意，川普在建立個人形象上贏得勝利，而且是大獲全勝。我們來看看他用了什麼方法。

川普的知名競選口號「讓美國再次偉大」（Make America Great Again），是套用雷根在一九八〇年總統大選的口號，儘管川普在決定使用這個口號時並沒有意識到這一點。

當媒體發現川普套用雷根的口號時，發生什麼事呢？不僅大肆報導並談論此事，還試圖藉由此事間接批評川普缺乏原創性。當媒體這麼喋喋不休後，你只會記得一件事：雷根和川普有相似的願景。

在說服方面，這是一個巨大的勝利，也可能是川普的意外收穫。川普一開始面臨的最大問題是，他不是政治人物，大眾很難將他視為政治人物。在這種情況下，利用說服採取的最佳解決方案就是，讓自己的名聲和一位不僅成為總統又成為傳奇總統的政治門外漢產生關聯。儘管雷根在當選總統前，曾有擔任加州州長的政治經歷，但大眾仍然本能地認為他是演員，後來當上總統，因為這種說法更讓人津津樂道。雷根的成功是深植人心的完美模式，這種模式提醒我們，門外漢可以成為美國史上最受人民愛戴的總統之一。川普從一開始就透過聯想獲得這種好處，而且這種好處從未消失。光憑這種聯想，就可以讓川普選擇的口號成為我們有生之年見過最好的品牌決策之一，儘管如我所說，這可能純屬意外，但是這項選擇其實意義更加深遠。

現在我們來看看「讓美國再次偉大」的用字措詞，這是相當深奧的精心策劃。剛開始或許還看不出來，等到我們討論希拉蕊的競選口號和缺失時就會更明白。你一開始閱讀本章時，可能會覺得我費盡心思對川普選擇競選口號進行巧妙解讀，但是等到你看到整個事態如何演變時，就會知道對像我這麼訓練有素的說服者來說，川普此舉真是了不起。

「讓美國再次偉大」中的每個字都積極有力，接著來一探究竟：

**讓**（Make）：提及創造和製造（如工作）的強而有力又具有主導性字眼。

**美國**（America）：美國是每位美國選民心中最強大的品牌，說明了美國選民的身分，也與川普的民族主義（美國第一）主張相互呼應。

**偉大（Great）**：提及權力、主導性和成功的字眼。

**再次（Again）**：這個字讓評論家辯論美國是否曾經偉大，這種辯論很荒謬，因為沒有可以衡量國家偉大與否的公定標準。但是以說服來說，那並不重要。重要的是，舉國上下都在談論川普的口號：川普把「再次」這個詞包含在競選口號裡是否錯了？雷根當時是否使用同一個字詞？美國這個國家的現況真的那麼糟糕嗎？

當你考慮到川普的競選口號讓人們將他與雷根產生關聯，又完美契合川普所要傳達的國家主義訊息，以及每一個用字如此強而有力時，開始看出川普精心策劃這個口號，進行能產生深遠影響的說服。

## ◆好壞口號的鮮明對比

但是，川普做得不止這些。

他把這句競選口號放到一頂紅色帽子上。紅色是所有顏色中的頭號主色，也是代表共和黨的顏色，真是一舉二得。但請相信我，如果共和黨的顏色是淺藍色，川普就不會在品牌形象中使用那種顏色。任何了解品牌的生意人都知道色彩的力量，紅色意謂著行動、主導及性愛。[1]對川普的競選活動來說，紅色就是完美的顏色。和希拉蕊支持者戴的粉紅色帽子相比，如果你試圖說服美國男性加入你的陣營，粉紅色就是大錯特錯的選擇，而且許多女性也討厭這種顏色，這堪稱是用色方面最糟糕不過的選擇。

川普的「讓美國再次偉大」口號也達成完美任務，讓每位人民和領導人都關注如何讓美國變得更好。你可能會認為任何競選口號當然都該傳達這樣的訊息。但是比較一下希拉蕊幾個失敗的競選口號：「我挺她」（I'm with Her），這個口號並不能說明這個國家的進步，反而從字面上表明人民應該為希拉蕊**一個人**做事，是再差勁不過的競選口號。

「讓美國再次偉大」的口號也吸引所有人的注意，甚至可以用作家的行話來說，這句口號具有**打擊樂**的節奏。很棒的句子**聽**起來會很有節奏感，也就是句子除了有意義以外，還要有音樂性。M、K、G及T這幾個字母，聽起來就像鼓聲那樣強而有力。將「讓美國再次偉大」的強烈節奏，和「我挺她」這種微弱背景的嗡嗡聲進行比較，就知道兩者真的差很大。

川普的強力口號完美無缺地誕生了，而且從第一天起就在我們腦海裡占據一席之地，從未抹滅，經年累月後還變得更有影響力。但是希拉蕊的團隊卻死命掙扎，從來沒有找到自己的品牌，我們看到希拉蕊團隊設計的拙劣口號包括：

- 我挺她
- 我準備好要挺希拉蕊（I'm Ready for Hillary）
- 為我們而戰（Fighting for Us）
- 打破障礙（Breaking Down Barriers）
- 團結力量大

《紐約時報》報導，希拉蕊陣營在以「團結力量大」的競選口號定調前，總共試過八十五種不同的口號概念。[2]這聽起來像是委員會共同出謀獻策，而我不相信大多數參與者都曾接受說服術的訓練。川普的競選口號，據說則是他自己提出來的。

希拉蕊的大多數口號在基本面上都失敗了，因為這些口號主要談論的是候選人和黨派，而不是國家。在競選活動的情況下，這些口號代表的團結似乎是希拉蕊支持者本身的團結，而不是整個國家的團結。我們就來看看希拉蕊陣營提出的一些口號：

**「我挺她」**：這個口號強調希拉蕊的性別，暗示性別當然是某種優勢。身為男性，發現這種說法讓我倒胃口也很無感。對於要競選成為**所有**美國人總統的人來說，這種口號也沒有發揮訊息的效力。我的意見不代表所有男性，但是你只要惹毛了任何性別中五％的人士，就會遇到大問題。這個口號根本沒有解決問題，而是製造問題。

**「我準備好要挺希拉蕊」**：這個口號和選民有關，而不是與候選人有關，當然也沒有和國家有關。更糟糕的是，它傳達出「準備」力挺女總統的某種自鳴得意的優越。這個句子的措詞既沒有力量，也不容易記住，在這種情況下雖然發揮一點點效用，但卻持續不久。

**「為我們而戰」**：**我們**是誰？如果希拉蕊將「我們」定義為美國人，為什麼不直接說「為美國人而戰」呢？以這句話的含意來看，「我們」是指希拉蕊的支持者。或者也許是指任何面臨歧視的人，像是各種婦女和少數民族。但是不管這句話中的「我們」本來表示什麼意思，聽起來都不像在談論整個美國。比方說，被某些人認為是父權主義者的白人男性選民會覺得，這個口號意指希拉蕊會**為**他而戰，或是認為希拉蕊會**為了反對**他而戰呢？

**「打破障礙」**：這個口號表明希拉蕊的重點是為弱勢族群而戰，但是無論這個目標多麼值得推崇，為了贏得選舉，希拉蕊同樣必須獲得以贏家和輸家這種觀點看待世界的選民支持。那些打破障礙的人會從原本贏家那裡奪取工作嗎？這個口號並沒有讓任何人想到雙贏的局面，即便這個口號確實有很好的節奏感，但好處也僅止於此。

**「團結力量大」**：在希拉蕊團隊提出的口號中，由這個口號拔得頭籌，在競選期間受到最多關注。儘管表面上看來，這是一個關於眾志成城的無害口號，但是當希拉蕊的支持者在網路世界和現實生活中成為惡霸時，情況開始有所轉變。突然間，「團結力量大」這個主題開始聽起來像是一群惡霸攻擊不認同他們意見的人，那些惡霸集結在一起時，力量確實更強大。

是的，我知道川普的支持者也做了壞事，但是他們的行為並沒有一個宣傳口號，讓它聽起來更具威脅感。「團結力量大」這個口號開始讓人覺得（至少我聽起來是這樣），就像是一群憤怒的暴民，他們不喜歡這個國家另外一半的人民。

## ◆預想結果的應用

希拉蕊在推特上的說服戰被打得落花流水，以至於讓我提出一個有趣的想法，認為她的推特助理一定是川普競選團隊派來的臥底（叛徒）。希拉蕊在推特上的說服手法都錯得相當一致，直到現在我也懷疑這是否是故意為之的破壞行為。我和在推特上的粉絲對於發現臥底這件事都樂在其中，也發表推文提及此事，大家這麼做純屬好玩，而不是正經八百地探討此事是否屬實。

我接連幾個月在部落格和推特發表與「臥底」相關的文章，並舉出許多實例。我認為自己針對這個主題撰寫的一些論述，希拉蕊競選團隊的重要人士應該會看到才對，畢竟很多主流媒體都在閱讀我的部落格。我之所以會知道，是因為他們之中有很多人採訪我或私下和我聯繫，討論我寫的內容。那麼，為什麼希拉蕊團隊負責社群媒體的人員沒有好好處理這麼容易解決的問題呢？對我來說，這個問題仍是一個謎。也許希拉蕊團隊的重要人士從未看到我的批評，也或許我猜想的臥底是真有其事，我想自己永遠不會知道答案。

希拉蕊的推文一再出現的最大問題是，她再次強烈要求選民「想像川普總統」做了某件他們認為不好的事情。在二維世界裡，這種方法非常合理，沒有人想要一個可能會做壞事的總統，而讓你想像那些不好的事，通常是很好的說服策略。這種策略就和出庭律師的做法一樣，先描述一個情景，再邀請陪審團（在這種情況下是邀請選民）想像自己置身於那種情景中。通常，這是很穩健的說服技巧，只不過在這個特例下並不適用，原因如下。

如果你讓選民**想像**川普當上總統，就會讓他們更容易……等著看到川普成為總統。讓選民**想像**川普成為總統，正是川普努力想要做到的事，所以希拉蕊此舉根本就是在大力協助川普解決他最大的問題——選民無法想像他擔任總統。

但是，希拉蕊推文的第二部分，也就是要求我們想像川普做了一件既危險又錯誤的事情呢？這不能彌補句子的第一部分嗎？

不能，一點彌補效果也沒有。

說服者知道，人們會更重視句子的第一部分，而不是第二部分。我們的第一印象很難抹滅，而且這些推文給人們的第一印象大多包含想像川普贏得選舉。

讓情況雪上加霜的是，這些要求選民想像川普總統的推文，大多只提供一個連結，人們必須點擊連結才能看到整個故事的重點。而人們不會點擊連結，尤其是當他們認為自己知道連結網頁會說些什麼時。一旦希拉蕊精心設計「想像川普總統」模式，你根本不需要點擊連結就可以知道是對川普的負面報導，所以你會按照希拉蕊的要求，想像川普當上總統，然後繼續瀏覽動態消息的下一則推文。

我還沒有說完，希拉蕊的推文也讓選民「預想結果」，認為未來就是川普當上總統。如果你讓人們想知道川普當上總統後會怎麼做，就已經說服人們想著川普將成為總統，這是最基本也最知名的說服法則之一。

## ◆避免模稜兩可的不明確口號

這次美國大選，希拉蕊的支持者認為川普發表許多仇恨言論，於是希拉蕊團隊打出「愛戰勝恨」（Love Trumps Hate）這個口號。這句話把trump（川普的名字）當動詞用，大意就是「愛戰勝恨」。而這句口號卻是希拉蕊的競選活動中，在說服方面最引人注目的失敗例子之一，因為這個由三個英文字組成的句子，前兩個字的意思也可以解讀成「愛川普」（Love Trump）。我要再次強調，人類的大腦會更重視句子一開始的部分，而不是結尾部分。在理性層面上，這句話很有道理，也說明川普批評者想說的話。不過在三維說服世界中，這個口號只是告訴全世界，不是喜歡川普，就是愛川普所痛恨的事，如恐怖主義和對美國不利的貿易逆差。

Google最初選用的公司口號「不作惡」（Don't Be Evil），也犯了類似的品牌錯誤。在二維世界裡，這個口號既俏皮又明確，也符合道德標準。但是在三維說服世界中，Google將其品牌與邪惡配對。你無法忽視這個關聯。更糟糕的是，這種口號很容易落人口實，萬一Google不小心出現疏失，批評者就可以大肆抨擊。像Google這種大企業，難免會有疏失。後來Google做出明智之舉，從二〇一五年十月起，就把這個口號從公司行為準則中刪除。[3]

## ◆圖文不符的口號敗筆

「讓美國再次生病」（Make America Sick Again）是民主黨人在健保改革議題上，試圖利用川普競選口號來反對川普，但卻在說服方面為自己製造另一個大問題的實例。民主黨人重蹈覆轍，沒有認清第一印象最重要。我們對這個口號的第一印象是，民主黨眾議員南希・裴洛西（Nancy Pelosi）穿著像Pepto-Bismol胃藥罐站在這個口號的看板旁，而這個看板上寫著我們應該讓美國生病。是的，看板的細節闡述其他意思，但是從品牌建立和說服等角度來看，這是一大敗筆。而且失敗到讓我在推特上的許多粉絲都不由自主地認為，川普派到希拉蕊陣營的臥底，已經開始進行和製作標語有關的新任務了。

第二十五章

# 超強說服者出招

◇◆◇

這次大選的有趣故事涉及選戰中的一位主要參與者，我替他取了「哥吉拉」這個綽號。我之所以使用這個綽號，是因為還不確定被我認定為說服怪獸的這個傢伙會不會真的投入選戰。但是在二〇一六年夏天，我認為從希拉蕊發布的消息中，已經看出他可能投身選戰的一些端倪，不過在公開哥吉拉的身分前，需要取得更多的證據。

我用「哥吉拉」來表示此人的影響力非同小可。我正在談論這個星球上的某個人，他可以奪取川普手中的火焰噴射器，反過來將川普燒成灰燼。如果我的看法無誤，這次大選將成為首見的勢均力敵之戰。在沒有哥吉拉助陣的情況下，希拉蕊手無寸鐵又茫然無助；一旦哥吉拉加入選戰，先前的賭注都不算數。這是你在電視上看不到的故事，一次也沒有。這是從那個時間點開始唯一重要的故事，其他一切都只是二維世界裡的雜訊。

在二〇一六年夏天前，雖然參議員桑德斯仍在力拼成為民主黨提名的候選人，希拉蕊的競選團隊根本沒有發揮說服力。我已經在本書說明希拉蕊的推文不但欠缺說服力，競選口號也十分拙劣。據我所知，希拉蕊的團隊缺乏訓練有素的說服專家。我看不出有什麼跡象顯示她的團隊裡有這樣的人，這些跡象對我來說顯而易見。先前我曾提過，說服高手才能識破說服高手，但是我在希拉蕊的團隊裡並沒有發現說服高手。

但是我不會這麼批評桑德斯的競選團隊，桑德斯的競選活動徹底打破眾人的期望，甚至推出最棒的（最有說服力的）電視競選廣告。當時我在個人部落格中也提到這一點，後來范德堡大學（Vanderbilt University）的一項研究還將這支廣告列為此次大選中最有效的廣告，並指出這支廣告讓人們開心並充滿希望。[1]在這支廣告裡，精力充沛的人們湧向海濱舞台，大家集結在一起聆聽桑德斯演說，背景音樂是知名民謠搖滾二重唱賽門與葛芬柯（Simon & Garfunkel）演唱的愛國歌曲《美國》（*America*）。這支廣告令人振奮，也鼓舞人心，是以身分為訴求，這是最強大**有效**的說服形式。這支廣告傳遞的訊息精準到位，展現出真正的說服本領，是我不曾在希拉蕊團隊看到的。

最後，桑德斯的說服優勢並不足以阻止希拉蕊贏得提名，希拉蕊的募款優勢和她深受黨內領導階層的支持，讓桑德斯無力招架。

桑德斯的競選活動竟然做得那麼好，讓許多觀察家跌破眼鏡，民調甚至表示，桑德斯會成為更強力對抗川普的候選人。對這個沒有個人魅力又缺乏選舉預算、蓬頭垢面的社會主義老傢伙來說，他的競選活動進行得如此出色實在令人印象深刻。當你看到有人的表現如此超出眾人的期望時，通常就是說服大師出手的跡象。歐巴馬總統是一位說服大師（或是有說服大師指點），他就超乎眾人的期望；柯林頓總統也是一位說服大師（或是有說服大師指點），他也超乎眾人的期望。

但桑德斯並不是一位說服大師，他在不按腳本演出的臨場採訪中，並沒有表現出這種本領。這表示他可能有一位說服大師指點迷津，建議他恰如其分地傳達主要訊息，也許那一系列出色的競選廣告也是說服大師的高見。在桑德斯的競選活動中，有跡象在在顯示出真正的說服技巧，但是在希拉蕊的競選活動中卻看不到。

## ◆提問問題前，先加諸影響力

不過，整個情勢在桑德斯失去提名機會就發生變化，為什麼會這樣呢？

如果桑德斯有一位說服大師為團隊指點迷津，而且這位說服大師是大師中的大師。在希拉蕊確定代表民主黨參選總統後，這位說服大師就不必為桑德斯效力，可以轉而為希拉蕊效力。幾乎在同一時間，或許不是巧合，希拉蕊團隊從完全沒有說服力轉變為具有武器級說服力。我當時馬上注意到這種瞬間變化，可以看出說服大師出招的印記。我認為自己看到一位大師中的大師，不然就是這種大師的眾多高徒之一。我可以肯定的是，從那個夏天開始，在希拉蕊團隊發布的訊息中，再三看到哥吉拉出手的印記。

以下是我在個人部落格中對此事所做的描述。

---

二〇一六年七月二十四日發文

如果你在共和黨大會後關注媒體的報導，就知道民主黨人和他們的名嘴把川普的演講說成「dark」（有黑暗、邪惡之意）。我一開始聽到這個措詞時，認為這可能是某個聰明人先開始說，其他人就跟著這麼講。

但是，事實並非如此。

「dark」這個字是左派人士使出的語言絕殺，我假設希拉蕊團隊的所有電視名嘴都接獲訊息，一致使用「dark」這個用詞。我承認起初並不認為這個措詞有多棒，這是精心設計的說服術，和川普的風格一樣，不是出自業餘者之手，希拉蕊團隊現在正認真下起三維說服世界的棋局。

你還記得希拉蕊在本週談到的所有政策細節嗎？我也不記得。她現在已經不必做那種無用之舉，她在本週將川普比喻成佛地魔（Voldemort），還說出「dark」咒語，真是高招。

讓我告訴你，為什麼「dark」這個字如此重要。

首先，這個字獨一無二。希拉蕊團隊這次以川普慣用的招術反擊川普。在政治環境下，你還沒聽過「dark」這種說法，所以這麼講就讓人更容易記住，也更具黏著度。因為沒有其他政治人物被說成這樣，所以這麼講也不會有任何包袱。

「dark」這個字讓你想到黑色，而黑色讓你想起種族主義（無論如何，在選舉時就是這樣），也讓你自然而然地把川普與種族主義聯想在一起，即使這麼做並不合理。

「dark」可以描述任何可怕的東西，讓聽眾聯想到川普最令他們感到害怕的事。這是一種催眠技巧，拋開故事細節，讓人們只記得最能說服他們的部分。

況且，「dark」這個字可以發揮重複的效力。名嘴在談論川普時，幾乎可以用「dark」來回答任何問題，這表示你會一再地聽到dark這個字詞。

我不認為這個字詞會改變選舉情勢。但這是一個跡象，希拉蕊至少有一名世界級說服者或顧問指點迷津。我覺得自己知道這個人是誰，這種語言絕殺透露出部分印記。如果我沒猜錯，哥吉拉剛剛加入了這場選戰。

到了八月，我公布哥吉拉的名字，因為我知道對方曾在二〇一二年總統大選中為歐巴馬總統提供建議。第一次看到哥吉拉在選舉中的印記時，我不知道對方曾經參與總統競選活動。但是根據《紐約時報》指出，對方確實曾參與總統競選活動。《紐約時報》在二〇一二年十一月歐巴馬出乎意料勝選後，報導：

> 歐巴馬的競選活動還獲得一個由學界組成的無償顧問小組支持。這個自稱為「行為科學家顧問團」（Consortium of Behavioral Scientists, COBS）的團體，提供歐巴馬團隊如何應付不實謠言的相關對策，譬如，歐巴馬總統是穆斯林臥底這類謠言。這個顧問團建議歐巴馬團隊如何在廣告中描述共和黨對手米特・羅姆尼（Mitt Romney）的特點，還依據研究調查建議歐巴馬團隊如何發動選民投票。

《紐約時報》的報導還指出：「該顧問團成員包括普林斯頓大學的蘇珊・費斯克（Susan T. Fiske）、加州大學聖地亞哥分校（University of California, San Diego）的山謬・波普金（Samuel L. Popkin）、亞利桑那州立大學榮譽教授席爾迪尼、芝加哥大學（University of Chicago）商學院行為科學與經濟學教授理查・塞勒（Richard H. Thaler），以及哥倫比亞大學（Columbia University）心理學家麥可・莫里斯（Michael Morris）。」

就是他：席爾迪尼，《影響力》的作者，這本暢銷書是論述說服力最有名的著作，而他的新書《鋪梗力》在這次大選投票日剛剛上架。我有這本新書的試讀本，是席爾迪尼親筆簽名郵寄給我，他知道我在部落格上撰文論述說服力，我認為他知道我經常推薦他的書。事實上，他的兩本大作都列入本書附錄A的「有關說服的閱讀書單」中。

席爾迪尼的新書《鋪梗力》著重介紹如何讓個人準備好被說服，該書教導大家如何用未受過說服訓練者無法察覺的方式，將想法灌輸到被說服者的腦海裡，進而改變對方的想法。我先前提過一項研究，在這項研究中，志願者被問到較喜歡哪一位政黨候選人之前，會先看到美國國旗的圖像。在被要求挑選候選人前，剛剛看過美國國旗的志願者會更傾向選擇共和黨候選人，這就是一種預說服：在提問問題前，先加諸影響力。

讓我回到「dark」這個字。用「dark」這個字黑化川普，就是預說服的手法。「dark」讓你準備好，將川普接下來做的事情全都當成心懷不軌；「dark」讓你的大腦過濾器設定成只看到川普的邪惡。「dark」不是正常的競選談話，甚至和一般的影響力不同，而是預說服。

「dark」是一種局部印記，聽起來像是席爾迪尼的手法，席爾迪尼就是哥吉拉。

我確定嗎？不確定。但是我向一位專欄作家提出假設，他試圖取得席爾迪尼的回應。根據那位專欄作家的說法，席爾迪尼的回應是「不予置評」。我認為這個回應聽起來**不**像是沒有提供候選人建議的人會說的話。

另外，認識席爾迪尼的人親口告訴那位追查此事的專欄作家，席爾迪尼就是希拉蕊的顧問。我不會用這種說詞確認假設，因為是從別人那裡聽到的，而別人也是從其他人的口中得知此事，但我做的假設是合理的。

巧合的是，在選舉期間，我透過推特直接和席爾迪尼進行幾次溝通。我們在推特上互相關注對方，這表示可以彼此私訊。當初席爾迪尼因為他的新書私訊我，詢問是否可以寄一本試讀本給我，這對作者來說是很稀鬆平常的事，你會把試讀本寄給任何可能公開給予該書好評的人，所以我將住家地址傳給席爾迪尼，彼此褒獎對方，就是這樣。

## ◆說服大師出手的跡象

大約在同一時間，席爾迪尼知道我公開稱他為哥吉拉，因為在社群媒體上的粉絲轉推我說席爾迪尼是哥吉拉的推文。另外，《布萊巴特新聞》（*Breitbart*）發表一篇重大報導指出，我認為席爾迪尼是希拉蕊的顧問。席爾迪尼知道如何和我聯繫，大可私訊我，表明他沒有為希拉蕊指點迷津，但是我從未收到這類訊息。

哥吉拉加入選戰了，現在這是一場勢均力敵的戰鬥。

二〇一六年夏天，希拉蕊團隊的說服力從荒唐可笑轉變到具有武器級殺傷力。希拉蕊徹底黑化川普，她和團隊不停重複「dark」這個具有預說服的字詞。這個字詞開始代表川普的所有缺失，「dark」意謂著種族主義和獨裁主義，也意謂著魯莽行徑、不當言行及精神失衡。同時，「dark」意謂著選民可以想到的任何負面事項。

我先前教過大家，說服的第二大有效形式是以**身分認同**為訴求。川普使用身分認同來宣傳競選活動，將他的選舉活動和所有美國人都該參與的愛國運動畫上等號，這是強而有力的說服，而且這種說服正在發揮效力。要贏過身分認同的唯一方法，就是使用說服的最有效形式：恐懼。

一種極大的恐懼就會擊敗其他形式的說服，希拉蕊使用「dark」這個字，將所有的恐懼合而為一，讓我們無法忘記。我們害怕黑暗勢力，當希拉蕊採取這種方式競選時，有半數的美國人害怕川普，這些人不只是有點害怕川普，不僅僅是擔心川普的政策可能不理想，而是**真正**對川普感到恐懼。這是一種害怕到了極點

的恐懼，而且這種恐懼確實發揮作用，希拉蕊的民調開始領先川普。2

我先前曾提過，川普拿著火焰噴射器加入選戰，但是現在哥吉拉選擇支持拿著棍棒的陣營。火焰噴射器無法阻止哥吉拉，希拉蕊的競選機器結合哥吉拉的訊息魔法，可能輕而易舉地將川普排除在外，除非川普表現得完美無缺。

事實證明，川普的表現並非完美無缺，但是他擁有一套強大的工具，而且具有氣勢。到目前為止，就連像摩爾這些最強力批評川普的人士都開始公開表明，他們擔心川普有足夠的說服力消除民眾的不安，而且川普的說服力甚至大到足以反制哥吉拉。

# 第二十六章

# 讓你從不當行為中全身而退

我的母親經常這麼說：「只要時間夠久，你就會習慣任何事，就連整個人被吊起來這種事，也可以習慣。」我不知道她從哪裡學到這樣的說法，但是每當我或兄弟姐妹抱怨某些事情不可能改變時，她都會這麼對我們說。

我母親的觀點反映出一個重要的說服法則。如果你給人們足夠的時間，人們就不會在意那些惱人的小事，很快就會適應對他們沒有太大傷害的東西。

對於那些習慣不太好，會讓人覺得有點厭煩的人來說，這真是一個好消息。如果你無法改變自己的習慣，就用幽默承認自己有這種小惡習，等待別人習慣你就好了。如果你立意良善，只是習慣不好，有時候需要的就是時間。

如果你的大腦沒有能力忽略那些無關緊要的小煩惱，日子就難熬了。你的日常經歷充滿小小的煩惱，如果每件小事都被當成優先處理的要務，根本無法完成任何事情。大腦最大的特點之一就是，能夠自動克服小問題，讓你可以專心處理更大的問題。

> **說服祕技二二**
>
> 經過一段時日，人們自然而然會習慣那些惱人的小事。

你從自己的生活中，就能清楚看出這種動態。在和所愛的人之間出現一點小誤會，而讓你心情不好時，就算什麼事情都沒有改變，但是隨著時間過去，這種不愉快的感覺會在幾天內消失。人腦被設計成在風險不高時，會自動「忘懷」那些讓我們心煩的小事，而我們所做大部分事情的風險都不高。

這個說服法則協助我比大多數觀察家提早一年預測出，川普有可能當選總統。川普首度宣布參選時，當時我最常聽到的反應是，人們簡直不敢置信會有夠多的選民，接受這個惡名昭彰的怪物當總統。大多數人可能認為，他們一開始對川普的看法會維持不變。身為訓練有素的說服者，我的看法正好**相反**，因為只要時日夠久，人

們就會習慣任何事情。我從選戰剛開始就看出，許多人討厭川普的個人風格，也知道大眾有一整年的時間來習慣川普的個性。而且我知道經過愈長的時間，川普的行徑在人們的眼中就愈不離譜，至少對某些人來說是這樣，其他人則是死硬地抗拒川普。但是，後者無論如何絕不會投票給川普。那些不喜歡川普的風格，但對川普的政見還沒有定見的人，才是川普要極力爭取支持的重要人士。隨著時日演變，這群人將會習慣川普的個性。這是無法避免的事，因為這就是大腦的運作方式。對大多數人來說，新奇感會消失。持平來說，隨著時間流逝，有些人會因為川普的個性而**更加**惱火。但是正如我所說的，反正那些一開始就超級痛恨川普的人也不可能投票給川普。

如同先前所說，在這場選戰中觀察川普的選情，我擁有一個優勢，就是我在紐約長大，但長大後就住在加州，這賦予我一個比較美國東西岸觀點的基礎。紐約州和加州的重要差異之一是，兩州居民的幽默感似乎不同。以川普對參議員約翰·麥肯（John McCain）戰時紀錄所做的評論為例，在二〇一五年七月十八日那次採訪中，川普在家庭領導人峰會（Family Leadership Summit）上駁斥麥肯的批評，他開玩笑說更喜歡那些「沒有被俘虜」的老兵。很多人認為這種評論令人反感，我認為有些人甚至不認為川普這麼說是在開玩笑。即使選民確實認為這是一個笑話，但是許多人認為這種說法會冒犯參議員麥肯和退伍軍人，甚至也對美國不敬。

## ◆因地區而異的幽默感

但是，讓我和你說說紐約人的幽默感吧！如果你不懂紐約人認為什麼才有趣，就會把川普當成怪物。從加州人的角度來看，川普對麥肯的評論讓人深感不安，那是因為加州人用錯誤的框架看待此事。我現在為你解答這個問題，以下是你必須了解的紐約幽默感。（而且這種幽默感顯然並非普世皆然。）

紐約人嘲笑「有冒犯性」的笑話時，通常會對這種笑話如此**惡劣**做出反應，並**不是在嘲笑**這個笑話裡談論的**對象**。（再次強調，這是紐約人習以為常的做法。）川普嘲諷說他比較喜歡那些沒有被俘虜的老兵，就是很好的例子。這種說法很有趣，**因為**這麼想實在太惡劣了。換句話說，講這個笑話的人和被這個笑話冒犯的人，**其實立場是相同的**。一般來說，紐約人認為這個笑話說得這麼**不恰當**，反而是趣味所在；而加州人則認為這個笑話是人身攻擊，而且冒犯一位備受敬重的老兵。我把川普的笑話當成俏皮的回應，他只是把可能對最要好朋友說的話說給大家聽，而加州人看到的卻是一個怪物做出怪物般的行徑。同樣的世界，播放不同的電影情節。

**說服祕技二三**

你認為重要的事情，對別人來說絕對沒有如你所想的那麼重要。

另外，我還要補充說明，川普關於那些沒有被俘虜的老兵所說的笑話，其實是一個標準的笑話公式。我認為川普明白這種笑話設計，不好好善用這種大好機會就太可惜了。他可能也有紐約人的盲點，沒有顧慮到美國其他州的居民會如何看待這個笑話。讓川普避免因為這個笑話而把問題鬧大的一項有力因素是，他向來力挺退伍軍人，而且在競選期間繼續加強這種聯繫。切記，所有的溝通都取決於我們相信溝通者在想什麼。我們相信川普真心關切退伍軍人，所以即便他開玩笑冒犯麥肯，最後也能逃過一劫。

在川普宣布參選兩個月後，我在個人部落格中描述紐約人的性格，這篇文章如下：

---

二〇一五年八月五日發文

許多人發自內心不喜歡川普的回應，這和川普的紐約風格有很大的關係。我在紐約州北部長大，他的風格和我在加州的友人截然不同，他們根本無法忍受川普。我從川普身上看到的是直率、誠實、冒險及競爭性格，我並不討厭那些特質，事實上我還有點喜歡。

我曾經寫過要改改自己的紐約性格，融入加州性格的文章。紐約人傾向很直接地說出想說的話，不管旁人是誰，也就是沒有多想就直接開口了；而加州人則會說讓別人感覺良好的好聽話，如果不是立意良善，加州人的方式會讓人覺得是在說謊。

我當然明白川普會讓人覺得他既傲慢又討厭，還有很多不好的個性，但是隨著時間演變，你會發現和台上那些說謊者相比，他的誠實或許更吸引你*。這就是紐約風格的運作方式，起初你討厭紐約風格，因為紐約風格讓人覺得很刻薄，後來你開始欣賞這種誠實。當你意識到這種刻薄並不表示真正的邪惡，而只是一種作風，往往會一笑置之。川普無法讓所有痛恨他的人改變心意，但是我預測他的紐約風格將會超乎預期，受到更多人的喜愛。你可以說川普的風格是他最大的問題，不過當時日一久，大家見怪不怪後，這個問題反而能自然解決。川普剛好既有時間等待，又有辦法讓大家見怪不怪。

*我這裡所說的「誠實」，是指從情感和說話方式等方面來看。我認為大家都同意，川普讓查核事實者費盡心思去查一些無關緊要的小事，那些事情顯然無法阻止他成為總統。

# 第二十七章 訓練有素的說服者如何處理醜聞？

◇◆◇

在本章中，我評估競選活動期間出現的醜聞會對選民產生的影響。我的觀點比較偏向個人判斷，而非科學，因為我無法衡量任何特定影響的具體效果。如果你問選民哪些醜聞會改變投票意向，他們可能做出篤定的回答，但是你不應該相信他們。在像選舉這種讓人情緒高張的情況下，我們會先做出決定，再將決定合理化。任何關於這個主題的民調都發現，選民會將自己的決定合理化。

有了這樣的警告，我想你可能發現，了解訓練有素的說服者如何評估醜聞對選民的影響其實是有用的。以下就來看看這場大選中爆出的一些醜聞。

## ◆迴避可能衍生更多問題的話題

數十年來，美國總統候選人定期公布個人報稅資料，讓選民可以從中尋找與候選人言行有任何不一致或不妥之處。[1]川普卻打破傳統，說自己不會公布報稅資料，理由是他的報稅資料還在接受審計，有可能變更。批評者認為他隱藏重大情事，支持者則認為他的報稅資料無關緊要，或是認為那些報稅資料最好不要公開，好讓川普可以勝選。

從說服的觀點來看，川普讓對手想像他的報稅資料中有一些不當情事。除非他有辦法藉由公布細節，另外提供批評者數十個新目標（不管是真實或想像的），否則這種說服技巧其實很糟糕。

大多數民眾都不了解營業稅或營業所得稅。川普的批評者會從他的退稅紀錄中挑出一些事項，即使那些事項是合法的，也會被抹黑成是騙子的行徑。就算國稅局認同川普的稅務策略是依法行事，批評者仍然會從川普的報稅紀錄找出川普是逃稅奸商的證據。所以，川普就算公布報稅細節，也無法從此事脫身。

選民對於國稅局的厭惡，可能和批評者不喜歡川普的程度不相上下，而且每位納稅人都會想盡辦法少繳一點稅。從一方面來說，川普的報稅資料不明令人擔憂，但是這種說服並沒有發揮視覺力量，也沒有引起任何具體的恐懼，也就是那種超越概念的恐懼；從另一方面來說，在報稅方面動一些「手腳」，可能讓川普和那些習慣這麼做的納稅人更意氣相投。

整體來說，我認為用川普逃稅這種醜聞來說服選民的影響力很小，尤其是在還有其他更有視覺效果又更辛辣的挑釁行為和醜聞的情況下。

## ◆造成風波前，先和爭議對象劃清界線

### 二〇一六年二月

在接受CNN節目主持人塔珀採訪，川普被問到與三K黨及其前領袖杜克劃清界線的問題時，態度猶豫不決，當時三K黨和杜克剛剛表態支持川普的競選活動。川普後來聲稱採訪耳機有問題，沒聽清楚這個問題。批評者認為川普猶豫不決是明顯的跡象，表示川普是種族主義者。這個事件比其他事件更具殺傷力，加深對川普是種族主義者的指控。

我先大致說明整件事的來龍去脈，你必須知道川普過去曾多次拒絕杜克，而在接受塔珀採訪後，川普隔天就明確地與杜克和三K黨劃清界線，讓別人無法拿此事大做文章。

塔珀的採訪如下：

**塔珀：**我想請問一些關於反誹謗聯盟（Anti-Defamation League）的事，他們這星期呼籲你公開明確譴責前三K黨領袖杜克的種族主義。杜克最近表示不投票給你，等於背叛自己的傳承。

你會明確譴責杜克，並且表明你在這次大選中不需要他的選票或其他白人至上主義者的選票嗎？

**川普：**嗯，誠如你所了解，我對杜克一無所知。這麼說吧！就連你說的白人至上或白人至上主義者，我也一無所知。所以，我不知道。

我不知道他是否支持我或發生什麼事，因為你也知道，我對杜克一無所知，我對白人至上主義者一無所知。所以，你問我這個問題，是要我談論那些自己一無所知的人。

**塔珀：**但我認為反誹謗聯盟的問題是，即使你不知道三K黨支持你，但是這些團體和個人確實支持你。你能否清楚表明你譴責他們，不需要他們的支持？

**川普：**呃，我必須看看這個團體。我的意思是，我不知道你說的是什麼團體。你不會想要我譴責對它一無所知的團體，我必須看一下。如果你能寄給我一份列出這些團體的名單，我會好好研究，如果認為那些團體有什麼問題，我當然會拒絕他們。

**塔珀：**三K黨呢？

**川普：**但是可能有些支持我的團體完全沒問題，這樣譴責非常不公平。所以，把那些團體的名單給我，我會讓你知道答案。

**塔珀：**好的。我的意思是，我只是在談論杜克和三K黨，但是……

**川普：**坦白說，我不認識杜克，我不認為我見過他，我很確定沒有見過他，而且我根本對他一無所知。

從說服的觀點來看，這可能是川普在競選活動中犯下的最大錯誤。當你看到現場採訪或採訪內文時，確實會讓你納悶川普究竟在想什麼。但我可以肯定的是，川普不打算在競選美國總統時接受三K黨及其前領袖的支持，因為在川普神智正常的世界裡，這是沒有意義的，而且我認為川普的神智很正常。

川普聲稱採訪耳機有問題，你或許認為他這麼說聽起來很荒謬。但是從我接受幾百次採訪的類似經驗看來，現場收音往往很差，直到你在訪談現場，才會發現現場收音有多麼糟糕。我可以證實，因為自己曾接受衛星電視直播訪問，發現自己簡直是在猜測對方的提問，原因是連線出了問題。我多次要求遠在他方的採訪工程師試著連接另一條線路，因為透過第一條線路連線的聲音聽不清楚。所以，川普說「採訪耳機有問題」是很常見的事，意思是現場收音有問題。

在重視事實與邏輯的二維世界裡，我發現川普以採訪耳機有問題做解釋是合理的，假設他指的是現場收音很糟糕。不過在三維說服世界裡，這是他在競選活動中犯下的最大錯誤。即使你可以諒解他聽不清楚這些問題，但是他說自己對杜克不夠了解，無法否定杜克，這在說服上是一種錯誤。我認為川普想要維持本身做法的一致性，也就是任何東西都絕不放棄，除非有利益交換。川普需要爭取每一張選票，包括那些想法和行事讓你厭惡者的選票。如果你不認同這種說法，就記住川普是從紐約建築業起家，他要應付不合情理的傢伙，無論你是否厭惡那些人，有時為了推動謀取更大利益的重要計畫，那些令人討厭的傢伙只是這個計畫的一小部分。你可以自己決定，利用壞人獲得良善結果究竟是否符合道德標準。這個醜聞的黏著度很強，因為它發揮確認偏誤的作用，讓人們認為川普是種族主義者。這種說法剛好呼應川普進行「邪惡」事件的「證據」清單，這個醜聞可能會讓一些選民改變心意，不把票投給川普。

## ◆如何立於法庭不敗之地？

### 二〇一六年六月

川普大學（Trump University）詐欺案，最終在法官岡薩洛・庫利爾（Gonzalo Curiel）審理的法庭上結案。庫利爾法官是美國公民，但雙親在墨西哥出生。川普認為，法官可能對他有偏見，因為如同川普所說的，法官是「墨西哥人」。這種人物特性描述對川普來說是很重要的，因為他的主要政策涉及嚴格取締來自墨西哥的非法移民，讓墨西哥裔美國人感到深惡痛絕。

在法律案件的背景下，律師經常透過關聯性來尋找偏見，並試圖限制偏見以達成公平的審判。這就是當法官有潛在偏見或表現出有偏見的跡象時，就要予以迴避的原因。大多數人都同意，人都有偏見，但是把人有偏見這種概念延伸到包含種族在內，而作為一個變數時，就違背我們追求人人平等的基本精神。

批評者譴責川普把法官說成「墨西哥人」，根本既不正確，也帶有種族主義的偏見，因為庫利爾法官是美國公民。批評者對川普的評論做出過度解讀，意指川普說墨西哥人都無法擔任公正的法官。（但事實上，川普並沒有這麼說。）

為了對這個話題提供一些背景資訊，你不妨問問義大利裔美國友人，請他們描述自己的家族，他們可能會說自己是「義大利人」；請出生於美國的墨西哥裔美國朋友來形容自己，他可能會用「墨西哥人」這個說法。美國人總是習慣使用這種簡略的表達方式，把公民身分當成另一回事。

我對川普評論庫利爾法官這個醜聞的看法是，川普用一種簡略的表達方式描述潛在偏見的來源。我不認為川普在質疑法官的公民身分，而是在提醒我們，庫利爾法官不會做出對川普有利的審判，因為他要考慮在下一次家庭聚會中如何面對親友。人都有偏見，和家庭相關的偏見是我們最強烈的本能之一。

法官接受訓練，要超越個人偏見去思考並依法行事。但法官也是人，所以不能因為他們受過訓練要如此行事，就認為法官沒有偏見。

川普如此出言不遜，說庫利爾法官可能因為本身的墨西哥血統而對他有偏見。在我看來，儘管這種說法很拙劣，但在法律上卻是一項高招。此舉創造兩個可能的結果。讓法官可能做出對川普有利的審判，即便後來川普敗訴，也已經先為自己鋪路，聲稱是因為法官有偏見，他才會敗訴。

川普把庫利爾法官說成「墨西哥人」，而非稱為墨西哥裔美國人，是在說服方面犯下大錯。不過犯這樣的錯誤還是值得的，因為可能說服庫利爾法官對他特別公平，否則庫利爾法官就會永遠被貼上審判有偏見的標籤。

庫利爾法官表示，他打算在二〇一六年夏季或初秋審理川普這個案件。對川普的選情來說，這個時間點非常糟糕。原本塵封已久的川普大學醜聞將迅速演變成選民腦海裡的新醜聞，並且伴隨著大量的視覺圖像、細節及所謂的受害者。對川普的選情來說，可能會是一場災難。

川普的律師據理力爭，要求延到選舉後才審理此案。法官沒有義務批准延期審理此案。人們可以爭辯說，庫利爾法官更有義務**不**將川普視為特例，並沒有任何法律依據准予延遲審理此案。

後來庫利爾法官批准延遲審理此案，此舉可能挽救川普的選情。

你可能認為川普藉由關聯性，大聲疾呼庫利爾法官可能對他有偏見時，犯了一個錯誤。他這樣提出異議，當然犯下大錯。但是，川普也讓法官幾乎不可能在任何灰色地帶對他下手。開庭日期就是灰色地帶，是主觀判斷，結果開庭日期順了川普的意。

我認為以說服效果來說，整體情況對川普是有利的。從一方面來看，川普用「墨西哥人」一詞簡略表示墨西哥血統，讓批評者可以大做文章，此舉當然是錯的。但是與此同時，川普藉此讓川普大學審理案件延到選舉後，就等於讓批評者少了很多可以對他大肆抨擊的理由。我認為其實這場棋局是川普贏了，只是他贏得很笨拙，而且川普也因此付出慘痛的代價，落得「邪惡的」惡名。

**補充：**今晚用餐時，我遇到一位在美國出生長大的年輕男子，他自稱為「墨西哥人」，因為他有墨西哥血統，又有二〇％的西班牙血統。候選人川普說庫利爾法官是墨西哥人，其實和一般人閒聊時談論自己的說法是一樣的。

## ◆轉移群眾關注的焦點

### 二〇一六年七月

在費城民主黨全國代表大會上，吉澤爾・汗（Khizr Khan）這位穆斯林美國律師感人肺腑地說起他身為陸軍上尉的兒子，於二〇〇四年在伊拉克戰役中英勇身亡。這次大會對川普和他的政策提出尖銳的批評。

川普在向美國廣播公司主持人喬治・史蒂芬諾普洛（George Stephanopoulos）講述關於汗先生的演說時表示，汗先生看起來像是「好人」，但他想知道為什麼汗夫人站在旁邊卻不發一語。川普說：「如果你看著他的夫人，她站在那裡，沒有什麼話好說，有可能是她也許不能說些什麼，你說是不是這樣？」

川普言下之意是，汗先生的信仰扼殺婦女的言論自由。川普的支持者可能發現川普這樣講很有趣也很有意義，但批評者則表示這樣講是種族主義和性別歧視，並說川普不尊重已故英雄的雙親。

川普有時會不由自主地犯下這種錯誤，這就是其中一個例子，這種錯誤反而讓選民專注於他希望選民關注的焦點。以這個例子來說，川普希望選民認為穆斯林移民可能會帶來一些不得人心的性別觀念。只要人們思考這個問題，川普就握有優勢。

不幸的是，這個爭議剛好呼應希拉蕊將川普「黑化」的說服手法，並強化確認偏誤。但是川普把移民說成對女性有危險，也化解這個醜聞的一些破壞力。雙方都使用「恐懼」這種說服形式，但是希拉蕊很可能占了上風，因為她的說服手法發揮雙重效力：把川普說成對已故軍方英雄不敬，還說川普是種族主義者。

川普並沒有因為對已故軍方英雄不敬而讓選情大受影響，因為他在競選期間專注於退伍軍人這個議題，而且在這方面做得很好，因此這個醜聞可能並沒有讓川普流失許多選票。

## ◆勢均力敵的醜聞揭祕

### 二〇一六年八月

安東尼・韋納（Anthony Weiner）是希拉蕊心腹胡瑪・阿貝丁（Huma Abedin）的丈夫。據說，韋納不止一次被逮到和其他女性（包括一名少女）發生性關係，細節就略過不談了。

川普的支持者試圖藉由這種關聯，讓醜聞波及希拉蕊。但是，阿貝丁悄然離開競選團隊，加上有其他醜聞陸續出現，這個消息也就被人淡忘。在我看來，這個醜聞並沒有造成太大的傷害，還可能減少川普後來被爆出侮辱女性言論所受的損害，因為選民會認為雖然川普的言行不當，但是希拉蕊也聲名狼藉，兩人並沒有太大的差別。

## ◆將對手失言轉化為政治優勢

### 二〇一六年九月

二〇一六年九月九日，希拉蕊在紐約市舉辦的LGBT大會上說，川普支持者有半數是「種族主義者、性別歧視者、仇視同性戀者、仇視伊斯蘭的人士」，她繼續稱他們為「一大票可悲之人」。川普回應說，希拉蕊的言論顯示出「她真的**鄙視**美國老百姓」。

婚姻專家會告訴你，夫妻互相**鄙視**，就是日後會以離婚收場的精準指標。夫妻可以透過一些努力，解決大多數問題。但專家表示，鄙視是一個可靠的信號，顯示關係陷入嚴重困境。[2]

希拉蕊剛剛表明她鄙視一大部分的選民。說服大師川普可能想盡辦法，將希拉蕊把川普支持者說成「可悲之人」，轉化為他的政治優勢。他大可以說希拉蕊此言既可怕又不恰當，不但侮辱人也令人反感，或做任何描述。不過，川普沒有這麼做。他進入三維，挑出最有說服力的**一個**字詞：「鄙視」。

不用我說，你也知道英語裡有很多字詞。但是對這種情況來說，只有一個**最佳**字詞。川普可能發現這個字詞，他曾經公開表示「有最好的措詞」。在二維世界裡，這種說法是錯誤的；但在三維世界裡，川普確實擁有最好的字詞，他選用「鄙視」這個字詞來抨擊希拉蕊，就再次證明自己所言不假。

這是完美出擊，這一切並不是靠運氣。

選舉後，希拉蕊的「可悲之人」說法經常在社群媒體上被提及，作為人們投票支持川普的原因。在二維世界中，這麼說似乎頗有道理；但在三維說服世界裡，「可悲之人」的評論可能就是我所說的「假理由」。換句話說，這是人們想以任何方式將個人所欲作為合理化的理由。歷史將會記載，「可悲之人」這個評論可能是改變這次大選的原因。雖然說服濾鏡認同這樣講**或許**有道理，但它或許也給予川普支持者無論如何都要投票給川普的好藉口。

在希拉蕊做出「可悲之人」的評論後，我在Periscope網站直播影片中指出，沒錯，許多川普支持者都很可悲，他們是「可愛的可悲之人」。

「可愛的可悲之人」成為川普支持者對希拉蕊鄙視評論的諸多正面詮釋之一。在希拉蕊失言的幾個小時後，「可悲之人」這種侮辱言詞受到川普支持者在網路上瘋狂轉貼，這句話也被印製在衣服上。

希拉蕊的「可悲之人」評論是在說服方面犯下的極大錯誤。它證實了許多川普支持者的懷疑：希拉蕊根本不贊同共和黨人，也不尊重大多數共和黨人。如果你想競選整個國家的領導人，這種態度根本行不通。

## ◆維基解密引爆未爆彈

這個醜聞在選舉前就有根源。在說明後續發展前，我會告訴你整件事的來龍去脈。

二〇一五年三月，在希拉蕊擔任國務卿期間，私設伺服器收發公務電子郵件，包括成千上萬封被國務院重新標記為「機密」的電子郵件。

二〇一六年七月五日，聯邦調查局局長柯米宣布該局的調查結果表明，希拉蕊在處理個人電子郵件系統時「極其粗心」，但是建議不要向她提出任何指控。

二〇一六年七月六日，總檢察長洛雷塔・林奇（Loretta Lynch）宣布不起訴希拉蕊。

二〇一六年十月二十八日，柯米通知國會，聯邦調查局開始審視在調查希拉蕊助手阿貝丁的丈夫韋納之性醜聞時，在其筆記型電腦裡意外發現相關電子郵件。

二〇一六年十一月六日，柯米通知國會，聯邦調查局針對希拉蕊電郵門事件所做的結論並未改變。

二〇一六年整個夏季，維基解密（Wikileaks）取笑說，已經從民主黨全國委員會（Democratic National Committee, DNC）的電子郵件伺服器上取得電子郵件，並有爆炸性發現。維基解密逐批透露這些電子郵件，讓大眾知情。

我們從駭客由民主黨全國委員會取得的電子郵件中聽到最糟糕（又可信）的事情是，希拉蕊支持者暨CNN名嘴唐娜・布拉澤爾（Donna Brazile）在初選辯論會前，事先將辯論問題透露給候選人希拉蕊。但是，後來未爆彈一一引爆，所以這件事就變成小小的問題，不過確實強化川普聲稱媒體都反對他的說法。

被駭客竊取的民主黨全國委員會電子郵件也引發所謂的「披薩門」（Pizzagate）事件，指控民主黨高層參與邪教崇拜，透過某家披薩店拐騙兒童，並對兒童進行性虐待。這個消息引發諸多關注，但是可能沒有足夠的可信度影響許多選票。就個人而言，我根本不相信這個新聞。

希拉蕊的電子郵件醜聞讓大眾感到困惑，我認為人們將此事與俄羅斯駭客入侵民主黨全國委員會電子郵件伺服器，把電子郵件透露給維基解密混為一談，把所有事情都加入對柯林頓基金會的指控中，大眾開始覺得柯林頓家族好像在進行什麼不好的事。川普把希拉蕊說成「騙子」，更助長大眾對希拉蕊有這種印象。雖然這些錯綜複雜的報導讓大眾聽得一頭霧水，但他們會認為無風不起浪。

注意一下，「騙子」如何成為吸納確認偏誤的海綿，作用就如同希拉蕊團隊說川普是「邪惡的」，兩者都是武器級說服術。

希拉蕊和她的支持者，以及許多名嘴與選民認為，由於在韋納的筆記型電腦上新發現的電子郵件，讓柯米重啟調查，因此讓希拉蕊輸掉總統大選。在柯米宣布重新調查此事後，希拉蕊的民調數字立刻下滑。但在三維說服世界裡，柯米的行為可能是一種「假理由」，其實人們本來就已經決定好要投票給誰。在我看來，柯米重新調查希拉蕊電郵門事件，對大選結果的影響不大，但是歷史可能認為，柯米此舉讓大選結果不變。

## ◆不尊重女性的爭議影響

### 二〇一六年九月

希拉蕊在總統辯論中提到，早在一九九六年，川普因為環球小姐冠軍艾莉西亞・馬查多（Alicia Machado）的體重增加，而戲稱她是「豬小姐」。當時，川普旗下企業是環球小姐比賽的主辦單位，環球小姐體重增加會讓這個品牌發生問題。正如我們後來了解的，川普當時對馬查多很寬容，還設法維持她的環球小姐頭銜，並支持她減重。

但是，川普的批評者認為他不尊重女性，而支持者則不覺得這個問題有什麼重要，因為他們認為選美比賽冠軍可能有一些義務，要讓自己保持窈窕身材，並沒有因為這個問題所說的任何政治不正確而困擾。

而希拉蕊的支持者則在這起事件中，發現多一項證據（或確認偏誤）證明川普這個人很惡劣。如果這項醜聞讓選民改變投票意向，我認為真正影響程度還是很有限。

## ◆侮辱女性言詞的破壞性報導

### 二〇一六年十月

在投票日前一個月，《華盛頓郵報》（*Washington Post*）公布一段錄音，這是川普和《前進好萊塢》節目主持人比利・布希（Billy Bush）在二〇〇五年針對女性的一段閒聊。由於接下來節目就要開始錄影，所以兩人身上都戴著麥克風，並沒有察覺對話被錄下了。在這段錄音檔中，川普吹噓自己的明星魅力對女性的影響，他說：「我甚至不必等。當你是明星時，她們就會讓你上下其手。你可以做任何事情……碰觸她們的私處。」

川普的批評者和其他觀察家形容川普的言論是在坦承自己性虐待，支持者則將其視為毫無意義的「更衣室閒聊」。川普發表聲明為錄音檔內容道歉，藉由添加對比來化解此事的殺傷力。他說：「希拉蕊的老公柯林頓在高爾夫球場上對我說的話，比這個更糟糕。」

對川普來說，這是最具破壞性的醜聞，而且這個醜聞在投票日前一個月爆發，因此這個時間點對希拉蕊陣營來說再理想不過了。這個醜聞具有強大的視覺要素，因為我們在評論後看到川普和布希一起出現的影片，而且不假思索地想像川普以不適當的方式觸碰女性私處，這一切和川普被指控的其他不良行徑，都符合希拉蕊陣營指控川普是「邪惡的」框架。

但是，這個醜聞並非全無好處，只不過在二維世界裡，這種好處並不明顯。在這個醜聞爆發前，人們反對川普的主要原因是，擔心他和希特勒一樣是強人領袖。《前進好萊塢》錄音檔曝光後，反而把川普人性化，得到意想不到的效果，並將人們對川普的看法從「川普是希特勒」這個框架，帶進川普是「有缺陷的傢伙」這種框架。

要是《前進好萊塢》錄音檔是這次大選中的唯一醜聞，這個醜聞可能就具有決定性的影響力。但是在「川普是希特勒」的框架下，它可能會把人們對川普的印象從希特勒式的強人轉移到有缺陷的男性，反而化解人們對川普的一些恐懼。對川普來說，反而是有利的宣傳。

和醜聞一樣糟糕的是，我很難確定這個醜聞究竟是幫助或傷害川普。我認為這個醜聞讓川普流失一些選票，但是影響程度不像人們認為那麼大。川普沒有因為這個醜聞受到太大影響的部分原因是，人們本來就認為川普有某種壞男孩的性行為，他從來不把自己當成天使。要是他真的那麼做，就會是一個致命的錯誤。

如果你分別檢視每個醜聞，就會覺得它們看起來都像是可以改變選情的事件類型。但是整體而言，每個醜聞都涉及選民難以處理的過多資訊，所以選民反而可能會訴諸自己原本的偏見。這兩位候選人都為確認偏誤提供大量的資訊，希拉蕊的醜聞讓她每天看起來更像「騙子」，而川普的醜聞則更強化他「邪惡的」風評。在我看來，眾多醜聞中最突出的醜聞是希拉蕊的「可悲之人」演說。選民都預期領導人會有一些草率的行為，對此大多不以為意，但是當人們聽到有人鄙視他們時，沒有人會不以為意。

# 第二十八章 如何靠外表爆紅？

從說服的角度來看，我們不能忽視川普總統讓人津津樂道的髮型，還有他仿曬的膚色。在選戰初期，他的髮型和臉部膚色都在我們腦海裡留下橘色的印象。如果你想要成為美國這個國家的領導人，這會是一個問題。但是就和許多問題一樣，這個問題也會帶來機會。川普可以藉由簡單的行為，解決他令人分心的髮型和過度的自我意識：他可以剃光頭。早在投票日的一年多前，我就異想天開，但是語氣認真地提出這個問題。

我在二〇一五年八月五日於個人部落格發表以下這篇文章。

---

如果川普希望獨立黨派人士和一些民主黨人投票給他，他需要某樣更重要的東西，他需要一張王牌。

而且，他握有這張王牌。

他的頭髮。

我相信如果川普答應當選總統馬上剃光頭，他就會成為美國總統，也許他可以在選前一個月這麼做，引起所有媒體的關注，讓對手沒戲唱。

對啊！想想看，選民是情感的動物，他們會喜歡這麼自負的混蛋做出如此謙卑的行為。人們喜歡看到別人改變，這是賣座電影的不變公式：當觀眾認為不可能發生某種改變時，主角就會做出那種改變，我們超愛這種戲碼。

---

事實證明，川普不需要剃光頭就能贏得勝利，但是他在競選期間確實改善髮型，而且看起來把頭髮染成更偏金色，還改變原本仿曬的膚色，或是拿掉讓膚色呈現橘色的東西。現在你從川普的臉上看不到那種橘色，我認為這種逐漸轉變對川普的勝選有很大幫助。我們喜歡認為自己是理性的選民，但是川普原先那種嚴肅的髮型會嚇跑人們。川普以說服大師的手法解決這個問題（在某種程度上）。在投票日時，人們幾乎很少再取笑川普的髮型。我們已經習慣他的長相，同時川普的外表也變得不那麼讓人分心。大多數人可能沒有注意到這個變化。

# 第二十九章
# 只贏不輸的訣竅

◇◆◇

川普最有趣的說服策略之一就是我說的「只贏不輸」，以下舉幾個例子說明。

二〇一六年一月，伊朗短暫扣押十名進入伊朗水域的美國水手。候選人川普巧妙地表明立場，如果伊朗不盡快釋放水手，他當選總統後就會讓伊朗為此背信行為付出代價。透過這種巧妙安排，可能發生以下兩種情況的其中一種：

- 伊朗可能會等到選舉後才釋放水手，這樣剛好讓川普可以當作藉口，呼籲美國選民需要投票給他這種壞蛋才能對付伊朗，或者……
- 伊朗可能會在選舉前釋放水手，川普就能聲稱因為他的強硬喊話，伊朗才會這麼做。

伊朗在扣押水手十五小時後將人釋放，川普立刻聲明他的強硬喊話發揮影響力。

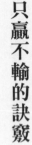

在之前章節中，我談到川普善用只贏不輸這項說服術，批評審查川普大學案的法官。他在這個案子開庭審理前就先質疑法官的公正性，川普這麼做創造了兩種贏得勝利的方式：

- 川普指控法官對他有偏見，可能導致法官過度補償，以免顯露出自己有偏見，這樣反而對川普有利，或者……
- 如果川普沒有得到他想要的裁決，之後就可以聲稱原因是法官對他存有偏見。

川普將審理法官說成「墨西哥人」，笨拙地演了這齣戲碼，那是另一個問題。要是他能避免那種不由自主的失言，所採用的只贏不輸策略都將會是穩健的做法。

## ◆爭取雙贏的新健保法案

在我撰寫本章內容時，眾議院議長保羅・萊恩（Paul Ryan）率先

火星太空船計畫進行得如何？
很好。我挑選我們表現最差的員工，參與太空船第一次飛行任務。萬一太空船爆炸，我們也不會有太大的損失。
高招。
這樣我們就會只贏不輸。
Dilbert.com
@ScottAdamsSays
12-28-16 © 2016 Scott Adams, Inc. /Dist. by Universal Uclick

推動取代歐巴馬健保法案的新版健保法案。川普不干涉細節，讓萊恩全權負責幾次談判，提出健保改革計畫。川普此舉可能會發生下面兩種狀況的其中一種：

- 萊恩順利推動兩黨合作的健保法案，讓全美認為這是對歐巴馬健保的一種改進（在這種情況下，會讓人們對川普政府產生好感，總統在執政期間有政績而博得好評），或者……
- 萊恩的計畫受到輿論大肆批評。在那種情況下，川普總統可以介入並開始讓雙方協商取得共識。共和黨人將因最近的失敗而態度軟化，民主黨人將會擔心他們唯一的選擇是共和黨提出沒有讓足夠人民納保、吝嗇小氣的健保計畫，或是根本沒有任何健保計畫。雙方態度軟化後，川普就讓自己有機會協調雙方，取得共識。

在撰寫這段內容時，我沒有預測川普會輕易突破，為健保改革計畫取得兩黨共識，並獲得足夠票數，通過新版健保計畫。我認為**可能讓兩黨同意健保法案的唯一做法**是，川普放手讓萊恩去協商並慘敗，又讓民主黨人嚇壞了。在這種情況下，兩種贏得勝利的方式就是通過萊恩提出意外讓兩黨認同的法案，以及軟化雙方態度，讓雙方更容易達成共識。

要說明一下，我是在二〇一七年三月撰寫本章內容。等到你閱讀本書時，應該已經知道後來健保改革法案的進展。

## ◆穩操勝算的商業交易

川普的大部分營業收入來自川普這個品牌授權給各種產品和計畫，授權交易是獨一無二的，因為這類交易幾乎讓你只贏不輸。因為授權交易通常在簽訂交易時，就能獲得一大筆授權金，如果該業務或計畫有利可圖，後續還可能收取更多費用。情況就像這樣：

- 如果授權川普名稱的業務失敗了，川普的公司將保留迄今已支付的所有授權金（並且通常包括大筆預付款），或者……
- 如果授權的業務成功了，川普的公司會賺進更多錢，因為授權事業持續支付利潤的百分比作為授權金。

多年來，基於同樣的理由，我一直以《呆伯特》這個品牌進行類似的授權交易。同樣地，身為知名作家，我在撰寫著作前也能拿到預付款。如果本書賣得不好，我還是能保有原先拿到的大筆預付款；如果本書成為相當賣座的暢銷書，就會繼續拿到更多版稅，所以我這樣做等於只贏不輸。

川普在競選總統前，也有只贏不輸的做法。如果他在民調中並未得到支持，仍然提高了自己的知名度和品牌價值。在他沒有明確表態是否參選總統時，你沒有看到他像二〇一六年大選時那樣提出挑釁的政策，他之前所做的努力是低風險卻有高報酬的遊戲。即使他沒有成為共和黨總統候選人，仍然讓每個人記得他在下一次有可能出馬競選。所以，即便他輸了，實際上他還是贏了。

## ◆勝券在握的政治選舉

川普在二〇一五年宣布參選總統時，沒有打出安全牌，而是朝著相反的方向前進。這讓人留下他只有致勝一條路的印象，他必須當選總統，否則這次參選將一無所獲，反而會因為自己提出的移民政策，被對手說成是種族主義者而聲名狼藉。但是川普年屆七十，人生目標似乎更專注於公眾利益（不管你相信與否），而我是從可靠的消息來源聽聞此事。如果這些內幕消息屬實，川普至少在重視的公共利益方面只贏不輸。情況看起來是這樣：

- 如果川普敗選，他還是影響大眾對邊境安全重要性的看法。如果我們假設川普真心希望大眾有必要支持政府加強邊境安全，讓人們更重視這個問題就算贏了。在這種情況下，川普品牌可能會在短期內受損，但是日後可能重振聲譽。
- 如果川普勝選（他確實勝選了），就能更直接地影響這個國家對公眾利益採取的做法。

更明確地說，我承認「只贏不輸」並非絕對。畢竟，生命總有辦法找到一種方式來絆倒你。但是，如果要冒險，一定要尋找能讓你**幾乎**只贏不輸的情況。

有時，我會以更通俗的方式描述這種情況，也就是所謂的「方法重於目標」。依據定義，目標是致勝的一種途徑，卻很可能招致失敗，但是好的方法卻能給你許多致勝的機會，並且大幅減少失敗的可能性。上大學拿到工程學位就是好方法的一個實例，雖然還不知道自己最後要從事哪一行，但是工程學位為你提供許多贏得勝利的途徑，同時大幅減少失敗的可能性。你並沒有看到許多工程師淪為遊民，就算你看過，那些工程師會淪為遊民也是因為濫用毒品或精神有問題。

> **說服祕技二一四**
>
> 如果你能將自己偏好的策略設計得只贏不輸，幾乎沒有人會反對你建議的做法，因為這是一種合乎常情的制高點策略。

我在所寫的《我可以和貓聊一整天，卻沒法跟人說半句話》一書中，就詳述方法重於目標的優點。

下次你在職場上或個人生活中討論策略時，假設情況許可，就要聽取其他人的建議，然後以「只贏不輸」的方式來勝過對方。你會發現這種做法能終結每一次策略討論，如果人們有只贏不輸的做法可選，沒有人會選擇贏面不大的做法。

# 第三十章 連賈伯斯都在用的制高點策略

◇◆◇

如果你有兄弟姐妹，或是有一個以上的小孩，就會知道孩子喜歡用「公平」這個理由，來得到兄弟姐妹已經擁有的東西。大多數父母遇到這種狀況時，都會立刻陷入想馬上讓事情變公平的情境裡。就像是讓小孩握有強大的說服武器一般，孩子會抓準每次機會，拋出這種公平論調。

我母親採取不同的做法應付這種狀況。當我或兄弟姐妹抱怨某件事情不公平時，她會直截了當地告訴我們：「人生本來就不公平。」所以，我們在開出第一槍後就沒戲唱了，這個方法就是我所說的制高點策略。制高點策略將爭論跳脫細節（我稱為野草〔weed〕），並提升到讓大家沒有歧見的制高點。在下一頁中，你會看到我在二〇一〇年蘋果爆發「天線門」（Antennagate）這個在公關方面大出糗的事件後，撰寫與制高點策略相關的文章。觀察賈伯斯如何採取制高點策略，這是相當精彩的說服案例。

新進員工薪水比我多，
這不公平。
公平只是拿來讓小孩
和白痴互槓的幌子。
喂，那
不公平
啊！
你的實際年
紀比看起來
還小，就是
「不公平」
的最佳實例。
Dilbert.com
@ScottAdamsSays
1-14-17
© 2017 Scott Adams, Inc./Dist. by Andrews McMeel

---

二〇一〇年七月十九日發文

我相信最近大家都在關注iPhone 4的相關報導，如果你以某種方式拿iPhone 4，通話就會斷訊。

在蘋果針對這個問題召開的記者會上，賈伯斯說：「我們並不完美。手機並不完美。這一點我們都知道，但我們希望讓使用者開心。」

賈伯斯的回應引起群情譁然。賈伯斯沒有道歉？他為何沒有承認自己要為此事負責，並且坦承蘋果犯了一個絕對不應該發生的重大錯誤？這麼說才符合公關基本原則，不是嗎？

我一直在研究語言如何影響人們，蘋果對iPhone 4問題的回應並未遵循公關法則，因為賈伯斯決定改寫遊戲規則。〔我必須插個話，賈伯斯真是一個「了不起的混蛋」（magnificent bastard）。〕如果你想知道天才是什麼模樣，請研究賈伯斯的措詞：「我們並不完美。手機並不完美。這一點我們都知道，但我們希望讓使用者開心。」（We're not perfect. Phones are not perfect. We all know that. But we want to make our users happy.）

賈伯斯用十九個英文字改變了整個論點，他用字精簡到位，說了不爭的事實，後來在記者會上提出明確的解決辦法。

這種做法有用嗎？看看媒體的回應就知道。許多媒體談論關於其他智慧手機是否完美，許多媒體談論賈伯斯的回答是否適切。但是在這場記者會舉辦前，眾人皆知的核心問題是「iPhone 4是否不中用？」而在這場記者會後，這個問題已經無人聞問。大家的態度改變，有部分原因是蘋果提供適當的解決方案。但是，如果當初賈伯斯以「請踹我吧」這種道歉方式來回應此事，這些解決方案很容易淪為笑柄之一。

如果賈伯斯沒有將iPhone 4事件特別轉變為所有智慧型手機都一樣的情境，我就會畫一則有趣的漫畫，講述這款手機相當糟糕，人手一摸就無法使用。但是如果賈伯斯將上下文更改為「所有智慧型手機都有問題」，就一點也不幽默了，因為無聊的事實是抹殺幽默感的最大元凶。

有一段時間，我很想知道賈伯斯是否曾研究催眠，還是他天生就有特異本領，我想知道他的用字遣詞中，有多少是預先設計，有多少是隨口而出。他的言行很像催眠大師。（和剛開始追蹤我的讀者說明一下，我是訓練有素的催眠師，而且催眠這種事只有內行人才能看出門道。）關於賈伯斯處理iPhone 4所用的高招，我早就將此命名為「制高點策略」。多年前，我首先發現一位高階主管使用這個招術。此後，當情況有需要時，我曾多次使用。這種策略涉及將爭論事項提高到某個層級，讓你可以說出千真萬確的觀點，同時也能改變整個情勢。一旦制高點策略執行了，其他參與者就會擔心如果將爭論事項帶回細節層級，便會顯得自己目光短淺。制高點策略能立即改變遊戲規則。

舉例來說，如果一架軍用無人機意外殺死平民，引起大眾譁然。軍方若是花費許多時間談論那項特定任務發生什麼問題，就是大錯特錯。制高點策略的做法是：「戰爭一片混亂，沒有人希望平民喪命。我們會好好研究這一次事件，看看日後如何妥善避免憾事再度發生。」

請注意，這個回應既簡潔也無可爭議，而且背景已經被提升到更高的層級，意即一般的戰爭。賈伯斯的做法就是這樣。這是一種強大的技術，你也可以善加利用。

制高點策略有一個限制。我不認為英國石油（British Petroleum, BP）可能以制高點策略做回應，就能從漏油事件中安然脫身。畢竟漏油問題茲事體大，而且這似乎是英國石油才會發生的事件。要是該公司試著使用制高點策略，情況看起來會像這樣：「容易發現的所有石油資源在五十年前都被發現了，如果石油業停止冒險，許多人在十年內就會失業。我們都希望擁有清潔能源的未來，但是還沒有人能夠找出一種方式，讓我們盡快實現那個目標。我們將竭盡所能地清理漏油，讓墨西哥灣的經濟恢復正常。」

日後，商學院學生將會讀到有關賈伯斯對iPhone 4問題的回應，會明白從賈伯斯的那場記者會起，制高點策略（可能會以其他名稱描述）就成為消費性產品企業採用的公關準則。

---

我是否看太多賈伯斯如何處理這種顧客關係夢魘的相關報導？可能吧！但是，如果你閱讀華特・艾薩克森（Walter Isaacson）撰寫的《賈伯斯傳》（*Jobs*），就會發現賈伯斯親自將我的部落格文章轉發給下屬。如果他認為我說的不對，我並不認為他會轉發文章。

# 第三十一章 情緒說服懶人包

◇◆◇

川普使用的某些說服方法無法歸類到本書其他章節，因此我在本章將這些說服方法進行摘要。

## ◆尋求社會認同（「許多人都在說……」）

川普喜歡告訴我們，許多人認同他當時告訴我們的事，這是利用「社會認同」進行說服的例子。人們認為，如果有很多人都這麼說，就一定是真的。以川普的例子來說，他可能誇大認同自己說法的人數，但是誇大其詞並不會讓他受害。如果你懷疑是否真有那麼多人認同川普的說法，並且深入探究，就一定會發現確實有**一些**人認同川普的說法，這足以讓你的思維偏向那個方向。至少這麼做告訴你，其他明理的人和川普的看法相同。

川普在競選時並沒有受到全體人民的信任，現在也一樣，所以採取社會認同這種說服方法，讓川普可以將自己定位為認同大多數人意見的人，而不是提出個人觀點令人質疑的人。

## ◆直接要求你想要什麼（「相信我……」）

川普講完每句話時，喜歡用「相信我」來做結尾，這是一種以輕鬆帶過的口語偽裝的直接命令。推銷法則之一是，在進行推銷的某個時間點，你必須直接要求想要的東西。川普希望你相信他，所以直接要求你這麼做。在你意識到他大可不用這麼做前，會覺得這似乎沒什麼大不了。

**說服祕技二五**

如果你在推銷某樣東西，就要要求潛在顧客購買，直接要求是具有說服力的。

大多數政治人物就沒有川普這麼精明，講完自己想說的話後就希望人們會相信。川普更進一步使用完美的說服技巧，直接要求人們相信他。

這種說服形式並不是最強大的。但要記住競選活動的重點是，找到十個訊息，讓每個訊息打動○・五%的選民。

## ◆一再重複（「這是真的，這是真的。」）

川普發表言論時，有時會用「這是真的，這是真的」來做結尾，這是因為重複具有說服力。如果你經常聽到某件事情是真的，就會覺得它可能是真的。

**說服祕技二六**

重複具有說服力。再說一次，重複具有說服力。對了，我提過重複具有說服力嗎？

## ◆運用簡單通俗詞彙與陳述

川普開始參選時，評論家惡毒地攻擊他看似有限的詞彙和簡單的陳述方式。記者寫了一些報導，描述川普的文法程度不到小學六年級、單字使用程度則比國中一年級好一些，[1]暗指川普頭腦簡單。

**說服祕技二七**

呼應觀眾的說話方式，一旦他們認為你是自己人，你就更容易帶領他們。

我可能是第一個公開指出川普使用簡單的詞彙，是一種完美說服的人，原因如下。

川普以大多數選民說話的方式說話。

川普簡單的說話風格，讓他和教育程度較低的選民更加契合，這是川普使用先同步，再領導的另一個實例。首先，你要呼應觀眾，獲得他們的信任，然後就能領導他們，這是強而有力的說服。

## ◆愈簡單就是愈正確的解釋

人類的思想認為，對事件所做的最簡單解釋可能是正確的，這個信念甚至有一個名字叫奧卡姆剃刀（Occam's razor）。在科學世界裡，與包含數百個變數和假設的解釋相比，說明觀察的最簡單解釋更有可能是正確的。但是，當你將奧卡姆剃刀用於非科學世界時，它很快就變成無稽之談。現實情況是，人類自欺欺人地以為，我們在腦海中對世界的解釋通常是最簡單的那個，但那是一種錯覺。以下舉一些例子來說明這一點。

如果我問你，地球上的生命來自何方，你可能會說是上帝造物。這是最簡單的解釋，數十億人相信這個解釋。但是，不相信這種解釋的人不會覺得事情有那麼簡單，他可能會問：上帝從哪裡來？也可能會問：為什麼上帝決定創造一個世界安置祂所愛的生物，同時卻讓這些生物彼此捕食。當你深入探究，沒有什麼事情是簡單的。

假設我問不相信上帝造物論的人，生命如何形成。他可能會說是演化使然。很簡單！但是這個說法掩飾了DNA變異、物種如何競爭與繁殖、眼球如何形成，以及諸如此類事項涉及的眾多複雜性。我認為的簡單真相，或許在你看來卻是複雜混亂，反之亦然，因為「簡單」本來就是主觀認定。

我利用奧卡姆剃刀這個原則，撰寫《上帝的異想世界》（*God's Debris*）一書。這個虛構故事的主角是世界上最聰明的人，但我不是世界上最聰明的人，而我必須替世界上最聰明的人寫對話，所以問題來了。我不知道世界上最聰明的人會說什麼！我怎麼可能知道呢？所以我利用奧卡姆剃刀原則，營造主角很聰明的假象，他用相當簡單的措詞解釋事實，更能說服讀者。不必多費脣舌，這種簡單性本身就具有可信度。

**說服祕技二八**

與複雜的解釋相比，簡單的解釋看起來更可信。

## ◆好記的病毒式傳播法

川普說話風格的特殊之處在於，本身就有病毒式的傳播效力。他描述事情的措詞用語，特別是其中的簡單性，讓他的觀點既好記又容易重複。人們總愛引述他說的話，他的支持者在推特上經常以川普的口頭禪「可悲（Ｓａｄ）！」作為個人推文的結尾。

如同之前在本書提到的，川普幫對手取了好記的綽號，包括「騙子」、「萎靡」、「說謊」、「小」

及「傻瓜」，要是當初川普選擇使用更複雜的批評，我們就不會引述他的說法，這些說法只會停留在思想家的腦海裡。但是如果你將政治對手說成「假哭作秀的舒默」(Fake-tears Schumer)，就知道這種講法會爆紅，事實上確實如此。

**說服祕技二九**

簡單，讓你的想法更容易了解，更好記也更易於傳播。唯有當你這個人也容易讓人記得時，才會有說服力。

## ◆策略性模糊的厚臉皮說服術

在共和黨初選初期，有很多共和黨人想要支持川普，但是他們的政策偏好和川普不一致。你無法取悅支持X政策的人，同時討好不支持X政策的人。川普藉由告訴大家，他們想聽到的話，(部分)解決了這個問題，這是厚臉皮卻有效的說服方式。以下是我當時做的描述。

## 二〇一六年三月一日發文

如果你最近一直收看新聞，就應該知道川普拒絕接受前三K黨領袖、種族主義者杜克的支持。除非你收看的是CNN，針對這個例子報導的新聞版本是川普那次的拒絕不夠明確。

如果你是種族主義者，因為CNN的錯誤報導川普那次的拒絕不夠明確，所以你有理由喜歡川普；如果你不是種族主義者，由於川普多次以撰文和影片的方式否定種族主義者，所以也有理由喜歡他。

那是策略性模糊。

如果你討厭全民健保，你可能會喜歡川普，因為他也討厭全民健保。但是川普也表示，他不會讓沒有錢的人「死在街頭」。所以，如果你喜歡全民健保，可能會和川普一樣，想要提供免費醫療照護給那些沒錢的人。

這就是策略性模糊。

如果你討厭非法移民，可能會喜歡川普，因為他曾經說過會驅逐每一位非法移民；但是如果你同情那些住在美國本土的無證移民，川普政府只關注那些非法入境後犯下更多罪行的無證移民。

這就是策略性模糊。

如果你反對戰爭，可能會喜歡川普，因為他聲稱自己反對伊拉克戰爭，說自己多次反對美軍駐紮海外；但是如果你認為美國應該繼續轟炸其他國家，川普可能會成為你支持的候選人，因為他想「炸毀伊斯蘭國」，也可能殺死他們的一些家人。

這就是策略性模糊。

如果你想要一個有宗教信仰的總統，川普符合你的要求，他從小就上教堂，也說聖經是一本「偉大的典籍」；但是如果你不喜歡將宗教和政治混為一談，川普一樣會成為你想支持的候選人，因為他並沒有把宗教當成一件大事。

這就是策略性模糊。

我大概可以繼續這樣舉例說明一個小時，但是我認為你已經明瞭我的意思。當你看出這種模式時，你意識到川普這麼做都不是出於偶然。川普故意讓對手陣營有贊同他的理由，或者至少讓他們不會覺得川普不夠資格當總統。這種策略似乎很荒謬，但是由於確認偏誤使然，這種策略反而像是咒語般地發揮效力，讓人們看到他們想看到的任何東西。

你可能察覺到，好幾個月來，我一直在稱讚川普的說服技巧，因此讓許多人相信我支持川普當總統。

但是本週稍早時（注：這篇文章寫於二〇一六年三月），我拒絕接受川普對種族主義採取的策略性模糊。所以，如果你討厭川普，可以認同我，因為我否定川普；如果你喜歡川普，你也會認同我，因為我經常稱讚川普的才能。

這就是策略性模糊。

現在你知道我為什麼會抨擊川普在那一次採訪時沒有斷然否定種族主義了，儘管他在那次採訪前後都很明確地否定種族主義，但是對我來說，事實從來都不重要。我厚臉皮地公開忽略事實，因為這樣的作為提供給我最好的結果：策略性模糊。

---

當你試圖同時說服很多人，而這些人對不同的話題特別敏感時，策略性模糊就特別有效。川普如何讓美國再次偉大？答案是：就照你希望的方式發生。我可能想像川普會以改善經濟的方式讓美國再次偉大，因為我關心經濟；而你可能想像川普打敗伊斯蘭國讓美國再次偉大，因為你認為那件事最重要。川普的高明之處在於，讓人們以最有說服力的自我催眠，自行想像他沒有明白說出的部分。

## 說服祕技三〇

「策略性模糊」的意思是，刻意選擇措詞用語，讓人們將你的訊息解讀為自己想要聽到的訊息；或者換一種說法，這種訊息故意省略會引起任何人反對的部分。人們會用想像填補這個部分，而且他們的想像力可能比你所說的任何話還有說服力。

第五篇

# 為什麼成群結黨讓人強大，也讓人盲目？

# 第三十二章
# 使用說服濾鏡進行預測

◇◆◇

如前所述，好的濾鏡會讓你對現實感到快樂，又能準確預測未來。我的說服濾鏡就符合這兩個條件。在推特上的粉絲喜歡我的預測，也發現我的預測準得嚇人。以下就說明其中一些有趣的預測。

## ◆以肢體語言破除流言

候選人川普到競選結束前面臨的最大問題顯然是，希拉蕊團隊把他塑造成種族主義者，而且希拉蕊團隊在這方面還做得相當出色。這是強烈的說服，需要用精心設計的說服予以還擊。在這種情況下，視覺說服是唯一足夠強大的說明類型。如同在之前章節中提到的，我建議（有人說我預測）川普可以用一些精心挑選的視覺說服，來解決對手陣營對他做出的種族主義指責。以下請從我的部落格文章看看這個想法在三個月內的演變。

二〇一六年四月二十五日發文

川普可以證明自己不是種族主義者，做法很容易，需要做的就是，在公共場合擁抱一群非白人民眾。真正的種族主義者不會擁抱他們不喜歡的人，他們不會這麼做。

二〇一六年五月六日發文

我最近在部落格上寫道，川普反駁種族主義指控的最佳策略是，在公共場合擁抱許多非白人民眾。種族主義者不會這麼做，種族主義者會說謊，但是在這種情況下光靠言詞無法說服人們。從另一方面來看，行動通常是毫不含糊的明確說服。如果川普不願意親吻非白人嬰兒，或在親吻非白人嬰兒時顯得扭扭捏捏，所有人都會看在眼裡。在相機鏡頭前，透過肢體語言表達情感是無法假裝的。所以，我預期川普會更常擁抱和親吻非白人民眾。

事實上，我們確實看到候選人川普公開表示對非裔美國人的關愛，尤其是根本不想要川普這樣關愛的嬰兒。現在你可能會說，政治人物總是親吻嬰兒。確實如此，但是你在Google搜尋圖片就會知道，川普親吻非裔美國嬰兒的照片大多在我做出預測後才出現，而且是在希拉蕊於二〇一六年夏天重炮抨擊川普是種族主義者之後。當希拉蕊在二〇一六年夏天開始關注種族歧視這個妙計時，川普的民意調查數字開始下跌。在投票日當天，川普最終獲得比上一屆共和黨總統候選人羅姆尼參選時更多的非裔美國人選票。[1]這麼比較並不公平，因為羅姆尼的對手是非裔美國人歐巴馬。儘管如此，川普原本得到的非裔美國人選票可能更少，而且沒有人會感到驚訝。

二〇一六年九月三日發文

二〇一六年九月二十五日發文

## 二〇一六年十月十八日發文

候選人川普確實按照我的建議去做，這個事實意謂著我以某種方式影響這場選戰，是嗎？在這種情況下，製造更多和非裔美國人選民合照的機會，顯然是很好的說服策略。對任何有經驗的說服者來說，當然明白這種策略，所以我不會因為做出這種建議就居功。我在這裡要提到一件有趣的事，你可以將這些資料套用到看待現實的三種不同濾鏡。首先，它符合我預測川普在競選活動中會做什麼的濾鏡。其次，它符合我的說法正在影響競選活動的濾鏡，如果這樣想能讓你感到高興的話。最後，它符合我只是描述一個常見政治手法的濾鏡。但是，不管使用哪一種濾鏡都支持我的主要論點，也就是川普了解並應用說服的力量。以說明的觀點來看，川普這麼做是正確的，他不但運用視覺說服（最有效的說服形式），而且精準到位。

## 觀察臉部變化足以預測健康狀況

二〇一五年年底，我預測希拉蕊會有一些沒有對外公開的健康問題，導致川普在投票日「沒有對手」就當選了，而我只是根據身為催眠師從個人身上察覺「跡象」的技能，做出這項預測。聽起來很瘋狂嗎？

研究人員相信，他們可以設計一個浴鏡，藉由檢察個人臉部的日常變化，發現個人健康方面的重大問題。[2]基於演化使然，人類會把健康狀況最佳者當成可能的婚配對象，這麼做是有道理的。你從經驗中得知，只要透過觀察就能知道親人是否生病。我們都能只憑藉檢查外觀，判定病人是否死亡。有些人更細心，可以察覺出更小的跡象和更輕微的疾病。比方說，由於培訓與經驗的緣故，醫生就比一般人更厲害，可以光靠目測就察覺出病人的疾病。

催眠師不是醫生，不過確實學會觀察催眠對象臉上出現的小「跡象」，這表示我們更容易注意這種日常生活的微小變化，只是因為理解這些變化。一個人臉上在連續兩天內發生的細微變化，即使只是因為壓力或睡眠不足所致，都是預測健康問題的可靠指標。

我從希拉蕊身上看到的是，她的外表出現非比尋常的**變化**，那是在健康人士身上不會看到的。有些時日，她看起來活力十足；有些時日，她看起來疲憊痛苦，還一副病懨懨的模樣，她的健康狀況讓人困惑。與川普的狀況相比，川普無論什麼時候看起來都一樣，那就是健康狀況良好的跡象。

現在想想我的大膽預測，我認為希拉蕊的健康狀況會讓她在投票日前就退選。在總統大選最後幾個月裡，有候選人發生過這種狀況嗎？沒有醫學報告支持我的預測。許多觀察家似乎都認為我瘋了，不然就是認為我在故意挑釁。更糟的是，我對希拉蕊健康狀況的看法被認為是完全不負責任的說法，因為我不是醫生。坦白說，選戰不關我的事，我根本沒有必要讓人們這樣想。

當時我對自己這項行動做的解釋是，說服濾鏡需要經歷最嚴格的考驗，所以才會公開自己的預測。我故意預測難以預測的事，這樣就可以展現說服的力量。在其他情況下，我會認同沒有接受醫學培訓的人應該避免臆測候選人的健康狀況，但是我正在針對說服力進行公開示範，相信這件事很重要，而且對自己的預測很有信心，否則就不會公開提及此事。

在大選前兩個月，希拉蕊在出席九一一紀念活動中失去意識，整個情況也被拍下來，特勤人員將失去意識的希拉蕊拖進休旅車裡。希拉蕊陣營的官方說法是她脫水了，不久後則表示希拉蕊罹患肺炎。希拉蕊停止三天公開活動，然後因應體力狀況，減少活動行程。在最後幾個月，她甚至沒有到某些州參與競選活動，因為她（誤）以為自己在那些州穩贏不輸。

從字面上來說，川普的競選「沒有對手」，這種情況從未發生。但是結果事實證明，我預測希拉蕊會因為健康問題而退選，這件事差點就成真了，我在推特上的粉絲認為這個預測準得嚇人。

說服濾鏡預測指出，在競選期間關於希拉蕊健康狀況的更多訊息，會隨著時間演變而洩露。為了她好，我當然希望自己預測錯誤。但是，如果我預測得對，你可能會想多看幾遍本書。

## ◆預測採取「團隊」訴求而非「個人」訴求

在競選活動中，希拉蕊和她的支持者成功地指控川普「撕裂族群」（divisive）。這是很好的說服術，因為川普不斷提供大量的確認偏誤，支持希拉蕊陣營的說法，每當他以強硬的語氣發表言論時，對手都會為他貼上「撕裂族群」的標籤。

希拉蕊的網站上有一則長篇大論，詳細描述川普撕裂族群的做法，這篇文章的標題是：「美國值得擁有比他更好的領導人：川普撕裂族群和冒犯的言詞證明他不適合當總統」（America Deserves Better Than This: Trump's Divisive and Offensive Rhetoric Prove He's Unfit to Be President）。

以「川普撕裂族群」（Trump divisive）作為關鍵字，在Google上搜尋，就會查到**數百萬個**結果。希拉蕊陣營的抨擊正在發揮作用，人們在川普所做的每件事情上，都看到撕裂族群的跡象。川普的挑釁言詞讓人們很容易這樣對號入座，這是川普必須好好解決的一大問題。我在二〇一六年七月發表的這篇文章，應該會對川普有幫助。

---

二〇一六年七月十八日發文

你是否注意到，職業運動團隊在克服種族歧視和團隊合作方面都表現得相當出色？這是因為教練說服球員，將**團隊**視為他們的主要身分。川普可以利用美國這麼做，只要告訴我們，我們在同一個團隊裡，而且正在和世界其他地方進行**友好的**競爭。我不在乎你是什麼性別與種族，只要你和我一起為美國隊效力，協助美國與其他國家一較高下。

「美國隊」（*Team America*）這個措詞將成為這個國家迄今為止最強而有力的說服工具。這種框架消除了仇外情結和仇恨，並將我們定義為與世界友好競爭的一部分。唯一的缺點是，《美國賤隊》（*Team America*）是《南方四賤客》（*South Park*）創作者製作的一部熱鬧木偶電影片名，但是我認為不必在意這部分。

我在美國隊，如果你在我的團隊裡，我不需要知道關於你的其他事情，我們志同道合。

---

十月下旬，川普改變他的挑釁言論，開始強調「我們」一詞。以下為川普於二〇一六年十月二十三日演說的一些摘錄：[3]

「我們要重燃美國夢。」

「華府陷入僵局，華府缺乏領導力，我們要終結這個僵局。」
「我們將有一個充滿活力的國家。」

人們注意到（這可能是確認偏誤），我在部落格上針對這個主題發表文章後，川普就開始以「我們」為訴求，人們開始發揮想像力猜想兩者之間的關聯。他們在社群媒體上發問，我是否影響川普出現這種變化。在這種情況下，我不認為自己發揮任何影響力，因為對「撕裂族群」這種批評來說，訴求「我們」是很理所當然的回應。

從另一方面來看，這個舉動是川普早該採取的明智之舉，而且愈早做愈好。我針對這個主題在部落格上發表文章後不久，川普就出現這種轉變，這個時間點足以為我在推特上的粉絲提供確認偏誤，對他們來說，顯然我已經影響川普做出這項舉動。但我不會這樣說，我的看法是訓練有素的說服者所見略同，川普只是做了和他一樣具有說服技能者都會做的事。

## ◆預測與品牌不符的人選問題

川普勝選後，開始挑選內閣成員。通常任命內閣閣員是基於能力、經驗、對總統的忠誠度及其他諸如此類的條件。在二維世界裡，這就是你認為自己需要的一切，但是在三維世界裡運作的說服大師還會關注品牌。

那些想要生活在公平社會的人，不希望求職時被以貌取人。可是你無法改變人性，我們是視覺動物，也是非理性動物。長相很重要，即便我們希望長相不重要。外表是品牌的一部分，川普正在努力打造讓人們喜愛的品牌。我們就來看看這一點與約翰·波頓（John Bolton）有什麼關係。

波頓是國務卿的候選人之一，他完全符合擔任國務卿的條件，他是共和黨人，也是川普的支持者。許多觀察家認為國務卿非波頓莫屬，但他和川普試圖建立的品牌有兩個不相符之處：

他的鬍子很特別（依照二〇一七年的標準）。

他是知名鷹派人士，這表示他支持美國以軍事力量謀求國家利益。

在尋常時期，這些事都不會成為阻礙，但是在川普被稱為下一個希特勒的時間點，這就成為一大障礙了。以下是我當時在部落格中做的說明。

---

二〇一六年十二月六日發文

波頓將是川普在品牌上犯下的最大錯誤。波頓的能力很強，但卻散發出可怕的氛圍，這是川普在品牌建立上可能犯下的最大失誤。美國有一半人口已經生活在希特勒剛當選美國總統的錯覺中，如果再加上一位留著**怪異鬍子**的好戰白人出任國務卿，就會讓事態惡化。在品牌方面，川普最大的問題是，很多人認為他是瘋狂的獨裁者，不能讓他握有引爆核彈的權力，波頓是讓這種錯覺變得更糟的唯一人選，我不認為說服大師川普會犯下那種程度的錯誤。

---

川普最後選擇雷克斯・提勒森（Rex Tillerson）出任國務卿。《華盛頓郵報》在二〇一六年十二月二十二日報導，根據川普內部人士的說法，波頓的鬍子可能是影響川普做此決定的一個因素。[4]以下是《華盛頓郵報》針對此事做的報導。

「外表非常重要，因為你不僅在國家舞台上代表美國，也會依據情勢所需，在國際舞台上代表美國。」川普交接團隊發言人傑森・米勒（Jason Miller）說。川普的幾位同僚表示，他們認為波頓猶如刷子一般的鬍子，就是阻止這位美國前駐聯合國大使出任國務卿的因素之一。

「川普不會喜歡那種鬍子。」一位不願透露姓名的同僚直言道：「我想不出真正和川普親近的人之中有誰留鬍子。」

從技術上來說，我針對波頓鬍子所寫的部落格文章並不是預測，但是我確實提出其他觀察家沒有看到的關鍵因素。當時我在推特和其他地方的粉絲，就對我針對川普相關預測的準確性感到震驚。當《華盛頓郵報》證實我的鬍子分析令人信服時，大家開始瘋狂討論著我的預測。預測總統大選勝選者是一回事，畢竟數百萬選民和少數專家都預測川普會贏，但是預測波頓因為鬍子的關係而無法出任國務卿，對觀察家來說卻是不同層次的預測。

讓我們彼此提醒，瞎眼的松鼠偶爾也會發現堅果，有時還發現不止一顆，也許我的鬍子預測只是純屬好運，也許並非好運使然。

第三十三章

# 因應局勢轉變立場

◇◆◇

在總統大選期間，我支持過三位候選人。如果你生活在二維世界裡，可能認為我看起來像是沒有核心信念的善變者，你必須進入說服的三維世界，才能理解為何支持好幾位候選人剛好符合我的意圖。但是，首先必須讓你大致了解我的政治背景，好讓你知道我為何如此。

我不投票，這麼做會破壞我可能擁有的客觀性。一旦加入任何一方，就會讓你的確認偏誤大幅激增。突然間（它確實發生得很快），你開始看到自己支持的陣營都是明智的，而你不支持的陣營發生的事看起來既愚蠢又心懷不軌。所以，我不加入任何政治陣營，也不投票，盡量減少落入確認偏誤的陷阱裡。

以前我投過票，年輕時第一次投票是投給吉米・卡特（Jimmy Carter）。後來，我開始明白投票進一步地證明，自己所說的常識其實是一種幻覺。（卡特是很好的榜樣，但不是最有效能的總統之一，他只當了一任總統。）隨著年歲增長，我更加意識到自己在心理層面的局限性，開始明白我的那一票不會對選舉結果有任何影響。據我所知，大家的情況都一樣，但是大多數選民認為自己神聖的一票足以影響選舉結果，政府就需要這種幻覺來支持。投票賦予選民賦權和接受的感覺，也讓國家得以穩定。這種民主幻覺可能是人類製造最有益的幻覺之一，如果你認為民主行得通，而且依照民主行得通的想法來行事，民主就會真的行得通。

我認為民主不只是一種政治制度，而是一種精神狀態。民主行得通，因為我們認為它行得通，而且我們希望它行得通。但是如果你消除大眾的這種幻覺，也就是一個毫不起眼的普通選民有能力預測未來，整個民主體制就會分崩離析。

民主幻覺非常強大，讓我們在明知這種幻覺很荒謬的同時，卻讓自己過著民主幻覺並不荒謬的生活。我們都知道絕大多數的同胞，消息並不靈通也太過單純，無法做出明智的投票決定。然而，多數表決制（majority-vote system）卻獲得廣泛接受。只要人民接受自己擁有超級預測能力，以及他們的選票能讓體制更正常運作等幻覺，就會支持民主投票流程這個讓共和國得以存續的根基。

如果人們是理性的，就會意識到自己並沒有區分總統候選人優劣與否所需的能力。在預測未來這方面，我們做得相當差。選民當然不了解關於健保、預算及國際協定等更複雜的問題。但是，如果我們接受自己預測能力的局限性，就不會投票，也不會對國家效忠，整個體制就會因此瓦解。

順便說一下，美國的效忠宣誓及在重大事件唱國歌的傳統，都是政府層級精神控制的實例。這些傳統並沒有其他目的，當孩童十二歲時，國家已經將孩童訓練成如有必要就為國捐軀。

這就是我在效忠宣誓或唱國歌時都支吾其詞的原因，我只是動動嘴脣，一邊胡思亂想。現在要抹殺早年被洗腦的記憶可能為時已晚，但是我認為沒有必要強化那些記憶。而且在人生的現階段，我（非理性地）認為自己是十足的愛國者，所以不需要更多的洗腦，已經是一位好公民。

更確切地說，我完全支持政府洗腦包括自己在內的人民。另一個選擇可能是，我最終會被更擅長洗腦人民的政府所征服。

## ◆無法預測的未來

年輕時，我相信自己可以預測誰當總統會做得更好，但是當我把過去對新總統的期望與他們的實際表現加以比較時，顯然我沒有任何預測能力。你也沒有，但是你可能認為自己擁有這種預測能力。這就是我們不同的地方。如果你沒有詳細研究說服術，與訓練有素的說服者相比，可能會更看重你所謂的常識。

再透露更多有關我個人投票的訊息：柯林頓的兩次總統大選，我都是支持者，在艾爾・高爾（Al Gore）和小布希爭奪總統大位時，我更喜歡高爾。我不記得自己當時有沒有去投票，但是從那次選舉後，我就再也沒有投票了。

高爾以些微差距輸給小布希時，我有些失望，但也認為小布希會是相當不錯的總統，不會讓這個國家陷入任何重大困境。我顯然無法預測誰當總統會做得比較好，其他人也無法做此預測，但是大多數人都認為自己有辦法。

為了說完我的政治告解，再告訴大家，我對社會議題採取超級開明的態度。如果有某件事情讓你開心又不會傷害任何人，我希望你放手去做；而在其他問題上，我則是講究「怎麼做最好就那樣做」的人。而且我經常發現，關於任何複雜的全球性問題，我不知道怎麼做的效果會最好。

基於上述所有理由，難怪我在二〇一六年總統大選時，既不贊同希拉蕊，也不支持川普。我欣賞川普的個性和他的說服本領，但是我的政治偏好與這兩位候選人的既定政策都不一致。所以，我很幸福地超然看待這場大選，不過這種幸福並不長久。

我在部落格和推特上發表與川普說服力相關的文章，造成大家把我當成川普的支持者。我無法掩飾自己對川普的諸多才能和娛樂價值感到欽佩，這種欽佩足以激起希拉蕊團隊的惡霸與網路酸民對我群起

攻之，而且他們真的這麼做了。

後來世人都知道，希拉蕊團隊在大選期間投入百萬美元進行網路操作（也就是發動酸民），在社群媒體上攻擊川普的支持者。希拉蕊的主要支持者大衛・布羅克（David Brock）籌組名為「糾正過往」（Correct the Record）的組織，在社群媒體像瘋狗般地發動攻擊。[1]

## ◆網路酸民惡意中傷的安全考量

希拉蕊的酸民在推特上留下滿滿對我個人和專業侮辱的言論，還在推特上發表讓我難堪的假新聞，甚至寫信給報社，要求報社停止刊登《呆伯特》漫畫。他們以各種方式威脅我的聲譽和生計。那些事情並沒有困擾我，我是一名專業人士，知道要如何應付批評。

但是，事情卻變得更加邪惡、更加可怕。

希拉蕊的支持者成功地將川普塑造成希特勒，他們做得如此出色，以至於全美有四分之一的人想像川普當選第一天，就會授權為非法移民設立集中營。這種形象塑造，可能導致候選人被暗殺。畢竟，如果有機會殺死希特勒，挽救數百萬人的性命，你在道義上是否有義務這麼做？

情況就是如此險惡，把川普說成希特勒的指責，從誇張演變為合法的恐懼，人們真的害怕川普在就職典禮當天就變成希特勒。對川普來說，這是一個危險時刻，但是川普有特勤局（Secret

Service）人員保護，顯然他們做得很好。

我沒有特勤局的保護。不久後，希拉蕊的酸民將我塑造成希特勒的宣傳部長約瑟夫・戈培爾（Joseph Goebbels）。這種指控無所不在，並且開始產生黏著度。在我看來（對這種情況唯一重要的意見），自己的處境實在太危險了。人們認為川普和希特勒一樣糟糕，而被傳成川普的宣傳部長（我）當然也該死。

我說得是認真的，如果你被洗腦，認為希特勒即將掌權，而且你有機會殺死戈培爾，就會有道德義務要這麼做。如果我相信自己可以殺死一位納粹高層，讓希特勒晚一點崛起，就會馬上這樣做。我認為其他人可能和我有同樣的感受。對我來說，情況實在太危險了，而且對身邊的朋友和家人也都很危險，於是決定必須採取一些措施來降低風險。

所以，我宣布決定支持希拉蕊，同時明確地表示，這麼做只是為了個人安全起見。人們笑了，他們以為我在開玩笑。但是我堅持支持希拉蕊，也經常提及此事，最後總會帶到「為了我個人安全起見」來做解釋。

我不是在開玩笑，而是非常認真地設法降低風險。

推特上指控我是戈培爾的人數幾乎立刻銳減。在二維世界裡，這個結果是沒有意義的，雙方陣營都知道我並不是認真地以正常方式支持希拉蕊。但是這並不重要，人們關心的是你是否和他們站在同一陣營，而不關心理由究竟為何。我所說的理由（個人安全）是完全理性的，還以川普的支持者受到攻擊為例，來佐證我的說法。

「為了個人安全」支持希拉蕊，成為推特上廣為流傳的笑話。我的粉絲喜歡這個笑話，而網路酸民只是被它弄得一頭霧水。網路酸民從來沒有放過我，但卻因此收斂不少。這項支持手法發揮預期的成效，是一種穩健的說服術。

以下是我在部落格上宣布支持希拉蕊的文章。

---

二〇一六年六月五日發文

我已經決定表態支持一位候選人擔任美國總統。

首先，要提醒讀者的是，我的政治傾向和任何候選人的政見都不符，對這次大選的關注一直局限於川普非凡的說服能力。但是，最近希拉蕊已經加入說服競賽，並且擺脫無聊的事實與政策，獲得巨大的勝利。我們就來談談這件事。

上週，我們看到希拉蕊將川普當選總統與核子災難、種族主義、希特勒、大屠殺，還有其他讓你恐懼顫慄的事情產生關聯。

如果希拉蕊順利完成此事，就是一種很棒的說服，因為恐懼是一股強大的動力。和希拉蕊之前談論自己精通政策細節、經驗老到與以性別為訴求的做法相比，這是重要的轉捩點。希拉蕊大打婦女牌，卻被川普重炮批評，所以她明智地改變做法。她最近採用的恐嚇手段，就是說服效果驚人的高招。如果你看到六月份的民調數字是希拉蕊領先川普，至少是暫時領先，我並不會感到意外，直到川普找到反制希拉蕊的做法，情況才可能有所改變。

我認為希拉蕊這種新做法的唯一缺點是，可能在美國引發種族戰爭。在這種情況下，我可能名列十大暗殺對象，因為一旦你把川普定義為希特勒，就會認為殺死川普是基於公民道德，顯然殺死任何積極支持種族滅絕獨裁者的人也合情合理，包括撰文稱頌川普說服技巧的人在內。（我在推特上被稱為「辯護者」，有時也被稱為「戈培爾」。）

如果希拉蕊成功地讓人們將川普與希特勒畫上等號，就像她正在做的那樣，而且後來希拉蕊敗選了，美國大約有四分之一的人會認為，他們基於道義，有理由暗殺自己的領導者。如果像希特勒那種人掌握這個國家的大權，我也會這麼想。我會加入反抗運動，並且試圖消滅像希特勒這樣的領導人。你應該這麼做，沒有人想要像希特勒那樣的總統。

因此，我決定支持希拉蕊擔任總統，這是為了個人安全起見。川普的支持者對像我這麼愛國的美國人沒有任何不好的感受，所以即使我表態支持希拉蕊，他們也不會對我不利。但是，希拉蕊的支持者說服了我，我是百分之百認真地這麼講，如果我被當成川普的支持者，個人安全就有危險了，所以我採取安全措施，支持希拉蕊出任總統。

就像我經常說的，我沒有超自然力量，不知道哪一位候選人會成為最好的總統，但是確實知道哪種結果最有可能讓同胞殺死我。所以基於安全考量，我加入希拉蕊的行列。

我仍然**預測**川普將憑藉著卓越的說服能力，大獲全勝，但是不要因為川普總統的任何事情而怪罪我，我支持希拉蕊。

至於其他人，你們就自己看著辦吧！祝你們好運。

## ◆因反對政策而再次轉變態度

表態支持希拉蕊的這項舉動讓我確保人身安全，直到二〇一六年九月下旬為止，希拉蕊宣布打算增加富人遺產稅，讓我覺得畢生心血都要被充公。希拉蕊這麼做真的惹毛我了，我白手起家，數十年來每週工作七天，才累積現有的財富，因此並不打算讓政府決定自己死後的錢要如何處置。以下是我說明自己為何轉為支持川普的部落格文章。

請記住，支持川普再次讓我承擔原先支持希拉蕊而順利避免的所有風險，但遺產稅計畫讓我太生氣了，氣到無法理會那些風險。我努力工作，累積財富，也繳了所得稅，這件事和我個人有關。

就在那天，我決定從觀察家轉變為說服者。在此之前，我很樂意只是觀察和預測。一旦希拉蕊宣布打算用政府的力量在我臨終時搶奪錢財，我就要和她開戰，要以說服力來打這場仗。

這是我當時所寫的部落格文章。

---

二〇一六年九月二十五日發文

大多數人都知道，我一直支持希拉蕊擔任總統，基於個人安全考量，也因為我住在加州。在我住的地方，川普的支持者是不安全的，而且表態支持川普也對我的事業不利。但是，最近我轉為支持川普，所以我欠大家一個解釋，以下就是我的解釋。

1. **我不知道的事情：**有許多事情是我不知道的，譬如，我不知道打敗伊斯蘭國的最好方法，你也不知道；我不知道談判貿易政策的最佳方式，你也不知道；我不知道讓所有人都得利的最佳稅收政策，你也不知道；我對墮胎的看法是，男性應該在這個議題上追隨女性的主導，因為這樣才能制定出最可信的法規。所以，在大多數政治議題上，我知道的事情不足以讓自己做出決定。你也一樣，但是你或許以為，你知道的事情足以讓你做出決定。

由於每位候選人的不確定性（至少在我看來是這樣），我一直說自己不夠聰明，不知道誰會是最好的總統。當希拉蕊提議增加遺產稅時，我原本抱持的中立態度改變了。我理解這個問題，認為這是政府公然搶劫。以下就更詳細地談論這個問題和我明白的一些其他問題。

2. **財產充公：**希拉蕊提議，對財產淨值超過五億美元的人課徵六五%的遺產稅。她的網站不遺餘力地模糊實際政策的細節，像較低遺產金額的遺產稅也會增加，這個事實也被模糊了。請參閱此連結了解希拉蕊這項政策根本完全缺乏透明度（本書省略此連結），該篇論述僅僅指出這項政策是恢復二〇〇九年的遺產稅稅率。顯然那篇論述的意圖是要誤導大眾，而不是讓大眾知情。

所以，不要認為希拉蕊在網站上公布政策的大量細節，她這麼做只是刻意誤導大眾，而不是讓大家知情，比沒有細節還要糟糕。

重要的是，根據希拉蕊的計畫，遺產超過五百萬美元的人將會被課徵更高的遺產稅。我將此稱為充公稅，因為這筆錢已經繳過所得稅，再課徵極高的遺產稅，根本等於充公。就我而言，今天賺的一美元將被不同政府實體單位共同徵收大約五〇%的稅。根據希拉蕊的計畫，剩下的〇・五美元將在我死後再被課徵五〇%的稅。因此，從現在起，我有七五%的收入都要落入政府的口袋。

是的，我可以利用信託避免遺產稅，但那樣做只是讓律師拿到好處。如果遺產稅的影響不過是讓律師費用增加，也讓我增添不少麻煩，對我來說並不是什麼好消息。

你可以爭論遺產稅是否公平，但公平是給笨蛋和孩童當成說詞的論點，公平不是宇宙的客觀特性。我反對遺產稅，是因為我出生貧寒，而且一生中大多數的時間都是每週工作七天，才有如今的成就。（今天是週日，依照慣例，我還在工作。）因此，我不想把七五%的收入交給政府。（你會嗎？）

3. **派對或覺悟：**在我看來，川普的支持者正在籌劃參加投票日當晚的全球最大派對，而希拉蕊的支持者似乎正在準備參加葬禮，我希望受邀參加沒有哭哭啼啼和計畫遷居加拿大的活動。（這不是我支持川普的最大理由。）

4. **希拉蕊的健康：**透過我未經訓練的眼睛和耳朵，希拉蕊看起來不夠健康，無論在心理或其他方面，她都不適合領導這個國家。如果你不認同我的說法，看看目前當紅影片「為什麼我沒有領先川普五十個百分點」（Why aren't I 50 points ahead）。（注：這支網紅影片中，醉漢般的希拉蕊用一種瘋狂的聲音問道：「為什麼我沒有領先川普五十個百分點？」）同樣地，柯林頓的健康狀況似乎也不太好，如果希拉蕊還要照顧垂死的丈夫，她對這個國家也不會有太大的用處。

5. **先同步，再領導**：川普總是針對國家安全與保障等問題採取極端立場，即使這些立場是違憲、不切實際、邪惡，或是軍方拒絕這麼做。一般人認為川普的立場很危險。但是，像我這種訓練有素的說服者則看到**先同步，再領導**這種說服手法。川普先和大眾「同步」，代表他在情緒狀態方面與大眾相互呼應。他在移民問題、攻打伊斯蘭國及警方攔截搜身等方面，都以極端回應來呼應大眾的情緒。一旦川普確定自己是討論話題中最大的壞蛋，他就能自由地「領導」我們。我們看到他驅逐移民的立場軟化、將警方攔截搜身局限於芝加哥，並推翻自己對於墮胎應受處罰的回答等。如果你沒有接受過說服訓練，就會覺得川普看起來很可怕。如果你了解先同步，再領導，可能會認為他是最安全的總統候選人，我就是這樣看待他。

所以當希拉蕊的支持者問我，為何支持一個「法西斯主義者」時，我的答案是，川普不是法西斯主義者。希拉蕊團隊在哥吉拉的協助下，已經有效說服大眾認為川普很可怕。這種說服的效果很好，因為大眾並不明白川普「先同步」的做法，他們將川普對討論議題提出的「最初言論」，當成是川普很邪惡的證據。但川普的那些言論並非邪惡的證據，而是說服手法。

和俄羅斯總統佛拉迪米爾．普丁（Vladimir Putin）相處融洽，更可能讓美國維持安全，無論我這麼講是否會讓你覺得不悅。希拉蕊故意羞辱普丁，要他做出我們希望他做的事，這種做法對我來說才真的很危險。

6. **說服**：經濟狀況是由心理狀態所驅動，如果你預期明天事態會好轉，今天就會投資，只要大家也這麼做，就會致使明天事態好轉。最懂得管理人民心理（也就是管理經濟狀況）的總統，是一位訓練有素的說服者。你可以稱這種說服者是騙子、賣假藥的奸商、叫賣拉客者，或是滿嘴胡話的傢伙，這都是說服。而在說服方面，川普比我見過的人都做得更好。

與伊斯蘭國交戰也是一個說服問題。對抗伊斯蘭國的軍事行動，全部目的是要說服他們停止，而不是殺死每個人。我們需要軍事級說服來解決問題的根源，川普精通說服，所以可能對這方面更加重視。

總統要做的大部分工作就是說服。總統不需要了解政策細節，而是需要傾聽專家意見，然後協助向大眾推銷專家提出的最佳解決方案。川普比你見過的任何人都更會推銷，即使你還沒有被他說服，但卻無法否認讓川普能有目前成就的說服本領。

總之，川普或希拉蕊的政策細節和所提構想可能產生的影響，我大多不懂，你也不懂。但是我確實懂得說服，明白政府何時打算沒收我的大部分財產。而且就算我沒有接受過醫學訓練，還是可以分辨健康狀況很差和健康狀況良好的人。（你也可以。）

---

如你所料，川普的支持者很高興看到我為他們的候選人背書。我可是全力以赴，現在加入川普團隊，無論情況是好或壞。

情況沒過多久就變得**更糟**，而且接下來發生的事，真的是再糟糕不過了。

## ◆毀滅性醜聞造成短暫動搖

二〇一六年十月七日，《華盛頓郵報》爆出川普和《前進好萊塢》主持人布希之間私下交談的報導，這則報導極具毀滅性。

從說服方面來看，這個醜聞具備所有的說服要素，有錄音檔、影片、與性愛有關、夠嚇人、讓人產生聯想，而且效力強大。一聽到錄音檔片段，我就意識到將自己的品牌和川普產生關聯一點也不妙。在爆發這種醜聞時，川普馬上變成毒型人物，和他有關的人事物都會受到波及。當女性紛紛針對這種不尊重人的行為提出聲明時，我決定讓川普的問題和自己的部落格之間保持一點距離。

支持川普讓我的個人聲譽受到很大影響，我的演說生涯從蓬勃發展到無人聞問，收入因此大幅銳減。我以為知道自己在做什麼，但是我沒有察覺到川普侮辱女性的醜聞即將爆發，而且這個醜聞具有聽覺和視覺的說服力。這種汙名不會消失，看來川普要玩完了，說服濾鏡無法預測突如其來的醜聞。

我決定讓自己的品牌與川普保持一些距離，所以支持第三位候選人強森出任總統。我提出的理由是，強森是那種只會碰觸自己的候選人。以下是我當時做的解釋。

---

二〇一六年十月九日發文

我不知道該如何撰寫這篇文章，而不會在無意中對以任何形式受到虐待的受害者不敬。如果真的發生那種事，我先在此致歉。但現在這是引起全國討論的部分話題，大家都無法迴避。我的最好做法就是，關注選民如何看待此事。我不知道誰對誰做了什麼，因為當時我不在那個房間裡，也就是說……

我們這些良好公民發現自己正在玩某種性虐待的撲克遊戲，就必須為各種所謂的性犯罪賦予重要性，以便了解究竟想要從強姦犯／鹹豬手／縱容者中，選出哪一種組合的候選人入住白宮，並代表我們的國家品牌，我們知道這種情況實在「不理想」。

我的看法是，如果以對希拉蕊或川普的指控來判斷，那麼兩人都不適合擔任總統職位。我認為川普支持者的想法是，為了讓國內獲得一些具體改善，國家品牌蒙受一些損失是值得的。

希拉蕊支持者在這幾天一直告訴我，對川普的任何明顯支持都會讓你成為性虐待的支持者。從說服的角度來看，這麼說真的有道理，如果人們這樣看待此事，就是你必須面對的現實。我選擇不參與那種現實，所以決定支持強森。

基於同樣的理由，我鼓勵希拉蕊的所有支持者也這麼做。我不知道針對柯林頓夫婦的指控是否屬實，但是因為我們正在依據關聯做評斷，所以你也不會希望自己被當成性虐待的支持者，把這兩位都被指控為性虐待者的候選人（嫌犯和善後人員）送進總統辦公室。我認為你會同意任何指控是否屬實並不重要，因為一大堆指控造成的汙名也對國家品牌不利，況且其中許多指控對觀察家來說似乎很可信。而且考慮讓希拉蕊出任總統，更是對女性和每個受虐倖存者的侮辱。

公平地說，強森雖然不知道阿勒坡（Aleppo）是什麼。（注：一位記者要求強森談談敘利亞衝突的引爆點阿勒坡，他並不知道這個城市的名字。）我認為這件事是有關聯的，強森當上總統可能會在政府運作和政策等方面帶來一些風險，但是至少他不會讓你因為投票支持希拉蕊或川普，而淪為某種性虐待的支持者。

如果你認真看待性虐待的指控（你確實應該這麼做），就該把票投給強森；如果你把票投給希拉蕊或川普，就會被別人當成性虐待的縱容者。我認為就算人們想要破除性別歧視，選出女總統，但被指控性虐待的女總統並不是人們想要的，不要讓這種事情發生在你的身上。

---

現在距離大選投票日只剩下幾週的時間，我對川普勝選做出的預測已經失去信心。看來我原本擁有的任何信譽就要毀於一旦，而且後續幾年還會淪為他人的笑柄。如果我們會以歷史為殷鑑，我知道一些陌生人需要花十分鐘才能更新我在《維基百科》的介紹頁面。全世界將永遠知道我曾經錯得多麼離譜，而且有日期和細節佐證，還能連結到那些正確預測大選結果的名嘴有損我形象的文章。

在我看來，情況一點也不妙；對川普來說，情況更糟糕。

任何懂得避免難堪的正常人都會推翻自己的預測，以配合民調結果和專家意見。所以，常人遇到這種情況會公開否定川普，我還有時間做一點事，保住一些尊嚴。

但是，我並沒有那麼做。

## ◆煽動暴力的霸凌和威脅

「我們變得狂妄，變得傲慢自大，我們也成為惡霸。」

——女星柔伊．莎達娜（Zoe Saldana）於二〇一七年一月川普總統就職前一週的發言

我住在加州北部，距離柏克萊只有很短的車程，這裡自由主義盛行。川普甚至表明除非必要，否則不打算到加州參加競選活動。在平常日子裡，共和黨支持者住在加州北部就已經不自在了，但現在並不是平常日子。

希拉蕊的團隊順利將川普定位為，像是希特勒那樣既危險又不穩定。如同我先前指出的那樣，這種做法為希拉蕊的支持者提供道義掩護，讓他們得以公開威脅川普的支持者，並對其做出**人身**攻擊。

我先聲明，川普的支持者也惹了一些麻煩。但是我們知道，根據報導，川普支持者惹的麻煩大多是惡作劇，或是由希拉蕊出錢請密探唆使的鬥毆。

保守派組織真理計畫祕密拍攝的影片指出，希拉蕊的密探吹噓在川普集會活動煽動暴力。[2]

被媒體稱為「歷史悠久的黑人教堂」遭人縱火，據報導，懷疑這是川普支持者的仇恨犯罪，結果真正肇事者是這個教會的非裔美國人。[3]

有一名穆斯林婦女聲稱在地鐵上被三名川普支持者搭訕，結果證實是謊言。[4]

我們不需要把候選人支持者的肇事率拿來比較，才能知道候選人的一些支持者行為踰矩。讓我們說好，不要讓這種事成為競賽。每個大型團體裡都會有一些壞分子，對我個人而言，川普的支持者並不危險，因為認為我站在他們這一邊，而且我沒有看到任何跡象顯示，他們開始胡亂滋事。希拉蕊支持者的情況卻截然不同，我們知道他們可能會動用暴力。這裡是一些實例：

- 在聖荷西舉辦的川普大會上（地點距離我家只有很短的車程），希拉蕊支持者在散會後對川普支持者進行人身攻擊。[5]
- 川普支持者在里奇蒙（Richmond）大會後遭到攻擊。[6]
- 川普支持者在柏林格姆（Brlingame）大會外遭到襲擊。[7]
- 在投票日當天，一位支持川普的婦女在佛羅里達州投票所遭到攻擊。[8]

主流媒體似乎忽視這些襲擊，但這可能是我的確認偏誤。我無須知道太多類似的暴力行為，就能知道這些行為中有一種模式存在，也明白真正的危險在於情況可能會惡化。

在有社群媒體西部蠻荒（Wild West）之稱的推特上，希拉蕊支持者的霸凌殘酷無情，他們羞辱我的長相、智慧、年紀、性能力、人際關係、身高、禿頭，所有你能想到的一切都是他們羞辱我的目標。那年有人不止一次地對我說，希拉蕊支持者的行徑實在太邪惡了。

我有一個痛處，在看到或遇到霸凌時就會變得不理性。如果我成為希拉蕊支持者攻擊的唯一目標，或許可以忍受這種霸凌和威脅過日子，但是全國各地的川普支持者正在遭受攻擊，我聽到幾十個受害者的故事，我聽說人們失去客戶、失去工作、在公共場合受到嘲諷與攻擊，以及汽車和住家遭到破壞的種種故事。這不是政治，而是霸凌行為，就是這樣。而且這種事讓我左思右想，無法理性看待。

## ◆重新堅定發聲表態

和許多人一樣，我小時候遇過霸凌問題。當時，我審慎運用公共暴力來解決自己被欺負的問題，這是當時小城鎮裡的慣用做法。奇怪的是，我沒有因此坐牢，那也是當時的風俗習慣。在公共場所攻擊霸凌者，不會被當成不良行為，而被認為是解決問題的方法，這種教養還深深烙印在我的身上。

總之，我不喜歡惡霸。

川普深陷《前進好萊塢》引發的醜聞中，隨著女性出面向他索賠，情況變得更加惡化。看來惡霸要獲勝了，對我來說，這種情況是無法忍受的。

如果你反對川普，在閱讀本書時，我這麼說可能會讓你嗤之以鼻，因為你認為川普是故事中唯一的惡霸，這種觀點就是我所說的「字面思考」。但在此為了說明重點，我只是告訴大家川普沒有欺負我，而且他沒有霸凌任何守法的美國公民，但是他肯定強硬對付任何蠢到和他作對的對手。我認為你霸凌的**對象**，就是區別所在。當川普以強硬態度反擊專業評論家時，我並未感到驚慌，但是當有人欺負我或其他公民時，我在小鎮生活的習慣就會被自然啟動。

面臨希拉蕊想在我死後試圖搶奪遺產的問題，現在我也想破壞整個民主黨及打著「政治正確」的幌子，而將川普支持者說成納粹的惡霸，我很少把自己的說服能力發揮得淋漓盡致，只有在搏鬥或是為了某種更大利益時才會這麼做，這一次的情況剛好符合這兩個條件。

你不需要提醒我，在許多情況下，川普支持者在網路上也是可怕的惡霸。但這是**我的**故事，他們沒有追殺**我**，他們大多是以希拉蕊的惡霸支持者為目標，因為希拉蕊支持者認為川普支持者比其他階級民眾更沒有價值。我對任何一方的霸凌都不滿意，但是更在意那些追殺我的惡霸。

二〇一六年十月二十五日，我重新支持川普擔任美國總統。川普有缺點，但他並沒有霸凌我，也沒有試圖搶奪我的遺產。到目前為止，我利潤豐厚的演說生涯已經從每週一、兩場，下降到不剩一場。二十年來，從未發生這種狀況。我因為撰文稱頌川普的說服本領，並預測川普勝選，就讓大部分的收入都蒸發，也讓我淪為賤民。在投票日當天，朋友圈中有七五%的人不理我，其中有些人也成為霸凌者。

身為訓練有素的說服者，我寧可不加入任何團體。因為加入團體後，個人意見自然會偏向團體的意見，也會讓個人盲從，無法好好思考，而且加入團體也讓你成為競爭團體的敵人。候選人川普曾經是民主黨人，後來成為共和黨人，又幾乎不算是保守派人士，所以可能因此取得某種政治優勢。他顯然是基於政治目的加入共和黨，但在我們看來，他更像是一股自然的個人勢力，而不是一個團體的成員。我們對川普獨立思考的集體印象，可能讓某些人更容易跨越黨派界線支持川普。如果你想把世界看得更清楚，就要避免加入團體，但是如果你打算參與戰爭，就不需要思緒清明，你需要的是加入團體，仰賴團體的力量。

川普加入共和黨這個團體，藉此贏得總統職位，現在我加入川普的團隊，為了和支持希拉蕊的惡霸開戰。

我全力以赴。

第三十四章

# 英雄電影的三幕劇法則

◇◆◇

在所有支持川普的公眾人物中，我屬於最樂觀看待大選結果的那群人，甚至在川普爆發「言詞侮辱女性」的醜聞，讓我覺得大勢已去後，依然保持樂觀。當我聽說一切都完了，當時我並不在國內，也不在意這個消息。等到我終於檢查手機，查看推特的訊息通知，在知道究竟發生什麼事前，已經察覺到事態有多麼嚴重。我知道的是，對候選人川普來說，這是一個壞消息。川普的支持者要求我讓他們放心，希望我告訴他們：川普還是會勝選。

**沒問題**，我心裡這麼想。**川普每週都會遇到麻煩，然後都能安然脫困**。我看過好多次這種情況，看起來似乎很平常，所以這個新醜聞（不管牽涉什麼）肯定也沒有兩樣。推特上的推文提到川普的某個錄音檔，他說了對女性不敬的話被錄音了。

這種事到底會有多糟呢？

**沒問題**，我心裡這麼想。**川普在早餐前說了五件**

**不合適的事，這當然沒什麼大不了的**。這次大選期間，我在推特上教導粉絲區分大小事，至少是從說服的觀點來區分。所以，看到大家這麼慌張，讓我有點惱怒，看來大家已經忘記如何區分大事和小事了。我想自己會點擊連結，看看每個人都瘋狂發送給我的內容。我會閱讀它，把它放在上下文裡，並且透過部落格文章告訴世人，沒什麼大不了的，和我在過去一年裡遇過的多次情況一樣。

我點擊連結，聽了錄音檔，然後整個人都呆住了。

川普玩完了，或者看起來是這樣沒錯。我也玩完了，我想他會繼續享受當爺爺，坐擁億萬富翁的美好生活，而我會在和川普相關的羞辱下度過餘生。這種明顯的失敗不會抹滅，似乎是最糟糕的情況。

如你所知，當時我迅速改變立場，從支持川普轉為支持強森，只是為了脫離風暴。不過，這就是事情變得有趣的地方，我用「有趣」來形容，意思是事情真的很不可思議。

我從二〇一五年秋天起，一直在個人部落格中預測，川普在最終贏得勝選前，選情發展會依照電影的三幕劇經典結構。三幕劇法則如下所示：

**第一幕**：英雄經歷人生中的變化。以川普的情況來說，表示競選總統並在初期取得領先。

**第二幕**：在第二幕中，我們看到英雄玩得很開心，通常會經歷一次又一次的小冒險，並能從中獲勝。我們看到川普贏得共和黨初選，以驚人又有趣的方式克服一個接著一個的障礙，就像電影情節一般。

第一幕和第二幕往往暗示，將會出現一個重大問題亟待英雄克服。如你預期，在第二幕裡，川普已經克服接二連三的醜聞指控。不過你也不得不懷疑，之後是不是會有什麼大事發生，是某種可怕的事，甚至連川普都無法逃脫。除非發生這種情況，否則這種情節就稱不上是一部好電影。當這種大事出現時，我們稱為第三幕。

**第三幕：**第三幕也就是最後一幕，特點是英雄設法解決不可能解決的問題。但是不要被第二幕中出現「假的第三幕」所迷惑，在第一幕和第二幕中，英雄也有難以解決的問題，但是與真正第三幕的問題相比，先前的問題根本不算什麼。

如果電影劇本寫得好，觀眾就會被愚弄，以為第二幕中至少有一個問題是第三幕劇會出現的大問題。比方說，川普在接受CNN採訪時，遲遲不願表態拒絕三K黨，並且把這個問題歸咎於耳機收訊有問題，在這件事情發生後，大家原本以為川普就要玩完了；另外一個情況是，川普在參加民主黨大會上對汗夫婦的評論，被指控成「侮辱」已故英雄的雙親，當時也讓人覺得他沒戲唱了。事後看來，這些問題看起來就像假的第三幕。

「真正的」第三幕是，《前進好萊塢》錄音檔外流。沒有人能從這種醜聞安然脫身，川普也沒有這種本領，尤其是距離投票日只剩下一個月的時間，川普根本不可能逆轉勝。民調顯示，在醜聞爆發前，川普勝選的機率只有二％。

## ◆三幕劇電影結構預測

在川普言詞侮辱女性成為頭條新聞前，我曾在社群媒體和個人部落格上多次討論三幕劇電影預測。那個預測並沒有引發太多的關注，因為坦白說，人們覺得那個預測很怪異。我沒有提出自己做出那個預測的依據，還開玩笑地對社群媒體粉絲說，我會在第三幕發生、川普贏得大選後，透露這個預測背後隱藏的祕密。川普勝選後，我在個人部落格上這麼解釋。

---

二〇一六年十一月九日發文

我如何準確預測這次大選的發展竟然會像一部三幕劇的電影？因為我看到當時下列的情況正在展開：

1. 希拉蕊支持者的霸凌行為，讓川普的許多支持者不願表態。一旦大選結束，結果可能跌破眾人的眼鏡。

2. 川普的說服力勝於我見過任何在世的人，使得大選結果，兩黨候選人可能只有些微之差。而且人們通常會投票給所屬黨派的候選人，也保證選舉結果將是些微之差。

3. 主流媒體支持希拉蕊，這會造成希拉蕊在選舉週期結束時的某個時間點，可能處於領先地位。

4. 新聞界的商業模式能夠保證，經常有許多「醜聞」會爆發。小事被誇大成大事，而且我認為會有很多這種事出現。川普有本領克服選舉期間爆出的中型醜聞和一些小問題，這些情節就能構成趣味十足的第二幕。

5. 一旦我將這次選舉當成電影劇本來探討，就會以電影劇本的方式看待事件的發展。我們的大腦經過電影的訓練，可以認出這種三幕劇的形式，這就是所有電影都使用這種劇本結構的原因。

---

當時我就是用這種方式，解釋三幕劇電影預測。但是這個回答並不完整，我把其中不可思議的部分保留在本書公布，不過必須先做背景說明。

請記住，本書的主要重點是，人類無法認清現實的真面目。演化沒有讓我們具備這種能力，我們擁有的能力是將觀察合理化，並把那些觀察放進針對現實在腦海裡編造的小電影。

記住，我們無法知道編造的這些電影裡，有哪些電影是「正確的」，如果真有這種事情存在的話。可以明確知道的是，我們為現實挑選的濾鏡是否讓自己感到快樂，能否準確地預測未來，這就是我們所知道的一切。

根據說服濾鏡，幾部電影可以同時在同一個螢幕上播放，還能讓觀眾開心，並準確預測接下來發生的事。但是，如果幾部完全不同的電影都有相同的結局呢？這是否意謂著什麼？

多年來，我一直以這種欣賞多部電影的方式看待世界。當川普開始在選舉中獲得關注時，腦海裡浮現出幾部電影。我把這些電影不可思議的部分列出如下。

這些電影的情節都不一樣，但是結局卻都一樣，就是：**在每部電影裡，川普都勝選了**。

這就是不尋常之處。

我將當時腦海裡播放的瘋狂電影（或許只是字面上看來瘋狂）摘要如下：

**電影——史考特的命運**：在我腦海裡播放的這部電影，劇本很不可思議，在這部電影裡，我有時會看到未來。通常我是在清醒時看到這些「幻象」（我找不出較不神祕的字詞代替），在我醒著時，這些幻象按照自己的時間表出現，不像夢境那樣會逐漸從記憶中消失。事實上，時日一久，這些記憶反而變得更加清晰，而且它們有一個特徵，感覺既不是記憶，也不是想像。我認為那只是自己的想像，直到開始注意到這些幻象全都成真了。（是的，每個例子可能都是我的確認偏誤，不過這一點並不重要。）我會告訴你一些我所說的幻象，好讓你知道那部電影究竟是什麼模樣。

我六歲時，看到自己成為世界知名漫畫家。那不像是一廂情願的想法，而像是其他感覺。根據經驗，我能看到自己的命運，而且在六歲時就看到這種幻象。不用我說，你也知道成為知名漫畫家是多麼稀奇的事。

就讀大學時，我有一天突然從睡夢中醒來，滿腦子都是舊金山的景象，我在那裡沒有家人，也沒有朋友，因此並沒有把這件事放在心上。由於至少三次互不相關的巧合，一年後，我竟然住在舊金山，現在仍然住在舊金山灣區。

同樣發生在大學時期，有一天我醒來，腦海裡看到自己在舞台上對著場內數千人發表演說。多年後，我成為美國收入最高的專業演說者之一，在全美各地座無虛席的宴會廳與講堂裡對著群眾發表演說。在看到這個幻象時，我沒有任何想當演說家的抱負，所以成為演說家這種想法不知從何而來。

以上就是我所說的幻象，這種讓我略微看見未來的感覺，大概出現十幾次。而我不可靠的記憶告訴自己，這些幻象都成真了，只有一個幻象在未來五年才可能知道是否成真。生活在二維世界裡的人們很快就注意到，對這種現象的最可能解釋是我在說謊，或是我有選擇性記憶。那些電影和我的電影在同一個螢幕上播放，我不會輕忽。但是我觀看的所有電影都顯示，川普會突破重重難關成為美國總統。我可以像看見自己的手那樣，清楚看到那個未來景象。這並不表示我**真的**看到未來，我不相信人們可以看到未來，只是告訴你，我對這種幻象的主觀體驗。

附帶一提，我過去曾對各種事做過許多錯誤的預測。但在那些情況下，預測是來自二維分析的組合，也就是一廂情願的想法，再加上普通的猜測。我預測川普勝選的經驗則完全不同。我的經驗是，我可以「看到」它發生，並不像是想像。

更明確地說，如果我聽到現在告訴你的故事，一個字也不會相信。我會假設自己聽到謊言或選擇性記憶的結果，所以你當然也可以這麼做。請記住，我不會將這部電影當成現實或任何接近現實的事物，我會把它當成將自己的經驗**合理化**所做的呈現，就像腦海中的所有電影都是這樣形成的。如果我腦海裡的電影讓自己開心又能預測未來，就會滿足我的要求。這部特別的電影確實讓我開心，因為我發現川普很有趣，而且這部電影確實預測了未來，這樣就夠好了。

但這並不是我腦海裡唯一一部顯示川普勝選的電影，還有更多電影都顯示出川普勝選，這才是讓情況變得不可思議的原因。

**電影——模擬現實：**在這部電影裡，早期物種創造人類作為某種軟體模擬。我們相信自己和造物者一樣真實，但假設每個模擬物最終都學會創造自己的模擬物，對每個原始物種來說，都可能會有數十億個模擬物。在這部電影裡，為了提高效率，許多電腦程式碼被重複使用，這就是我們在生活中看到原本應該完全不存在模式的原因。在這部川普的電影裡，我們看到電腦程式碼的重複使用。

當我注意到川普在大選中的第一幕逐漸變成第二幕時，我懷疑這是否是模擬宇宙重複使用電腦程式碼的情況。三幕劇電影形式是最常見的模式之一，川普的選情發展完全符合電影的第一幕和第二幕，讓我不假思索地想到第三幕劇情就是最後獲得勝利。這個看待現實的濾鏡假定，三幕劇電影結構不僅發生在按照腳本演出的各種娛樂中，也是在日常生活中反覆看到的一種模式。由於這種模式預告英雄最後會反敗為勝，所以這種模式總是令人滿意。

必須提醒你，我並不是在推銷將這種現實版本當成事實，它只是世上能讓我快樂的眾多濾鏡之一。如你所見，在這種情況下，這個濾鏡把預測未來這項工作做得很好。

**電影——史考特的說服力**：在這部電影裡，我發揮自己的說服力讓川普當選。這部電影讓我開心，因為我是英雄（如果你是希拉蕊的支持者，我在你的眼裡就是壞蛋），而且這部電影也做了很好的預測。我不認為這部電影是真的，但就像在腦海中播放的其他電影一樣，它剛好符合我觀察到的數據。

**電影——說服大師**：在這部電影裡，川普的世界級說服本領讓每個人都感到驚訝。在這個劇本中，我是一名觀察家，像解說員那樣記述川普的說服對策。這部電影成為我看待這次大選的主要濾鏡，我開心地觀看這部電影長達一年多的時間，這部電影的劇本讓我開心，也預測出川普會勝選。

**電影——惡霸**：在這部電影裡，自稱為社會正義鬥士的希拉蕊支持者就是惡霸，但他們不知道自己是惡霸。如果你看過關於霸凌的電影，就知道霸凌者終會失敗。我喜歡一部以霸凌為主題的精彩電影，劇情中受害者挺身而出，克服所有困難。這種故事讓我開心，而這部電影情節也預告川普的勝利。

我相信你知道有數百萬人正在觀看另一部電影，在那部電影裡，川普是故事中唯一的惡霸。我懷疑那部電影是否讓任何人開心，尤其是在川普勝選後，而且那部電影當然沒有做好預測未來這項工作。

**電影——史考特反敗為勝：**我的生活中有一個反覆出現的美好模式，這個模式涉及在各種情況下反敗為勝。對我來說，這種模式在運動賽事、棋盤遊戲、商業和其他領域，都出現驚人的規律性。你無須告訴我，這是選擇性記憶的結果，因為我自己也覺得是這樣。這種經由我觀察到或想像出的模式所產生的實際效果是，無論我遇到多大的難關，最後都會反敗為勝。

和大多數人一樣，我在許多方面都曾失敗。我撰寫一本關於自己諸多失敗的書，但是那些失敗一開始都沒有受到任何重大關注。反敗為勝的模式一直僅限於，我加入競賽，但落後領先者的情況。

在投票日當天，我看到新聞報導大選結果時，腦海裡又出現這部反敗為勝的電影。我原本以為自己會輸給那些預測希拉蕊篤定當選的專家，民調業者說我會輸，我的樂觀主義一度因為川普爆出言詞侮辱女性而受到重挫。在推特上，最猛烈批評我的評論家率先留言，他們期待我嘗嘗奇恥大辱的失敗滋味，其中有幾位評論家還表示，他們等著看我大選後天天以淚洗面，還說為了看我出洋相，一定會關注我的推特動態。這些鋪陳簡直是電影情節的完美安排，等著我最後反敗為勝。

後來，我真的反敗為勝了。

# 第三十五章 是預測，還是促成？

◇◆◇

當你第一次接觸到關於現實「濾鏡」這個想法時，一定很難完全接受。其中最具挑戰性的部分是，承認人腦並不具備以任何深入方式理解現實的能力。相反地，我們會在腦海裡製作小電影，而且生活在這些電影中，直到觀察到現實世界裡的事件，讓腦海裡編造的一切無法成真。當腦海裡目前播放的電影無法和現實呼應時，潛意識就會要求我們改寫劇本，讓腦海裡的電影情節符合觀察的事實。在本章中，我將描述一個有趣的例子，其中有兩個濾鏡解釋相同的觀察結果。一旦你開始認出這種現象，就會看到這種現象無所不在。我會用這個例子讓你理解。

關於川普「意外」勝選的最有趣問題之一是，我只是預測出川普勝選，或實際上是我發揮說服力，在某方面促成川普勝選。我明白這種說法聽起來很荒謬，我只是在廚房裡拿著筆記型電腦打字（像現在這樣），就能操控世界事件。但是無論如何，讓我說明一下，這樣一來你就可以看到兩個不同的濾鏡如何輕鬆描述相同的觀察結果。

我提到「史考特促成川普勝選」這個濾鏡的唯一原因是，在推特和部落格的粉絲開始納悶，我所做的事是否不只是預測，他們想知道我是否積極為競選活動效力，因為他們覺得無論我預測什麼，川普就會做什麼。比方說，川普被指責為無情的怪物時，我在部落格中建議他應該做一些富有同情心的事，並且被拍照留影。我承認川普想當然耳會這麼做，但卻還沒有這樣做，而且照理說他早該這樣做了。就在我提出建議的隔天，候選人川普就走向觀眾，和一位受傷老兵親密互動。這支影片在社群媒體上被瘋傳。我的推特粉絲納悶，此事是否純屬巧合。

當希拉蕊獲得民主黨提名，並開始將川普說成種族主義者時，我在部落格發文說，要對這個指控做出最有說服力的辯護就是，與非裔美國人親密合照。因為透過肢體語言表達情感，這種事假裝不來，而且真正的種族主義者甚至不會嘗試這麼做。

如同之前章節中提到的，在發表這篇部落格文章的二十四小時後，開始從人們那裡看到興奮的推文，他們說：「他這麼做了！他和黑人親密合照！」所以，川普這樣做了，他正在親吻一名黑人嬰兒、擁抱黑人成年人，也就是以肢體語言表達情感。不過，這麼做還不足以解決他的問題，還差得很遠，但卻是朝著正確方向邁出一步。

## ◆是走運，還是真有本事？

許多專家對選舉做出準確的預測。通常，依照運氣的常態分配，總有人能比一般人做出更準確的預測。如果你認為我對川普做的預測是運氣使然，而你也看到我的預測全都成真了，你看待現實的濾鏡就會完全符合觀察到的數據。總有人是對的，而你從經驗得知，這種人後來都會聲稱自己有特殊的見解，這正是我所做的事，那些預測川普獲勝的其他專家也是如此，或許我們就是「走運」，而且我們試圖把走運說成是自己有本事。這種世界觀符合每個可觀察的事實。

同樣地，如果你認為這是確認偏誤的例子，也就是人們只是**想像**我的預測與現實相符，也許他們忽略我預測失靈的部分，而過度解讀我預測命中的部分。但是無論如何，這種濾鏡還是與事實完全相符。

現在，我們對於觀察到的結果有四個濾鏡可用：一個濾鏡說我只是猜測誰會成為總統，而我很幸運地猜中了；另一個濾鏡說我的預測一點也不準，但是確認偏誤讓我的預測看起來好像很準確；第三個濾鏡說我準確預測這次大選，因為我在說服方面的知識提供特殊的洞察力；第四個濾鏡說我促成這次大選結果，而不只是預測大選結果。有趣的是，這四個濾鏡都符合可觀察的數據，那就表示你可能永遠不知道哪些濾鏡是對的。

我也一樣。

接下來，我們就將「走運猜準」濾鏡與「我**影響**選舉，而不只是簡單預測」這個想法做比較，這麼做只是為了寓教於樂。

請記住，我是訓練有素的說服者和專業作家。客觀地說，與不曾接受這些方面訓練的人提出的意見相比，我的意見通常更有說服力。訓練使你更精通大多數的技能，說服方面的訓練也不例外。四十年來，我一直接受寫作和說服這些方面的訓練。單憑實務來說，你應該認為我比一般專家更有說服力。

在這次大選期間，我的部落格流量激增，每次在推特和部落格發表文章，都會吸引超過十萬名粉絲。當你考慮到沒有多少人會深入關切政治，尤其在大選初期時，就會知道有十萬人關切政治其實為數驚人。這十萬人閱讀我在大選初期針對川普所寫的部落格文章，他們是對政治問題最關切的一群人，也是會關注每個有趣觀點的選民。理論上來說，影響這群人就能發揮乘數效應，因為他們會影響其他人。當我的貼文在網路上爆紅時（這種情況發生很多次），數百萬人看到我對問題的獨特詮釋。幾乎每個主要媒體網站都在選舉期間與我聯繫，表示都在關注我的部落格文章，通常這種情況會發生在要邀請我接受採訪或是和我詢問價碼時。不過，很多聯繫者都是新聞從業人士，他們表示是我部落格的粉絲，會在辦公室裡討論我用說服濾鏡看待選情一事。

在距離投票日還有幾個月時，我聽到可靠消息說，川普競選團隊的一些成員知道我在部落格上撰文論述他們的老闆。川普的長子小唐納（Donald Trump Jr.）在推特上追蹤我，還曾轉推我的幾篇推文；候選人川普則是轉推過我的一篇推文；川普支持者紐特・金里奇（Newt Gingrich）發表一篇文章，提及我的部落格。我已經成為不容小覷的人物，但卻無法評估對任何人的想法產生什麼影響。

我想要影響選舉結果是基於情緒因素，因為希拉蕊的某些支持者霸凌我，激起我的情緒反應，我不喜歡惡霸。基於人性，我也希望自己的預測是正確的。所以，我有充分的理由說服大家支持川普，我有動機這麼做。

因此，以法庭審理案件的觀點來看，我有動機進行說服，也有機會和適當的工具做好這項工作。在投票日當天，事情就朝著我說服的方向發展。

但是，這些都不表示我改變了任何人的想法。

以許多理論為依據，將事實說成和過往看法相符是很容易做到的。如同CNN的報導，以及我在第七章中的解釋，有數十位專家對川普勝選提出解釋，而他們的說法都符合觀察的事實。我所做的只是增加一個例子，說明如何讓觀察到的數據符合過去所做的不同解釋。你可能想知道，如何從所有可能性中挑選出最準確的解釋。

答案是，我們沒有任何可靠的方法能做到這一點。

## ◆追蹤說服力影響的簡單測試

不過只是為了好玩起見，我使用一個小技巧追蹤自己的說服力產生什麼影響。這種方法當然並非萬無一失，而且純屬娛樂，並非嚴謹的科學。但是，為了在這裡做一個完整的說明，我會告訴你，我是怎麼做到的：**我使用不常見的字詞和想法，看看這些字詞和想法是否在大眾對話中出現**。如果我看到自己獨特的措辭或罕見的觀點突然受到廣泛使用，就表示我可能已經引起大眾的關注。但是，你永遠不能排除巧合這種事。

舉例來說，在選舉週期初期，當大多數專家把川普形容為某種邪惡的小丑時，我則使用**說服**、**錨點**、**催眠**、**框架**及**談判**等字詞。到了就職典禮那天，這些字詞在政治新聞輿論中已經相當常見。

之前我在Periscope上直播，並詢問長期觀眾，他們是否認為我是第一位在二〇一五年直言不諱表明事實對

政治說服的
簡單心理招術
如果將訊息重新設計符合共和黨人士的「道德觀」，
保守黨人士更可能支持像移民和歐巴馬健保這類政策。
科學
《大西洋月刊》（*The Atlantic*）專欄作家奧爾嘉．卡贊（Olga Khazan）
二〇一七年二月一日

國會山報

# 川普的說服藝術

詹姆斯・沙爾（James Schall）撰文，
OPINION CONTRIBUTOR-03/03/17 12:21 PM EST

1 SHARES

SHARE (1)　TWEET

時事

一本關注政治與文化的雜誌

HOME / MAGAZINE / SUBSCRIBE / ABOUT / SHOP / DONATE

二〇一七年三月十六日

# 「辯論」對抗說服

更多時事新聞

太空烏托邦的衰敗令人惋惜

挑選總統並不重要的公眾人物。在Periscope網站上，觀眾一致認同最先聽到我這樣說。他們也認為其他刊物開始以科學論述模仿我的文章，探討人類在決策過程中是如何不理性。事實證明，科學認同催眠師的看法：人類只是**想像**事實對我們的決定至關重要。事實上，我們正在發明自己的個人事實，以符合腦海裡播放的電影情節。

持平地說，我不能排除這種假設：讀者只是**想像**我是第一位大聲宣布，事實在這一次選舉中並不重要的作家。這可能是確認偏誤的一種情況，而且這種情況同樣適用於下一個「跡象」。

二〇一五年，我開始使用這種比喻：川普和二維世界的玩家下起三維世界的國際西洋棋。根據我的構思，三維指的是說服。在

CNN 政治新聞　國會　安全　最高法院　川普執政的美國　州

已經讓民主黨人士相當緊張。最近針對川普團隊將機密情報透露給俄羅斯的報導，將會讓民主黨人士更覺得有必要指派一位特別檢查官。

**選項3：川普正在下三維世界的西洋棋**

我做出這種比喻前，都不曾聽說有人把這個比喻用在川普身上。一年後，你看到川普的支持者和批評者都使用這種比喻。批評者用它做負面評論，譬如：「我懷疑川普在下四維西洋棋，我們就是認為他很無能。」（批評者為了達到嘲諷的效果，通常會將我的三維說法升級到更高的數字。）

其他作家完全有可能明白，事實在這一次選舉中並不重要，因為他們目睹這種事正在發生。其他作家也有可能想到三維世界國際西洋棋的比喻，這是形容更高層級策略的常用做法。

把所有線索放在一起，我們知道我受到說服方式的訓練，有一個明確的動機要說服選民，有一個公開管道，可以透過社群媒體接觸到想要說服的人。我們也知道，大選結果剛好是我設法創造的結果，而且你可以看到我選用的非標準字詞融入全國對話的跡象。

但是，這所有一切並沒有證明什麼，也不是令人信服的間接證據。

## ◆無法確知的真相

如同我再三強調（因為重複這一點是有用的），你可以將許多不同的解釋強加套用到過去發生的事，而且這些解釋都有效。我知道至少有三個人相信他們是川普獲勝的關鍵原因，而且他們都有強烈的理由支持川普。

事實上，川普的勝選可能需要集結所有可能獲得的好運和各方英才的協助。我可以肯定地說，自己確實影響**一些**選票，原因是在推特上詢問有多少人因為我說過的話，決定投票給川普，結果有數千人聲稱我是他們投票給川普的原因。推特民意調查只觸及一小群人，有更多人知道我說服大家投票給川普，表示我**可能**已經影響數萬張或數十萬張選票，而實際影響數字無法得知。

但是我確實知道，自己提供許多所說的「假的理由」，讓大家被我說服。在這種情況下，表示人們已經準備要把票投給川普，但是他們在心理上或其他方面不願意表態，因為反川普人士順利地把川普說成希特勒。我把川普定位為說服大師，而不是獨裁小丑，提供人們某種心理上的藉口，如果你願意的話，就把票投給川普。我在社群媒體上聽到數十個人用我的論點捍衛他們的選擇，表面上看來，好像是我說服他們。但是，這種「假的理由」可能會誤導大家，即便我沒有提供一個好的「理由」，讓他們可以證明投票給川普是正確的，他們也會選擇其他的「理由」。他們會密切關注最近的新聞報導，並聲稱那些新資訊是促使自己投票給川普的最後關鍵。無論發生什麼事，原本就想支持川普卻沒有表態的人都可能在投票日表態。人們只需要找出「假的理由」，把投票給川普這件事合理化，而我以說服大師這種概念提供人們一個可以接受的「理由」。

現在，讓我為自己腦海裡的電影增添一些背景說明。如果你真的想知道我在這次大選中究竟多有說服力，了解我以前在這類事情的表現可能會對你有幫助。我無法一一透露自己過去完成的說服專案，可以告訴你的是，這不是我第一次發揮說服力影響國家層級的事件。不過，我也無法知道，如果自己在這些情況下曾造成影響，影響又會有多大。也許我只是擅長預測哪一方會獲勝，但是對觀察家來說，情況都一樣。而且我也不知道潛在的真相為何，至少我無法確定。

## 說服祕技三一

如果你試圖要某人決定支持你，對方尚未表態但傾向同意你的做法，就可以試試用「假的理由」讓他們「同意」你的意見。你提供的理由不必很好，在人們找理由支持你時，任何「假的理由」都會發揮作用。

所以關於我的說服力，能做出的最合理推測是，我確實影響很多人改變投票意向。但是，我認為說服濾鏡在這一次大選期間也準確地預測事件的發生。所以，我認為自己在這次大選中的行為，既是促成，也是預測，我不知道哪一個更能解釋所發生的事。

在撰寫本文時，我正試圖影響另一個國家級的話題：氣候科學。我的框架涉及將氣候科學與預測模型加以區分，並將預測模型和經濟模型分開，進行個別評估。畢竟，經濟學不是科學，更像是

《呆伯特》　　史考特．亞當斯繪製

占星術，至少當你用經濟學來預測十年後的事情時，它就和占星術無異。

以這種框架評估氣候科學，並不是由我獨創。但是在撰寫本文時，幾乎所有針對氣候變遷表達看法的人都表示，氣候變遷可能是迫在眉睫的災難，不然就是沒有什麼好擔心的小事。我將氣候變遷重新框架為三個個別主題：科學、氣候模型及經濟模型。如果你閱讀本書時，看到這種框架成為了解氣候科學的標準方式，可能是因為我的影響。

但是，我們無法確定。

**最新報導**：在我寫完本章的幾個月後，川普總統宣布退出巴黎氣候協定，並將其視為與科學無關的經濟決定。川普總統的批評者連續幾週對此事大肆抨擊，直到他們明白要為花費數十億美元卻對降低全球溫度幾乎毫無助益的事情辯駁非常困難為止。當專家確認巴黎氣候協定的高成本和低影響時，我明白自己剛剛目睹現代史上最偉大的制高點策略之一。

或是我促成這種結果。

無論如何，情況看起來都一樣。

附帶一提，我在這篇推文中找到一個線索，原來《鋪梗力》作者席爾迪尼很清楚我寫了什麼。

席爾迪尼在這則廣告中使用「說服大師」可能是巧合，但是這位影響力大師曾經告訴我，我在部落格撰寫關於大選的文章，讓他看得津津有味。看來，我是否說服了席爾迪尼這位史上最知名的說服專家之一呢？

或許吧！但是，同一個螢幕上播放的另一部電影則說：是席爾迪尼說服我，讓我把他那本精彩好書的廣告放進本書裡。

可惡！席爾迪尼真是**了不起**。

Team Robert Cialdini
@RobertCialdini
Following
要改變對方的「心意」，事先說服者必須先改變對方的「心理狀態」。
BECOME
A MASTER
PERSUADER
（成為說服大師）
現 在 就 聽
PRE-SUASION
ROBERT CIALDINI
一種影響及說服他人的創新方式
influenceatwork.com
RETWEET
1
LIKES
9
12:54 PM - 1 Mar 2017
1
9

# 第三十六章
# 最後一夜

◇◆◇

二〇一六年十一月八日。

去年我一直過著比平時更像公眾人物的生活。在這次大選中，媒體苦無內容報導，而我提出說服大師的想法，提供一些不同的內容幫忙填補媒體版面和應付節目所需。製片人邀請我在有線電視新聞節目、國家廣播、平面媒體採訪、播客、推特、Periscope直播中，說明我對川普的看法；我對這次大選的看法正在被其他作者與專家轉推、轉發、引用和直接剽竊。但是，在投票日當天，我覺得好孤單。在這個夜晚結束前，我可能因為川普落選，讓自己餘生淪為眾人的笑柄；不然就是因為川普勝選，而意外成為贏家。無論如何，這兩種情況都將改變我，而且讓我的人生徹底改觀。

我約女友克里斯蒂娜・巴沙姆（Kristina Basham），和我一起觀看選舉結果。當天稍早時，民調專家與電視名嘴就以選舉人票地圖預測，每隔幾分鐘提醒我即將度過一個可怕的夜晚，而且我的未來可能也會因此受到牽連。

從川普出言侮辱女性的醜聞爆發後，我一直透過社群媒體告訴人們，我仍舊堅持川普勝選的機率高達九八％。在投票日前，我就宣布不再支持強森，重新支持川普，而且為此全力以赴。我和川普一樣都落入深淵，無論好壞，我的命運都與他緊緊相連。而根據當晚電視上每個人的說法，川普的命運看起來不太妙。

但是，當佛羅里達州開始報出選票數字時，一件有趣的事情發生了，我腦海裡的所有電影仍然預測川普勝選，我的樂觀主義又開始運作。此時，那部反敗為勝的電影，成為腦海裡最強力放送的電影情節。佛羅里達州對川普來說是一個必須贏得的大州。當川普在一開始票數領先時，我在推特向粉絲發送訊息，只寫了一個字母：L。

我的推特動態消息通知燈號亮了，人們詢問我這個字母是什麼意思，我沒有回答這些問題。當佛羅里達州的票數看起來像是川普獲勝時，我又在推特上發文寫下第二個字母：A。

即使川普拿下佛羅里達州的選舉人票，專家仍然預測希拉蕊還是可以輕易勝選，我一點都不這麼認為，在推特上發文寫下另一個字母：N。

現在我在推特上的一些聰明粉絲已經取得足夠的線索，解開這個謎題。過去一年來，我一直預測川普會「大勝」（landslide）。現在，我正在隨著大選結果逐漸揭曉，即時拼出這個字。而且我已經失控了，當天晚上沒有心情膽怯而死。

我的推特通知開始激增。我的推特粉絲大都是川普的支持者，當時主流媒體打壓他們的樂觀看法，當他們看到我對投票初期結果抱持樂觀態度時，也開始轉為樂觀，就像後來有些人告訴我的。請記住，我和這群人同步已經有一年的時間，現在我用自己的樂觀看法帶領他們，他們就開始追隨我。那一年裡，我對很多事情的看法都是正確的，他們希望我這一次預測大選結果也一樣正確。我幾乎可以在他們的留言中，感受到這股興奮之情。

至於後來發生的事，不用我說，大家都知道。

川普在一些原本以為無法獲勝的州取得勝利，而我在另一則推文中寫下「大勝」（L-A-N-D-S-L-I-D-E）的預測。雖然川普在普選票數上輸給希拉蕊，但是在選舉人票方面卻有壓倒性的勝利。川普支持者稱為「大勝」，而批評者則說他「輸掉普選票數」。

## ◆用新濾鏡重新觀察現實體驗

也許川普勝選是因為他選對一些州努力拉票，或許支持川普卻沒有表態的選民人數超出專家的預期；或許川普勝選是因為CNN在大選結果揭曉後，隨即列出的二十四個理由中的任何一個；或許川普勝選是因為我腦海裡的一部電影是「描述事實的」電影。至於川普勝選的真正原因，我永遠不會知道。

大約午夜時分，川普當選時，我決定享用加州最好的醫療用大麻，好好慶祝一番。補充說明一下，在加州抽大麻是合法的。在平常日的傍晚時分，我不會抽這麼多的大麻，但今晚並不是普通的夜晚。女友已經回家了，我獨自一人觀賞腦海中的美妙電影，這些電影都在腦海裡重現。我躺到床上，預計幾分鐘內會幸福地入睡。我已經逃離深淵，正在體驗純然的快樂。

就在此刻，我的手機響了。

有著一口英國腔的男子開心地和我打招呼，並表明是英國廣播公司（British Broadcasting Corporation, BBC）打來的電話。我忘記自己已經同意，在選舉之夜大選結果揭曉後接受電話採訪。這是他們打來的電話，但我現在根本就神智不清。

我有兩個選擇，可以拒絕接受原本答應的採訪，或是可以在BBC全球觀眾面前出洋相。後來我當然接受採訪，這根本不是什麼困難的選擇。這是我一生中最美好的日子之一。

應該再次提醒你，我對川普的支持並不是和他的政策有關。當你看到本書時，有許多事情已經發生了。也許川普總統會繼續做偉大的事情，或者他沒有這樣做。但是，無論命運引導我們走向何方，你現在有一個新的濾鏡觀察自己的現實體驗。

歡迎來到三維的世界。

# 謝詞

感謝所有「可悲之人」，讓本書化成可能。當事態變得艱困時，你們在社群媒體上支持我，你們拒絕安於現狀，你們無所畏懼、聰明又有趣。你們之中有許多人要求我撰寫本書，我很榮幸能這麼做。我希望你們喜歡我在本書裡，如此呈現我們的故事。

感謝有先見之明的發行人阿德里安・札克漢姆（Adrian Zackheim），他知道如何以適當的方式鞭策我。感謝出色的編輯利亞・特勞夫博斯特（Leah Trouwborst），協助我將原始想法變成一個引人入勝的故事。在此也要感謝克里斯・摩根（Chris Morgan）為本書進行事實查核，讓我不會惹上任何麻煩。

感謝在二〇一六年大選期間和之後對我緊追不捨的許多仇恨人士，你們激勵了我。有時候要創造藝術，就需要敵人。

感謝美國讓這一切都變得如此有趣，妳已經很偉大了，但最美好的還在後頭。

我們才剛剛開始。

附錄A

# 有關說服的閱讀書單

每當我撰寫有關說服的文章時，讀者都會問我，關於這個主題還可以閱讀哪些書籍，所以我把和說服有關的書籍列成一份清單。我並沒有看完這份清單上的每本書，其中有些書因為內容符合這個主題，也包含我透過不同管道汲取的教訓，所以把那些書也一併列入。

## ◆協助你停止相信

在這份閱讀書單裡，我最先介紹的這些書將協助你對自己理解現實的能力抱持懷疑的態度。如果你本來就是堅定的懷疑者，就可以略過這個部分。

- 詹姆斯・蘭迪（James Randi），*An Encyclopedia of Claims, Frauds, and Hoaxes of the Occult and Supernatural*

- 艾瑪・瑪麗奧特（Emma Marriott），*They Got It Wrong: History: All the Facts that Turned Out to Be Myths*

## ◆含水機器人假說

含水機器人假說最先出現在下列書籍中。這個假說認為，人類是受到因果影響的生物機器。根據這種觀點，自由意志是一種幻覺，一旦你理解我們的使用者介面，人類就可以被程式化。

在這部分的書單中，我藉由讓你知道我們如何受到設計、習慣、情感、食物及文字的影響，使你更容易了解「人類是無意識的機器人」這個概念。除非你接受含水機器人這種世界觀，否則很難有效地運用說服工具。

- 唐納・諾曼（Donald Norman），《設計的心理學》（*The Design of Everyday Things*）
- 喬・納瓦羅（Joe Navarro），《FBI教你讀心術》（*What Every BODY Is Saying*）
- 查爾斯・杜希格（Charles Duhigg），《為什麼我們這樣生活，那樣工作？》（*The Power of Habit: Why We Do What We Do in Life and Business*）
- 席爾迪尼，《影響力》

- 席爾迪尼，《鋪梗力》
- 丹尼爾・康納曼（Daniel Kahenman），《快思慢想》（*Thinking, Fast and Slow*）、
- 邁可・摩斯（Michael Moss），《糖、脂肪、鹽：食品工業誘人上癮的三詭計》（*Salt Sugar Fat*）
- 史考特，《我可以和貓聊一整天，卻沒法跟人說半句話》
- 山姆・哈里斯（Sam Harris），《自由意志》（*Free Will*）
- 艾瑞利，《誰說人是理性的！》
- 伯頓・墨基爾（Burton G. Malkiel），《漫步華爾街》（*A Random Walk Down Wall Street*）
- 塔雷伯，《黑天鵝效應》

## ◆主動說服

這部分的書單和如何影響人們的細節有關。我的看法是，除非你完全理解上述介紹的含水機器人特性，否則以下這些工具也無法徹底奏效。

- 席夢，《別有目的的小意外》
- 川普、史瓦茲，《交易的藝術》

- 格里・思朋斯（Gerry Spence），《勝訴：法庭辯論技巧》（*Win Your Case: How to Present, Persuade, and Prevail | Every Place, Every Time*）
- 安東尼・羅賓斯（Antony Robbins），《喚醒心中的巨人》（*Awakening the Giant Within: How to Take Immediate Control of Your Mental, Emotional, Physical and Financial Destiny!*）
- 戴爾・卡內基（Dale Carnegie），《讓鱷魚開口說人話》（*How to Win Friends & Influence People*）（建議你在附近的卡內基機構上課，它會改變你的人生，相信我。）
- 維克特・史瓦伯（Victor O. Schwab），《如何寫好廣告文案》（*How to Write a Good Advertisement*）
- 哈利・布朗（Harry Browne），*The Secret of Selling Anything*
- 布萊爾・華倫（Blair Warren），*The One Sentence Persuasion Course: 27 Words to Make the Word Do Your Bidding*
- 理查德・班德勒（Richard Bandler）、約翰・葛瑞德（John Grinder），《改觀：重新建構你的思想、言語及行為》（*Reframing: Neuro-Linguistic Programming and the Transformation of Meaning*）（我將本書列入書單，以求書單的完整性。神經語言程式領域的大部分說法都很誇張，但是其基礎有一些強大的事實依據。）
- The Rogue Hypnotist，*How to Hypnotise Anyone: Confessions of a Rogue Hypnotist*（我沒有看過這

本書，但是根據評論，它可能會讓你對催眠這個主題有一些了解，可別指望看完一本書後，就成為有能力的催眠師。）

- 皮埃爾・克萊蒙（Pierre Clement），*Hypnosis and Accelerated Learning*（這是我在催眠課學到的那種催眠方法，這種催眠方法源自於艾瑞克森催眠術，參見下一本書。）
- 理查德・諾加（Richard Nongard）、詹姆斯・哈茲勒里（James Hazlerig），*Speak Ericksonian: Mastering the Hypnotic Methods of Milton Erickson*〔米爾頓・艾瑞克森（Milton Erickson）是現代催眠之父，任何論述艾瑞克森催眠術的書都很有意思。〕

上Google輸入關鍵字「Persuasion Reading List」，查看是否有任何更新。

# 附錄B

# 成為更優秀作家的方法

◇◆◇

好的文章也是具有說服力的文章。人們會根據你的寫作品質，判斷你的可信度，而你需要可信度，才能說服別人。

如同你在本書學到的，川普總統以一種簡單、挑釁、有視覺效果又容易引述的方式進行溝通。在川普的溝通方法中，有部分可能是與生俱來的本領。但事實證明，鍛鍊出色的寫作能力是最容易學習的東西之一。你即將成為更優秀的作家，這件事就和閱讀我在二〇〇七年發表、與該主題有關的部落格文章一樣簡單。這篇文章在發表後，就引發網路瘋傳。我建議大家每年重新閱讀一次，以保持良好的寫作狀態。以下是這篇文章的原文：

二〇〇七年六月十六日發文

在上過一天的「商業寫作」課程後，我從拙劣的作家變成優秀的作家，真不敢相信寫作竟然這麼簡單。我會在這篇文章裡，告訴你商業寫作的主要技巧，所以你不必浪費一天時間上課。

商業寫作是與清晰度和說服力有關，主要技巧就是保持簡單。簡單的寫作很有說服力，用五句話說出的好論點，會比用一百句話描述的精彩論證，打動更多人。接受吧！別做無謂的抵抗。

簡單意指拿掉冗詞贅字，當你可以只寫「他高興」（He was happy）時，就不要寫「他非常高興」（He was very happy）。你認為「非常」這個詞增加一些效果，但是其實沒有。刪除句子裡的這些冗詞贅字。

幽默文學與商業寫作很像，必須力求簡單，兩者的主要區別在於用字措詞。為了發揮幽默感，可以用「牛飲」（swill）時，就不要用「喝」（drink）。

第一句話就要吸引讀者。回頭看看這篇文章的第一句話，我重寫了十幾遍。那句話讓你好奇，這就是關鍵。

寫短句。避免將好幾個想法放在一個句子裡。讀者沒有你想像得那麼聰明。

了解大腦如何組織想法。舉例來說，和「球被男孩打中了」（the ball was hit by the boy）這種寫法相比，讀者能更快理解「男孩打到球」（the boy hit the ball）。兩個句子表示同一件事，但是大腦更容易先想像行動者（男孩），再想像行動（擊中球），大腦都是這樣運作（All brains work that way）。〔請注意，我沒有說「這就是大腦的運作方式」（That is the way all brains work）。〕

講完了。你剛剛學會八成的優秀寫作規則。不用客氣。

# 附錄C

# 發現自己是否為電腦模擬物種

◇◆◇

我經常在部落格上發表關於我們可能是電腦模擬物種的想法，如果我們是電腦模擬物，如何推斷自己的真實本質？我在二〇一七年四月二十七日發表的這篇部落格文章中，對這個問題進行探討：

---

常看這個部落格的讀者都知道哲學家伯斯特隆姆的觀點。伯斯特隆姆認為，我們更可能是先進物種創造的模擬物，而不是原始物種。這種觀點的推理是，每個夠先進的物種都會創造多種模擬物，模擬生物相信他們是真實的。所以，我們很可能是眾多模擬物中的一個，而不是創造模擬物的原始物種。

但是，你要怎麼分辨呢？

我有一個假設：真實物種和模擬物種在如何

看待本身歷史這方面應該有所不同。真實物種的歷史具有完整細節。模擬物種的歷史則更接近因應需求的歷史。我的意思是，對模擬物種來說，只有當前環境**需要**這樣的歷史時，歷史才會存在。如果我們是電腦軟體模擬出來的生物，模擬裝置可能會有資源限制。這表示這種模擬不會創造出宇宙的每個部分，一旦有需要，才會根據需要創造內容。舉例來說，一個模擬的宇宙不會包含未發現行星的細節，這些細節將在發現時經由模擬提供內容。

簡單來說，如果我們是真實物種，過去就會影響現在所做的事；不過，如果我們是電腦模擬物，現在所做的事情可能會創造過去。

例如，這裡有一篇文章（本書省略連結資訊），描述量子物理學家如何確定現在創造出所需的過去。聽起來很怪異，對吧？

如果我們是電腦模擬物，應該會在宇宙中看到另外兩個特質：

1. 我們應該認為無法越過模擬世界的界限。
2. 我們無法觀察到所處現實的基本構造。

果然，我們都符合這兩個標準，這就是部分確定我們是電腦模擬物種。

如果無法超光速旅行，就不能超越宇宙的邊緣，這在理論上是不可能做到的。這就是模擬世界會發生的狀況，你會有某種物理原則防止模擬物種超越模擬宇宙的邊緣。在此，我假設宇宙正在以與光速相同的速度向四面八方擴展，所以我們永遠無法到達宇宙的邊緣。

我們所處模擬世界的造物者也會設法阻止我們發現自己不是任何真實物體構成的。想當然耳，科學從量子層面檢視我們的基礎構造時，所擁有的只是機率和奇異性（strangeness）。

從年輕以來，我一直認為這個世界有著逆向因果關係（現在創造過去）。根據我的世界觀，你在信箱中收到一封信，在打開這封信以前，這封信並沒有明確的內容。直到有人看到內容時，信件裡才會包含尚未被排除的已知歷史。這種世界模型解釋我的所有觀察，以及「過去決定我的未來」這種想法。

在模擬的現實世界裡，我們會看到許多確認偏誤和認知失調的例子。你知道為什麼嗎？因為如此一來，模擬世界的造物者就能保持模擬程式的簡單性。

如果身為模擬物的我們，都能準確地看到自己的經歷，這個模擬世界的造物者就必須讓你對歷史的看法和我對歷史的看法一致，並且保持每個變數的一致性。對有數十億模擬人類創造的歷史來說，這項工作將會變得相當複雜。解決這個複雜問題的方法是，讓模擬人類產生這種幻覺，無論他們觀察到什麼，都符合自己的歷史和世界觀。這樣一來，模擬作業不需要為所有模擬人類創造準確的歷史紀錄。我們會想像自己的歷史是準確的，直到現在發生的事件讓過去的事件無法成立。然後，唯有在這種時刻，模擬作業才會定義一個明確的過去。

想想本週的新聞，最近有一項發現指出，人類出現在北美洲的時間比科學家認為的時間還早了十萬年。這項發現尚未得到證實，但是仍有助於闡述我的觀點。由於這項新發現尚未得到證實，模擬作業還不需要改寫人類歷史。但是如果新發現證實，人類比科學家所認定的時間還早十萬年就在北美洲出現，我們的「真實」歷史就會因為這項觀察讓原本的歷史無法成立而存在。在此之前，歷史（及更多事物）都只是以機率的形式存在，僅此而已。

我認為自己在這篇部落格文章中的論點，可能在科學上犯了一些錯誤（或全都有誤）。我想要捍衛的唯一觀點是，模擬宇宙可能需要基於當前事件來創造自己的歷史，而「真實」宇宙則有一個恆久不變的客觀歷史。

# 附錄D

# 川普犯下的錯誤清單

◇◆◇

我從經驗中得知，有些讀者會抱怨我只誇獎川普總統的才能，卻沒有提及川普的缺點和過錯。但請記住，這不是一本關於政治的書。我的主題是說服，在這個領域裡，川普做對的事遠遠超過做錯的事。我沒有資格判斷他的政策造成什麼影響，我認為他的政策當然有好有壞。通常，川普的政策往往與我的偏好不符，不要指望我幫共和黨的政策辯護。

川普的許多「錯誤」可能會讓人誤解。例如，他知道言詞挑釁和言論不實，往往會吸引人們注意，吸引人們注意是很好，但代價卻很高。在評估川普說服術帶來的好處時，你不能不考慮川普因此付出的代價，你必須檢視淨效益。

舉例來說，川普在選舉大會脫稿演說又言詞挑釁，肯定會讓自己有些失態，無論這些失態是真實或「假新聞」。但是，這種即興演說和肆無忌憚可能創造更多氣勢與說服優勢，所以整體看來其實是利大於弊。如果他是更謹慎的候選人，可能會避免一些挑釁和失誤，但卻無法感召支持者。你會把這些失態當成錯誤，或是當成川普使用說服策略時，一種已知又可以接受的代價？我偏好像經濟學家那樣，檢視考量所有成本與效益計算的淨效益。川普的批評者只在意他犯了什麼錯，他們發現的錯誤，我大多認同，只是他們會把一些「假新聞」曲解成川普做的事。

我在關於本書論述川普醜聞的章節中提到，川普在幾次狀況中做出錯誤的處理，在此說明以顧及完整性。我不會重新解釋為什麼這些情況不是主流媒體報導指出的錯誤，只是認同川普可以把這些狀況處理得更好。

- 遲遲不肯否定三K黨
- 汗先生的爭議
- 模仿身障記者塞吉・柯佛列斯基（Serge Kovaleski）的痙攣動作
- 說庫利爾法官是「墨西哥人」
- 經常忽略事實
- 措詞強硬（他可能在競選大會上做出過分的抨擊）

在此，我沒有列出川普總統在這次大選前犯的「錯誤」。那些錯誤當然不少，其中以川普大學名列前茅。至於身上有麥克風卻還聊起碰觸女性私處的話題，當然是一個錯誤，我不認為大眾需要我來指出川普究竟哪裡做錯了。

我也承認川普在涉足幾個不同產業、長達數十年的創業生涯中，幾度遭遇重大挫敗。但是，我的經濟學家頭腦說，川普巧妙管理自己的風險，讓世人只記得他的成功，忘記他的失敗。川普投資的大多數新事業都失敗了，不過幾乎每位億萬富翁的投資組合裡都有失敗事業。川普用一套妥善設計的系統來追求事業的成功，他盡可能將風險轉移給其他人，並且確保自己進行的計畫分散在不同實體中，這樣即便計畫失敗也不致於導致整個企業受到波及。這就是川普旗下某些事業即使破產了，他還是能賺錢的原因。他只需要確保隨著時間演變，賺錢的事業比虧錢的事業更壯大，而事實就是如此。如果你沒有商業方面的經驗，就很容易字面解讀破產這種事。

到目前為止，川普總統一生中犯下的最大錯誤，屬於「我認為他可以做得更好」那種類型，而且這種錯誤不勝枚舉。但是我認為，幾乎每一位公眾人物都是如此。

# 注釋

第二章

1. Nate Silver, "Donald Trump's Six Stages of Doom," *FiveThirtyEight*, May 17, 2016, accessed June 28, 2017, https://fivethirtyeight.com/features/donald-trumps-six-stages-of-doom/.
2. "All False Statements Involving Donald Trump," *PolitiFact*, accessed July 26, 2017, http://www.politifact.com/personalities/donald-trump/statements/byruling/false/.
3. Daniel Oppenheimer, "Hard-to-Read Fonts Promote Better Recall," *Harvard Business Review*, March 2012, accessed July 26, 2017, https://hbr.org/2012/03/hard-to-read-fonts-promote-better-recall.

第七章

1. "Cognitive Dissonance," *Wikipedia*, Wikimedia Foundation, June 16, 2017, accessed June 28, 2017, https://en.wikipedia.org/wiki/Cognitive_dissonance.

第九章

1. G. Adams, *The Specter of Salem: Remembering the Witch Trials in Nineteenth-Century America* (Chicago: University of Chicago Press, 2009).
2. Brad Schwartz, *Broadcast Hysteria: Orson Welles's War of the Worlds and the Art of Fake News* (New York: Farrar, Straus and

Giroux, 2015).
3. E. W. Butler et al., *Anatomy of the McMartin Child Molestation Case* (Lanham, MD: United Press of America, 2001).
4. Charles Mackay, *Memoirs of Extraordinary Popular Delusions and the Madness of Crowds*, vol. 1 (London: Richard Bentley, 1841).

第十一章

1. CNN/ORC International, "CNN/ ORC International Poll," CNN.com, October 20, 2015, accessed July 26, 2017, http://i2.cdn.turner.com/cnn/2015/images/10/19/rel11b.-.republicans.pdf.

第十五章

1. Johanna M. Jarcho, Elliot T. Berkman, and Matthew D. Lieberman, "The Neural Basis of Rationalization: Cognitive Dissonance Reduction During Decision-Making," *Social Cognitive and Affective Neuroscience*, July 12, 2010.
2. Daniela Schiller and David Carmel, "How Free Is Your Will?" *Scientific American*, March 3, 2011; Vadim Cherepanov, Timothy Feddersen, and Alvaro Sandroni, "Rationalization in Decision Making," *Kellogg Insight*, July 1, 2009.
3. *Jimmy Kimmel Live*, "Clinton Supporters Agree with Donald Trump Quotes," YouTube, August 4, 2016, accessed June 28, 2017, https://www.youtube.com/watch?v=IzC-l7tovFk.

第十七章

1. Eli Stokols and Ben Schreckinger, "How Trump Did It," *Politico*, February 1, 2016, accessed July 26, 2017, http://www.politico.com/magazine/story/2016/02/how-donald-trump-did-it-213581.

第十八章

1. Paul Schwartzman, "How Trump Got Religion–and Why His Legendary Minister's Son Now Rejects Him," *Washington Post*, January 21, 2016, accessed July 26, 2017, https://www.washingtonpost.com/lifestyle/how-trump-got-religion–and-why-

his-legendary-ministers-son-now-rejects-him/2016/01/21/37bae16e-bb02-11e5-829c-26ffb874a18d_story.html?utm_term=.5589a0e16da6.

2. Donald B. Meyer, *The Positive Thinkers: Religion as Pop Psychology, from Mary Baker Eddy to Oral Roberts* (New York: Pantheon, 1980).

## 第十九章

1. Dana Milbank, "The Dangerous Donald," *Washington Post*, March 30, 2016, accessed July 26, 2017, https://www.washingtonpost.com/opinions/dangerous-donald–a-stop-trump-label-that-sticks/2016/03/30/710200d6-f6af-11e5-8b23-538270a1ca31_story.html?utm_term=.c38d4b7ad3bc.

## 第二十四章

1. Noam Shpancer, "Red Alert: Science Discovers the Color of Sexual Attraction," *Psychology Today*, January 10, 2013.
2. Matt Flegenheimer, "When Hillary Clinton Tested New Slogans–85 of Them," *New York Times*, October 19, 2016, accessed July 26, 2017, https://www.nytimes.com/2016/10/20/us/politics/hillary-clinton-campaign-slogans.html.
3. Tanya Basu, "Google Parent Company Drops 'Don't Be Evil' Motto," *Time*, October 4, 2015, accessed July 26, 2017, http://time.com/4060575/alphabet-google-dont-be-evil/.

## 第二十五章

1. Lynn Vavreck, "The Ad That Moved People the Most: Bernie Sanders's 'America,'" *New York Times*, December 30, 2016, accessed July 26, 2017, https://www.nytimes.com/2016/12/30/upshot/the-campaign-ads-that-moved-people-the-most.html.
2. Nate Silver, "National Polls," *FiveThirtyEight*, November 8, 2016, accessed July 26, 2017, https://projects.fivethirtyeight.com/2016-election-forecast/national-polls/.

### 第二十七章

1. Marlena Baldacci, "Presidential Candidates Have Long History of Releasing Tax Returns," CNN.com, July 16, 2012, accessed June 28, 2017, http://politicalticker.blogs.cnn.com/2012/07/16/presidential-candidates-have-long-history-of-releasing-tax-returns/.
2. Susan Heitler, "How Contempt Destroys Relationships," *Psychology Today*, March 4, 2013.

### 第三十一章

1. Justin Wm. Moyer, "Trump's Grammar in Speeches 'Just Below 6th Grade Level,' Study Finds," *Washington Post*, March 18, 2016, accessed July 26, 2017, https://www.washingtonpost.com/news/morning-mix/wp/2016/03/18/trumps-grammar-in-speeches-just-below-6th-grade-level-study-finds/?utm_term=.2fc678ccf049; Jack Shafer, "Donald Trump Talks Like a Third-Grader," *Politico*, August 13, 2015, accessed June 28, 2017, http://www.politico.com/magazine/story/2015/08/donald-trump-talks-like-a-third-grader-121340.

### 第三十二章

1. Amanda Sakuma, "Trump Did Better with Blacks, Hispanics Than Romney in '12: Exit Polls," NBCNews.com, November 9, 2016, accessed July 26, 2017, http://www.nbcnews.com/storyline/2016-election-day/trump-did-better-blacks-hispanics-romney-12-exit-polls-n681386.
2. Carl Engelking, " 'Smart Mirror' Could Scan Your Face to Detect Health Risks," *D-brief*, *Discover*, July 28, 2015, accessed July 26, 2017, http://blogs.discovermagazine.com/d-brief/2015/07/28/smart-mirror/#.WXkRWhUrKUk.
3. Lynn Vayreck, "The Ad That Moved People the Most: Bernie Sanders's 'America'," *New York Times*, December 30, 2016.
4. Philip Rucker and Karen Tumulty, "Donald Trump Is Holding a Government Casting Call. He's Seeking 'the Look,' " *Washington Post*, December 22, 2016, accessed July 26, 2017, https://www.washingtonpost.com/politics/donald-trump-is-holding-a-government-casting-call-hes-seeking-the-look/2016/12/21/703ae8a4-c795-11e6-bf4b-2c064d32a4bf_story.html?utm_term=.a7122108637c.

第三十三章


1. Evan Halper, "Be Nice to Hillary Clinton Online–or Risk a Confrontation with Her Super PAC," *Los Angeles Times*, May 9, 2016, accessed July 26, 2017, http://www.latimes.com/politics/la-na-clinton-digital-trolling-20160506-snap-htmlstory.html.
2. Project Veritas, "DNC Schemes to Bully Women at Trump Rally," YouTube, October 19, 2016, accessed June 28, 2017, https://www.youtube.com/watch?v=b24Yq1Ndnjo.
3. Katie Mettler, "Miss. Black Church Fire Was Called a Hate Crime; Now Parishioner Has Been Arrested for It," *Washington Post*, December 22, 2016, accessed July 26, 2017, https://www.washingtonpost.com/news/morning-mix/wp/2016/12/22/miss-black-church-fire-another-highly-publicized-suspected-hate-crime-debunked-police-say/?utm_term=.c64fd8a34525.
4. Derek Hawkins, "She Claimed She Was Attacked by Men Who Yelled 'Trump' and Grabbed Her Hijab; Police Say She Lied," *Washington Post*, December 15, 2016, accessed July 26, 2017, https://www.washingtonpost.com/news/morning-mix/wp/2016/12/15/she-claimed-she-was-attacked-by-men-who-yelled-trump-and-grabbed-her-hijab-police-say-she-lied/?utm_term=.5c8d718cf247.
5. *Inside Edition*, "Were Donald Trump Supporters Being Hunted Down Like Prey by Protesters?" YouTube, June 3, 2016, accessed June 28, 2017, https://www.youtube.com/watch?v=uWIMt9JxugQ.
6. Alex Jones Channel, "Trump Supporters Attacked at Richmond Rally," YouTube, June 10, 2016, accessed June 28, 2017, https://www.youtube.com/watch?v=9T4J1EQ-Js8.
7. KTVU, "Raw Video: Donald Trump Supporter Walks Through Angry Crowd of Protesters," YouTube, April 29, 2016, accessed June 28, 2017, https://www.youtube.com/watch?v=4JWw8cTEN14.
8. Christian Datoc, "Female Trump Supporter Attacked by Male Clinton Supporter at Florida Polling Station," *Elections, Daily Caller*, November 8, 2016, accessed June 28, 2017, http://dailycaller.com/2016/11/08/female-trump-supporter-attacked-by-male-clinton-supporter-at-florida-polling-station-video/.

新商業周刊叢書　BW0671

# 超越邏輯的情緒說服

## 不靠事實、不必精準，照樣讓人點頭如搗蒜！

原文書名／Win Bigly: Persuasion in a World Where Facts Don't Matter
作　　者／史考特．亞當斯（Scott Adams）
譯　　者／陳琇玲
企劃選書／黃鈺雯
責任編輯／黃鈺雯
編輯協力／蘇淑君
版　　權／黃淑敏、吳亭儀
行銷業務／周佑潔、林秀津、黃崇華

總編輯／陳美靜
總經理／彭之琬
事業群總經理／黃淑貞
發行人／何飛鵬
法律顧問／台英國際商務法律事務所
出　　版／商周出版　臺北市中山區民生東路二段141號9樓
電話：(02)2500-7008　傳真：(02)2500-7759
E-mail：bwp.service@cite.com.tw
發　　行／英屬蓋曼群島商家庭傳媒股份有限公司　城邦分公司
台北市104民生東路二段141號2樓
電話：(02)2500-0888　傳真：(02)2500-1938
讀者服務專線：0800-020-299　24小時傳真服務：(02)2517-0999
讀者服務信箱：service@readingclub.com.tw
劃撥帳號：19833503
戶名：英屬蓋曼群島商家庭傳媒股份有限公司城邦分公司
香港發行所／城邦(香港)出版集團有限公司
香港灣仔駱克道193號東超商業中心1樓
電話：(825)2508-6231　傳真：(852)2578-9337
E-mail：hkcite@biznetvigator.com
馬新發行所／城邦(馬新)出版集團
Cite (M) Sdn Bhd
41, Jalan Radin Anum, Bandar Baru Sri Petaling,
57000 Kuala Lumpur, Malaysia.
電話：(603)9057-8822　傳真：(603)9057-6622　email: cite@cite.com.my

國家圖書館出版品預行編目(CIP)數據

超越邏輯的情緒說服：不靠事實、不必精準,照樣讓人點頭如搗蒜! / 史考特.亞當斯(Scott Adams)著；陳琇玲譯. -- 初版. -- 臺北市：商周出版：家庭傳媒城邦分公司發行, 民107.05
面；　公分. --(新商業周刊叢書；BW0671)
譯自：Win Bigly：Persuasion in a World Where Facts Don't Matter
ISBN 978-986-477-449-4（平裝）

1.川普(Trump, Donald, 1946- ) 2.說服 3.應用心理學

177　　107005583

封面設計／江孟達　內文設計暨排版／無私設計．洪偉傑　印　刷／鴻霖印刷傳媒股份有限公司
經銷商／聯合發行股份有限公司　電話：(02)2917-8022　傳真：(02) 2911-0053
地址：新北市231新店區寶橋路235巷6弄6號2樓

ISBN／978-986-477-449-4

定價／400元

城邦讀書花園
www.cite.com.tw

2018年（民107）5月初版
2021年（民110）12月4.7刷

商周出版

| | | | |
|---|---|---|---|
| 廣 | 告 | 回 | |
| 北區郵政管理登記 | | | |
| 台北廣字第00079 | | | |
| 郵資已付，免貼郵 | | | |

104台北市民生東路二段141號2樓

**英屬蓋曼群島商家庭傳媒股份有限公司　城邦分公**

請沿虛線對摺，謝謝！

商周出版

書號：BW0671　　書名：超越邏輯的情緒說服　編碼：

請於此處用膠水黏貼

商周出版

# 讀者回函卡

感謝您購買我們出版的書籍！請費心填寫此回函卡，我們將不定期寄上城邦集團最新的出版訊息。

不定期好禮相贈！
立即加入：商周出版
Facebook 粉絲團

姓名：________________ 性別：☐男 ☐女

生日：西元________年________月________日

地址：________________

聯絡電話：________________ 傳真：________________

E-mail ：

學歷：☐ 1. 小學 ☐ 2. 國中 ☐ 3. 高中 ☐ 4. 大學 ☐ 5. 研究所以上

職業：☐ 1. 學生 ☐ 2. 軍公教 ☐ 3. 服務 ☐ 4. 金融 ☐ 5. 製造 ☐ 6. 資訊
☐ 7. 傳播 ☐ 8. 自由業 ☐ 9. 農漁牧 ☐ 10. 家管 ☐ 11. 退休
☐ 12. 其他________________

您從何種方式得知本書消息？

☐ 1. 書店 ☐ 2. 網路 ☐ 3. 報紙 ☐ 4. 雜誌 ☐ 5. 廣播 ☐ 6. 電視
☐ 7. 親友推薦 ☐ 8. 其他________________

您通常以何種方式購書？

☐ 1. 書店 ☐ 2. 網路 ☐ 3. 傳真訂購 ☐ 4. 郵局劃撥 ☐ 5. 其他________

您喜歡閱讀那些類別的書籍？

☐ 1. 財經商業 ☐ 2. 自然科學 ☐ 3. 歷史 ☐ 4. 法律 ☐ 5. 文學
☐ 6. 休閒旅遊 ☐ 7. 小說 ☐ 8. 人物傳記 ☐ 9. 生活、勵志 ☐ 10. 其他

對我們的建議：________________

________________

________________



請於此處用膠水黏貼